BAGLIORI DI UN CREPUSCOLO

In copertina
IL CREPUSCOLO
WILLIAM BOUGEUREAU
1882

A MIO PADRE

NOTA INTRODUTTIVA

..e lo stesso nome di nostro Signore viene dalla lingua greca

La lingua greca, la più completa, più conturbante, più affascinante, più adattabile alla congettura filosofica che quei tempi siano riusciti a formulare. Intorno al primo secolo a. C. parve venisse scalfita, per alcuni versi, un po' dal latino; molto più in qua il tedesco e l'inglese ci provarono a darle qualche noia, ma niente da fare, quella lingua era e rimase granitica, invincibile: dolce madre, infida matrigna

E il diavolo ci intinse la coda.

Appena i greci si accorsero di possedere quel po' po' di manna cadutagli dal cielo, cominciarono a credersi migliori degli altri. D'altronde loro erano riusciti ad averla, gli altri no. E giù a dettar legge, in tutto e per tutto, e a vendere a peso d'oro qualsiasi loro elucubrazione mentale. Attonita, la civiltà che sorgeva ad ovest delle loro spalle cercò di venirne anch'essa in possesso, e quanto prima. Per imparare la lingua dovette, giocoforza, però, sorbirsi anche quanto già era stato espresso con/da essa. Colma di frustrazioni, e anche per non sbagliare, accettò tutto a scatola chiusa. E ancor oggi gelosamente lo conserva, senza il cambio di una sola virgola.

La chiesa cattolica, che mai si è considerata seconda a nessuno, dal canto suo, non tardò a farsene dono; con garbo su di essa adagiò poi il Verbo di nostro Signore e lo ricoprì di un soffice manto di latino. Ahimè, il più delle volte fino a farlo scomparire del tutto.

Su questa falsariga, a volte in chiaro, a volte in sottofondo, scorrono le parole del libro.

CAPITOLO I

"Carlo, come mai stamattina ti presenti con un'ora di ritardo?"
"Tatiana cara, il ritardo è di appena trentacinque minuti, purtroppo mi sono svegliato di nuovo senza il buon augurio e, come al solito, sto recitando nel film sbagliato. Comunque, adesso vado a portare il denaro in banca e poi ti vado a fare la spesa. Non ti preoccupare, don Guglielmo mangerà in perfetto orario."
"Va bene, basta che ti sbrighi. Eccoti qua caffè e brioche. Scommetto che stanotte hai avuto di nuovo visite."
"Di nuovo gli indiani, sempre gli indiani!"
Questi benedetti indiani tormentavano tre-quattro volte l'anno i suoi sogni. Da sempre, il giorno dopo li giocava al lotto, ma inutilmente. Non era avido di denari, voleva il risarcimento danni. Tutto qui.

Carlo Jovine era il solo italiano a frequentare la casa del dottor Guglielmo G.W. Sari. Era stato lui ad aver introdotto l'uso del *don* in quella casa. Era stato lui ad aver chiamato, per un frainteso, Irina Simenova: Tatiana; come avesse fatto a fraintendere non si sa, però a Irina piacque e il nome le rimase.
Appena maggiorenne era venuto in Germania. Non era venuto a cercare fortuna, era venuto a cercare un po' di tranquillità. Era preciso, coscienzioso, gran lavoratore. Una leggera depressione gli ornava il capo come una

sottile e scomposta corona d'alloro. Qualcuno lo considerava un po' epicureo, nel senso dell'Epicuro riabilitato, lui si considerava un po' cristiano. Aveva conosciuto per caso il dottor Guglielmo G.W. Sari, rimase così ben impressionato che dovendo, qualche tempo dopo, trovare un appartamento più piccolo, si trasferì nella palazzina di fronte alla casa dove abitava il dottore. Era vedovo e pensionato, il suo unico figlio aveva sposato una giovane belga e si era trasferito a Liegi. Solo com'era, un monolocale a buon prezzo e un tale vicino facevano proprio al caso suo. Avrebbe trovato poi il rispetto e l'affetto che una brava persona come lui meritava.

Cominciò con qualche piccolo lavoretto, e dopo breve tempo divenne un po' il factotum di casa Sari. Faceva riparazioni varie, sostituiva, all'occorrenza, gli impiegati al banco lotto, andava a fare la spesa, portava il denaro in banca, e quando non aveva niente da fare non era raro che tenesse compagnia a Tatiana in cucina. Lui 72, lei 63 anni, liberi ormai da certe pulsazioni, col tempo divennero come fratello e sorella.

Per questi suoi piccoli servigi a Carlo pesava essere pagato, e quando poteva rifiutava. Il dottor Sari pensò bene allora di invitarlo ogni tanto a pranzo o a cena; col tempo finì col diventare uno di famiglia con un suo posto fisso a tavola.

Irina "Tatiana" Simenova era russa. Aveva sposato uno di quegli italiani prigionieri di guerra in Russia che dopo il conflitto mondiale preferirono rimanerci. Comunista convinto, suo marito Alfonso credeva di essere approdato in Paradiso. Sposò, anzianotto, Irina, e dopo pochi anni fece di lei una giovane vedova. La donna non volle più risposarsi, accettò però il passaporto italiano, e dopo qualche tempo riuscì ad emigrare. In Francia conobbe il dottor Claudio G.W. Sari, in vacanza a Nizza con la moglie e il figlioletto e li seguì come domestica in Germania. Curioso il destino: lei sposa di un italiano prigioniero di guerra poi rimasto in loco; il dottor Claudio G.W. Sari, pure italiano, prigioniero di guerra in Germania, anche lui, dopo il conflitto, rimasto in loco; complice la bella, devota e statuaria Liselotte Wagner. Anche il dottor Sari, innamoratissimo e devotissimo, rimasto a sua volta vedovo, non volle più risposarsi. La dolce Liselotte però, non dovette aspettarlo molto in cielo, il suo amato sposo la raggiunse il più presto che poté. Nel frattempo il loro figliuolo, Guglielmo G.W., ancora ragazzo orfano di madre, trovò in Tatiana una seconda che lo allevò come fosse suo figlio, figlio da lei tanto desiderato e mai avuto da madre natura. Avrebbe tanto voluto sgridarlo qualche volta, magari dargli qualche pizzicotto per trasmettergli un po' di (sua) sana educazione russa, per poterlo fare un po' più suo, ma lui non le diede mai una vera e propria occasione. Taciturno ed educato per natura era quel ragazzo.

"Carlo, che ti è successo?, sei tutto scuro in volto."
"Amica cara, mi è successo che sono caduto di nuovo nel pozzo."
"Sei entrato in uno di quei locali italiani dove si gioca a carte?"

"Sì, ma per essere precisi, non direttamente. Facendo la mia passeggiata pomeridiana mi ero allungato fino alla Bachstraße, dove c'è quel grande negozio di televisori e computer. Lì ho incontrato Ernst e abbiamo deciso di andare a prenderci un caffè. Ci siamo seduti sulla terrazza di un bar e, mentre aspettavamo la nostra ordinazione, tranquillamente ci godevamo il tepore del bel sole d'aprile. All'improvviso, come un fulmine a ciel sereno, sento bestemmiare in italiano. Credetti di sognare, in quel quartiere non c'erano locali italiani dove, appunto, si gioca a carte, invece no, ce n'era uno nuovo nuovo attaccato proprio al bar dove ci trovavamo noi. Avrò cambiato colorito perché Ernst mi chiese se mi sentivo male, se avevo bisogno di un bicchiere d'acqua, se era meglio andare e rinunciare al caffè. Risposi di sì al bicchiere d'acqua, per il resto lo pregai di concedermi un minuto di tempo per ricompormi. *"Carlo,"* mi disse poi, *"il bel sonoro vocio che proviene dal locale qui accanto, a giudicare dal colorito del tuo volto, ti ha causato un bello shock; sono curioso, voglio andare a vedere quello che succede là dentro, dopo aver bevuto il nostro caffè andiamo, ti offrirò un cognacchino."*
Il barista e uno che gli faceva compagnia alla barra ci accolsero guardandoci dall'alto in basso: due visi nuovi. Chiedemmo i due Cognac.
"Cosa?" Rispose colui che serviva.
"Vorremmo due Cognac, per favore," ripetei.
"Scusate ero soprappensiero. Siete italiani?"
"Sì."
"Di dove, se è permesso chiederlo."
"Di Roma, m'affrettai a rispondere, onde evitare ulteriori approfondimenti."

"E sì, adesso siamo tutti romani, mormorò uno appena distante, girandosi di lato."
Il barista era soprappensiero davvero perché ci servì due Brandy invece di due Cognac. Bevemmo e ci avvicinammo ad un tavolo da gioco, prima, però, pregai Ernst di guardare senza parlare, era meglio. Non eravamo i soli a "gustare" insieme ad altri facevamo quadrato attorno ai giocatori. Il piatto era di oltre 200 euro. Lo si poteva leggere sul foglio accanto a colui che portava i conti. Ora, anche se Ernst parla correttamente l'italiano non credo proprio che sia riuscito a capire qualcosa, parlavano dialetti diversi e talmente stretti che avrebbero messo in difficoltà a più d'uno. Quello che, invece, di tanto in tanto, usciva bello limpido dalle loro bocche, era la bestemmia d'obbligo. Quella sì, quella, purtroppo, si capiva benissimo. E tanto per non offendere le belle tradizioni, anche lì, il più taciturno veniva continuamente beccato dagli spettatori. Ad un certo punto Ernst cominciò a darmi di gomito, voleva dirmi qualcosa. Gli feci cenno di smetterla. Mi tiro in disparte.
"Ma quello là ha la chiusura in mano, perché non chiude invece di inveire guardando il soffitto della stanza?"
Gli occhi dei giocatori e degli spettatori si rivolsero automaticamente su di noi.
"Vieni, che te lo dico fuori. Usciamo per piacere, io non ci resisto più."
"Lasciaci stare," gli dissi una volta fuori, *"non capendo hai tutto da guadagnare e niente da perdere. Eppoi, io non saprei neanche da dove cominciare per spiegartelo."*
"Forse il dottor Guglielmo G.W. potrà farlo?"
"Per piacere Ernst, disturbiamo il nostro caro dottore

per cose serie." E non poco dovetti faticare per convincerlo. Alla fine si calmò e tornò ad essere l'amabile tedesco di sempre. Chi non si calmò, invece, fui io, tutto ciò mi lasciò con l'amaro nella anima. Non è giusto che succedano queste cose, non è giusto ti dico, non può essere giusto."

Carlo: "buon giorno dottore, adesso torna da scuola?" Il dottor Guglielmo G.W.: "buon giorno don Carlo. No, vengo dal negozio, ho dato un piccolo sistema ridotto a due nostri connazionali, e poi ho controllato che lo trascrivessero correttamente sulla schedina. Ha portato il denaro in banca?"

"Sì, ecco la ricevuta. Poi sono andato alla posta e ho spedito il pacco e le lettere, una raccomandata e due semplici. Ecco la ricevuta della raccomandata e quella del pacco."

"Sempre preciso ed efficiente. A volte faccio fatica a pensare che lei è italiano."

"Italiano, sul passaporto c'è scritto che sono nato in Italia, e con questo?"

"Come vuole lei, don Carlo. Sbaglio o lei è leggermente acido oggi? È di nuovo colpa degli indiani, o è successo qualcos'altro?"

"L'uno e l'altro dottore."

"Ne vogliamo parlare, o preferisce di no?"

"Oggi no. Oggi Tatiana ha il giorno libero e tra poco usciamo."

"Ah, già, vedo, vedo; quando vuole me lo dica."

"Va bene, grazie dottore."

"E di che?"

"Come sei bella ed elegante," disse Carlo, vedendo arrivare Tatiana.

"Anche tu sei molto elegante." Rispose lei.

"E, quando ci vuole ci vuole," riprese Carlo, "il giorno libero è sacro." Le diede il braccio ed uscirono.

"Qual'è il programma di quest'oggi," le chiese.

"Per prima cosa andiamo a prenderci un bel gelato: cioccolato, crema, stracciatella e nocciola, con un goccio di liquore, il cioccolato fuso e tanta panna sopra. Per me, tu scegli quello che vuoi."

"Per me lo stesso. Andiamo, ho già l'acquolina in bocca. E poi?"

"Poi, visto che è una bella giornata, andiamo al Luna Park, e per finire andiamo al ristorante. L'ultima volta ho pagato io, oggi paghi tu."

"Agli ordini, signora!"

"Carlo, riprendendo il discorso fatto tante volte, io continuo ad essere molto preoccupata per il nostro caro dottore. Noi dovremmo deciderci una buona volta a fare qualcosa per aiutarlo," cominciò a dire Tatiana mentre aspettavano il gelato, "ha quasi quarant'anni, e non solo è ancora scapolo, ma neanche si intravede qualcosa all'orizzonte. Lui è il sesto discendente di colui che noi chiamiamo Guglielmo primo, il quarto Guglielmo, e il terzo G.W.. Ricordiamoci che suo padre e sua madre, che il buon Dio ha in gloria, e che dal cielo ci stanno guardando, e che sicuramente saranno d'accordo con noi, lo ebbero, sì, dopo più di vent'anni dal loro matrimonio, lui è il solo ad essere rimasto in vita, due suoi fratellini più grandi morirono in tenerissima età, ma i suoi genitori si sposarono poco più che ventenni, lui invece ventenne non lo è più da quasi vent'anni. Questo numero venti me lo vedo sempre davanti, finirà che mi verrà in sogno e mi tormenterà come gli indiani fanno con te. A proposito, ma quanti sono gli indiani che ti vengono in sogno?"

"Non lo so, non li ho mai contati, però, chissà, potrebbero anche essere venti, o forse di più. Io vedo solo quelli che riesco a scorgere dalla fessura del mio nascondiglio."

"Va bene, lasciamo stare gli indiani e tutto il resto," riprese Tatiana, "da domani ci daremo da fare. Io voglio il nipotino e la dovuta discendenza. Eeeeeh gni vi!"

"E io un altro nipotino," aggiunse Carlo.

"Oggi godiamoci il giorno libero. Domani si comincia," concluse Tatiana.

E gni vi, erano parole che la signora Liselotte e Tatiana avevano sentito in una località balneare del sud Italia, da una vicina di ombrellone. Era questa una vecchietta magra fino allo scheletrico. Non le andava mai bene niente, si lamentava di ogni cosa, e alla fine aggiungeva sempre: e gni vi.

La signora Liselotte non le chiese il significato di quella esclamazione: lo assorbì. Dalla mimica e dal tono della voce capì che la sottile vecchietta voleva dare da intendere qualcosa come: e che caspita, è ora, e diamoci una mossa.

Parca nel mangiare e parca nel parlare la magrolina.

Quel detto rimase poi nel gergo familiare di casa Sari-Wagner

"Dottore, a proposito di quella cosa dell'altro ieri, niente, ero seduto con Ernst sulla terrazza di un bar e da un locale italiano attiguo abbiamo sentito bestemmiare, e per un po' mi sono sentito male. Ma non era di questo che le volevo parlare, è che mi è venuto un dubbio: è possibile che anche questa cretina abitudine italiana di bestemmiare sia dovuta a Socrate o comunque ai suoi compaesani? E già, perché il fulcro di questa porcheria risiede principalmente tra gli abitanti di quelle terre che una volta formavano la Magna Grecia."

"Quello che lei dice non è affatto da escludere. Certo è che il signor ateniese ha causato tanti di quei danni che enumerarli e scinderli da quelli causati da altre persone è davvero difficile. Comunque, bisogna essere proprio cretini, Socrate o non Socrate, per cadere così in basso. Non se lo dimentichi questo particolare, per favore. Fra tre giorni tornerà dall'Australia il dottor Fischer. Verrà a trovarmi per parlarmi del suo viaggio e verrà anche il professor Klaus Weber, un antropologo da poco entrato a far parte del corpo accademico dell'università della nostra città. Lei, naturalmente, siederà a tavola con noi. Si potrà anche far cadere il discorso sul caso. E adesso non mi ringrazi com'è suo solito, sono io che devo ringraziarla per questo suo dubbio che, a mio parere, racchiude un buon argomento di discussione."

"Scusi dottore, ha detto con noi, cioè pure io?"

"Naturalmente."

"Davvero? Ma tu guarda un po' i dubbi miei."

"E forse potremo parlare anche dell'altro suo problema."

"Si riferisce agli indiani?"

"Per l'appunto. Si ricordi anche di questo."

"Va bene dottore, allora io mi ricordo tutto. E tante, tante grazie."

Tre giorni dopo, Carlo era nervoso, agitato e ansioso. Avrebbe preso parte a un simposio con dottori e professori. Roba da non crederci. Tatiana aveva un bel da fare per calmarlo. "Vedi Carlo," gli diceva, "sia il nostro caro dottore, sia il dottor Fischer, sia l'illustre professor antropologo, che non so neanche cosa significa, sono persone come me e te. Avendo loro studiato fino alla università e oltre, hanno alcuni compiti; noi, non avendo fatto così tanti studi, ne abbiamo altri. Ma tutti e due i compiti sono ugualmente necessari. Hai capito?" Carlo era indeciso se darle un bacio o chiederle l'autografo.

Quel pomeriggio Carlo era di servizio al banco lotto fino alle 18 e 30. Le mani gli sudavano, le gambe tremavano per conto loro. "Proprio oggi non doveva venire Frau Berger, proprio oggi, oggi ero occupato io." E contava e ricontava il resto che dava ai clienti per paura di sbagliare. La paura non era tanto con i tedeschi, i quali, secondo lui, sicuramente lo avrebbero corretto e ridato il di più, era con gli italiani e con i non tedeschi. Quando vedeva entrare costoro li accoglieva con uno sguardo feroce. I poveretti entravano, notavano, giocavano, pagavano, e uscivano chiedendosi il perché.

Quel banco lotto era stato voluto dal dottor Claudio G.W. Sari, per aiutare le molte persone, qualche anno dopo la guerra, che per uscire dal bisogno stra giocavano al lotto, a volte togliendo il cibo dalla bocca dei loro bambini. Lui, da buon matematico, creava dei piccoli sistemi ridotti che soddisfacevano pienamente coloro che avevano bisogno di giocare molti numeri, perché magari se li erano sognati. A tutti dava un consiglio utile, a tutti riusciva a ridurne la giocata; e, cosa non trascurabile, fiore all'occhiello del suo orgoglio, aveva creato anche due posti di lavoro.

Suo figlio, Guglielmo G.W., buon matematico anche lui, continuava l'opera paterna.

Arrivarono le 18 e 30, Carlo, senza volerlo, era diventato calmo. Salì di sopra (in fondo pianterreno rialzato) e aiutò Tatiana nei vari preparativi, il dottore era intento a ravvivare il fuoco del camino. Ore 19.00, tutto era pronto.

Il campanello della porta suonò, il cuore di Carlo tremò. Erano gli ospiti. Il padrone di casa li accolse.

"Buona sera professore, buona sera caro Gustav, prego, entrate."

"Esimio professore, permette che le presenti la signora Tatiana Irina Simenova, mia collaboratrice ed amica, e il signor Carlo Jovine, mio collaboratore e amico?"

Finite le presentazioni presero posto accanto al caminetto.

"Gradite un aperitivo? Per te, Gustav, ho il tuo Sherry preferito, e a lei professore cosa posso offrirle? Professore, scusi professore." Il professore era intento a guardare un tavolino a tre gambe posto al centro della parete a lui di fronte, e ciò che vi stava sopra. Senza badare a quello che diceva il suo ospite, si alzò e si avvicinò ad esso. Gli altri lo seguirono. Sul tavolino, al centro, un grande cero sferico acceso, attaccati alla parete, a sinistra un quadro 30x20 cm. con l'effige di Galileo Galilei; a destra un quadro, pure 30x20 cm., con l'effige di Johann Wolfgang Goethe; tra i due quadri dodici quadretti, tutti 10x10 cm., disposti su due colonne. In cima ad esse, i quadretti con l'effige del capostipite Guglielmo Sari e di sua moglie Rosa Cardini, sotto i quadretti con le effigi del primogenito Claudio Sari e signora Anna Bianchi. Seguivano, a scendere, i quadretti dei vari primogeniti maschi e signore. I Guglielmo si alternavano ai Claudio, con la differenza che dal secondo Guglielmo in giù erano tutti dottori. Dal terzo Guglielmo poi, avevano il G.W. Accanto al nome di battesimo. In fondo a tutti i ritratti del dottor Claudio G.W. Sari e signora Liselotte Wagner. Non c'erano le date di nascita e di morte. Il cero ardeva per tutti.

Il professor Weber capì subito il significato di quel G.W. accanto ai nomi. Ma non capì il perché dei quadri di Galilei e Goethe. Intuì, però, che avrebbe avuto tutto il tempo che voleva per chiederlo.

"Come dice dottore, un aperitivo? Sì, grazie, uno Sherry va bene."

"Questi," aggiunse il dottor Guglielmo G.W., "sono i miei ascendenti di cui abbiamo notizie certe. Come vede arriviamo fino alla sesta generazione. Ai lati i nostri numi."

"A tavola," chiamò Tatiana.

"Cari ospiti, prego, onoriamola."

Cominciarono con un primo piatto di bavette fatte in casa, condite con un pesto anch'esso casereccio. Continuarono con delle gustose pietanze a base di pesce, condite con una delicata salsa, specialità della casa, onore e vanto della cuoca Tatiana. Accompagnarono il tutto con un ottimo e abbondante Riesling. Poi ci furono i formaggi, vari e ben assortiti, e un ottimo e abbondante Bardolino. Alla fine dolce, frutta, caffè e grappino. Il dottor Fischer e Carlo se lo fecero doppio. Si adagiarono poi sulle poltrone accanto al camino. Lì Tatiana avrebbe servito il Cognac. Sui loro visi erano dipinte le espressioni della serenità e della soddisfazione. La cena era stata un successo.

"E adesso noi dovremmo parlare di Socrate e di indiani," rimuginava Carlo, "io non ci penso proprio"

A nessuno venne in mente una simile idea, dopo aver aggiunto ancora qualcosa al racconto del viaggio che il dottor Fischer aveva fatto in Australia e Nuova Zelanda, gli ospiti chiesero il permesso di accomiatarsi. Lodarono e ringraziarono più volte Tatiana per la cena squisita, e il dottor Guglielmo G.W. per la amabile ospitalità.

"Spero di avere anch'io il privilegio e l'onore di diventare suo amico," disse il professore, prima di salutare il suo ospite.

"Il privilegio e l'onore sarà tutto mio," aggiunse questo ultimo.

"Allora buona notte."

"Buona notte. Presto, il taxi è già arrivato."

Quella notte, Carlo, prima di addormentarsi, si ricordò le parole di Tatiana: *"tutti i compiti sono ugualmente necessari, hai capito?"*

"Adesso capisco quelle sante parole, li vorrei vedere io i signori dottori e professori a preparare la cena che ha fatto Tatiana." E si addormentò.

Il giorno dopo si svegliò quando Tatiana aveva appena finito di fare la pennichella del dopo pranzo.
"Buon giorno, signor don Carlo, dormito bene?"
"Tra le braccia degli angeli, Tatiana cara, tra le braccia degli angeli. Chissà da quanto tempo non mi purgavo così bene lo spirito e il corpo con un sonno sì ristoratore. Che serata quella di ieri, le tue pietanze: una squisitezza; poi i formaggi; vini bianchi, vini rossi; poi il dolce, poi la frutta, poi il caffè, poi il grappino, poi il Cognac; e il tutto insieme a dottori e professori. Ci pensi? "
"Ce lo meritiamo, siamo due brave persone."
"Hai ragione come sempre, cara Tatiana. Il dottore aveva detto che forse avremmo parlato di Socrate e dei miei incubi. Poi meno male che non l'abbiamo fatto. A me, d'altronde, per quanto riguarda i miei sogni, la versione che lui stesso mi ha dato, mi basta e mi avanza. Invece, per quanto riguarda Socrate, credo che l'argomento non si adattava proprio per niente ad un dopocena dove si erano degustati piatti preparati da te."
"Grazie, sei molto gentile a dire questo."
"Ma è così. E tante grazie al nostro caro dottore che mi ha voluto avere a tavola insieme a loro. È stato un pensiero veramente gentile. Scusa, a proposito, c'è qualcosina da mangiare?"
"Si, ci ho pensato, non ti preoccupare."
"Grazie, sempre gentile e previdente tu."

Tatiana, al contrario di Carlo, non aveva dormito per niente bene quella notte. Proprio per niente bene.

"Carlo, noi dobbiamo cominciare una buona volta a fare qualcosa per il nostro caro dottore. Ieri sera mi si stringeva il cuore ogni volta che il professor Weber e il dottor Fischer parlavano delle loro mogli e dei loro figli. Praticamente, ieri sera, tra noi, l'unico celibe era lui."

"Tatiana cara, io un'idea ce l'avrei. Senti qua. La mattina mi sveglio un po' prima, e ti vado a fare la spesa; poi, se non c'è altro da fare, vado ad appostarmi davanti alle scuole. Ogni giorno una diversa, e scandaglio tutto il personale docente femminile. E già, perché caso mai vedo qualcuna come dico io, vuoi vedere che fra tutti i dottori e professori che lui conosce, la prescelta non sia amica, o amica di amica, o amica di amica di qualche amico di don Guglielmo?"

"E anche se vedi qualcuna che ti piace, poi che fai, la prenoti?"

"Dì quello che vuoi, ma io questo sfizio me lo voglio togliere. Almeno avremo un tasto su cui cominciare a battere."

"Beh, sempre meglio che stare con le mani in mano. D'altronde, come si dice, da cosa nasce cosa."

Quel giorno non aveva visto niente, ma proprio niente, che avesse potuto richiamare la sua attenzione.

"Ogni inizio è difficile, dicono i tedeschi, e anche se questo è l'inizio di una lunga serie, io qua sono, pronto e ferrato, parola di Carlo Jovine."

Erano già alcuni giorni che Carlo tornava a casa deluso, quel giorno no, rientrato per il pranzo, si presentò a

Tatiana con un bel sorriso. Lei soppesò quel sorriso, ci trovò qualcosa, ma non era quel qualcosa.
"Sai cos'è il vaso di Pandora?" Esordì Carlo.
"Sì, l'ho sentito dire parecchie volte, ma adesso precisamente..."
"Adesso te lo dico io preciso preciso. Me lo sono fatto spiegare or ora da don Guglielmo, giù al negozio. Allora, dunque, per farla breve. Questa Pandora, che venne al mondo già adulta che non ti dico, ricevette da Giove in regalo un vaso che era chiuso con un coperchio, e che però aveva il trucco dentro. Praticamente questo vaso non si doveva mai aprire perché se no uscivano tutti i mali del mondo che erano chiusi là dentro. Pandora andò in sposa al fratello di Prometeo e portò con sé questo regalo. Quando erano già marito e moglie, o lei o Epimeteo, così si chiamava il marito, che detto fra noi era anche un po' sempliciotto, non si sa chi dei due, incuriosito/a e ignaro/a di quello che faceva, tolse il coperchio e, patapunfete, uscirono tutti i mali che ci sono oggi nel mondo. Hai capito?"
Carlo aveva parlato di getto quasi senza prendere fiato.
"Insomma. Sì, sì, va bene, ho capito. Avessi parlato più lentamente, con qualche pausa in più, avrei capito meglio; comunque il nocciolo l'ho capito. Ma perché te ne vieni oggi con questa Pandora? E perché parli in italiano?"
"Scusa, adesso mi calmo un po', ché forse sto facendo tutto in fretta in fretta. Però devo continuare a parlare in italiano, perché mentre si svolgevano i fatti, io pensavo in italiano.
Allora, che tu ci creda o no, stamane ho pizzicato uno spacciatore di marijuana, o comunque speriamo che

spacciasse solo quella. Io credevo che questi oscuri personaggi esistessero solo nei film s. Stava appena fuori il cancello del vasto cortile di una scuola, a sinistra di chi guarda. L'avevo preso per il fratello maggiore di qualche alunno, tanto che era giovane, era anche di gentile aspetto, ben vestito ed aveva un'aria del tutto innocente, altro che personaggio oscuro. Suona la ricreazione, escono tutti alla rinfusa. La grande maggioranza dei ragazzi e ragazze si sparpaglia qua e là, un piccolo gruppetto, quasi fosse risucchiato da un qualche buco nero, si avvicina al simpatico signorino che stava lì ad aspettarli. Veloce veloce si dava e si riceveva. Ne frattempo che questo succedeva, due ragazzi, uno che voleva andare a comprare la droga e l'altro che lo tratteneva per un braccio e cercava di dissuaderlo. *"Non farlo,"* gli diceva, *"non farlo, se ti prendi una volta la droga è come se aprissi il tuo vaso di Pandora."* Ecco come nasce il vaso di Pandora di stamattina. Ma non è tutto, adesso viene il bello. Quando ho sentito dire quelle parole mi è venuta in mente questa frase: *"eppur si muore ragazzo mio, ricordatelo, non farlo."* Hai capito? una frase simile a quella attribuita al nostro Galileo; invece di eppur si muove, eppur si muore. C'è solo una lettera di differenza, ma è tutta un'altra cosa. Che ne dici?"

"Mi piace, complimenti."

"Adesso devo trovare il modo per dirlo anche a don Guglielmo. Così come l'ho detto a te non è possibile, altrimenti come giustifico il fatto che stavo fermo davanti ad una scuola. Poi, domani, devo andare a denunciare il fatto alla polizia. Rendere un po' più difficile la vita a quei malfattori non guasta."

Passavano i giorni, ma niente. Carlo cominciava a rassegnarsi. "Tra qualche giorno arrivano le vacanze estive e io non ho cavato un ragno dal buco. D'accordo, qui in Germania non durano molto, ma che faccio nel frattempo? Mi ero abituato ad addormentarmi la notte sperando che il giorno dopo potesse essere quello buono. Adesso come farò a prendere sonno? Eppure si dice aiutati che Dio t'aiuta. Io ci credo, sia ben chiaro; succederà qualcosa, lo sento, ma quando? Il buon Dio non sarà certo così impaziente come me e Tatiana. Signore, ti prego, aiutaci, ma un poco più in fretta, noi non abbiamo a disposizione l'eternità. Per quanto riguarda la mia idea poi, pensandoci bene, a mente fredda, non è che sia rivelata un granché, io però lo sfizio me lo dovevo togliere. Eppoi ho fatto pure l'esperienza di vedere com'è fatto uno spacciatore di droga. Adesso mi tocca tornare da Tatiana con la testa cosparsa di cenere. La brava donna, come fa e come dice ha sempre ragione."

Arrivò il tempo delle vacanze.

CAPITOLO II

Quell'anno, come tutti gli anni, fecero le prime cinque settimane separati, per poi ricongiungersi nelle ultime due. Tatiana aveva molto bisogno di sole, proprio ricetta medica, quindi, come sempre, arcipelago delle Azzorre. Lì, lei e Carlo si godevano il mare pulito e tranquillo, e facevano rifornimento di sole e di pesce, che tanto piaceva a tutti e due; e lì il pesce era abbondante, fresco e non caro. E poi, importantissimo, in quei luoghi non si bestemmiava.

Il dottor Guglielmo G.W., invece preferiva la montagna. Gli piaceva la sua quiete, la sua pace, l'aria pura e profumata, l'acqua sorgiva. Da quando Carlo, poi, era entrato a far parte della sua famiglia, il fatto di sapere la sua cara Tatiana in sua compagnia faceva sì che lui potesse godersi le sue cinque settimane nella serenità più completa.

Sua meta preferita una piccola pensione nelle prealpi bavaresi. La proprietaria, una vedova non più molto giovane, lo accoglieva sempre con molta simpatia. Essa era riuscita a creare una selezionata cerchia di persone che ogni anno, puntualmente, la onoravano della loro presenza. La signora Josephine, questo il nome della proprietaria, conoscendo i gusti di tutti preparava dei manicaretti così prelibati che facevano aumentare sempre di qualche chilo i suoi assistiti. Costoro non si davano minimamente pensiero. Le vacanze si dovevano godere, e la pancia è il secondo cervello. Si doveva dare a Cesare quello che era di Cesare.

Il dottor Guglielmo G.W. faceva coppia fissa con la signorina dottoressa Ruht Deppe, una trentacinquenne biologa di Rosenheim. Insieme facevano lunghe passeggiate, e ogni giorno conquistavano la cima di qualche collina. Tornavano alla pensione sfiniti, sazi di ossigeno, di pace, di quiete, e con una fame da lupo.

La dottoressa Deppe, per la verità, un pensierino sul nostro dottore (che detto fra noi era un anche un bell'uomo, un pezzo da uno e novanta) lo aveva fatto, e da tempo ormai, ma non riusciva a quagliare mai niente. Un giorno di quell'anno disse alla signora Josephine: "sa signora, il dottor Sari quest'anno forse si tratterà con noi tutte e sette le settimane delle sue vacanze, non credo avrà voglia di raggiungere i suoi alle Azzorre."

"E il dottor Sari lo sa già che forse non avrà voglia di raggiungere i suoi alle Azzorre?"

"Ancora no."

"E allora dovrà mangiare ancora molti crauti alla mia mensa, cara dottoressa Deppe."

"Lei crede, signora Josephine?"

"Direi proprio di sì, dottoressa."

Difatti il dottor Guglielmo G.W. non ci pensava minimamente. Per lui la dottoressa Deppe era la sua cara amica, sempre gentile, sempre sollecita, una che aveva i suoi stessi gusti.

E intanto gli anni passavano. Il trentottesimo aveva lasciato il posto al trentanovesimo, e ancora niente. Il dottore non si rendeva conto della situazione, o che?

Dopo le cinque settimane, com'era da aspettarsi, partì per Palermo, lì avrebbe aspettato Tatiana e Carlo. Quell'anno avevano in programma di visitare la Sicilia e fare una gita sull'Etna.

Il sole siciliano, così ben assorbito da Tatiana, e così ben sopportato da Carlo, era pesante come un macigno per il dottore. "Si faccia il rifornimento di vitamina D," lo consolava Tatiana. La mattina usciva presto e massimo alle undici tornava in albergo, giusto quando i suoi amici si svegliavano, e faceva colazione con loro. Qualche ora dopo, un gran gelato costituiva il pranzo. Pennichella, e dopo aver aspettato le cinque del pomeriggio, uscivano tutti assieme. Visitavano tutto: i teatri, i musei, i palazzi, le spiagge i monumenti. Tutto quanto quella città offriva. Alla fine sceglievano un bel ristorante e si ritempravano a dovere. Ogni due giorni una città diversa: Palermo, Marsala, Agrigento, Siracusa, Taormina, per poi scendere fino a Catania. Da lì sarebbero partiti per la gita sull'Etna.

"Che belli, che meravigliosi sono questi posti, mettici pure la prelibata cucina e avremmo fatto un angolo di Paradiso, se non si bestemmiasse e se non ci fosse la Mafia," pensava a voce alta Carlo.

"E se non fosse nato Socrate," aggiunse il dottor Guglielmo G.W..

"È vero, è vero" dissero Tatiana e Carlo che conoscevano tutta la storia.

La scalata dell'Etna (uso qui un sostantivo molto caro al dottore, sebbene, in verità, essa consisteva nello salire qualche centinaio di metri e su stradette transitabili), si sarebbe fatta l'indomani mattina, il penultimo giorno delle loro vacanze, vulcano permettendo. Per la verità Carlo un po' di paura ce l'aveva. Lui diffidava di tutto il sud Italia, con annessi e connessi. E Tatiana a fargli

coraggio: "ma dai, cosa vuoi che succeda?, è tutto orga-
nizzato, con tanto di guida esperta. Sono cose che si
fanno e si ripetono da sempre, non temere. Eppoi mica
andremo fino in cima"
"E se quello erutta all'improvviso, la guida esperta che
fa, apre l'ombrellone? Quello erutta pure dai lati. Guarda, ci vengo solo perché siete in gioco voi due, e in caso
di pericolo potrei essere d'aiuto, altrimenti...."
La sera di quel giorno uscirono, ma solamente per un
paio d'ore, avevano bisogno delle loro energie per il
mattino seguente. Cenarono nel ristorante dell'hotel, e
non fecero altro che parlare dell'Etna e della probabilità
che potesse succedere qualcosa. Nessuno di loro si
accorse che a un tavolo un po' distante dal loro, cenava
tutta sola una donna bella come una dea. Peccato,
l'avesse vista Carlo, gli sarebbe immediatamente passata la paura dell'Etna. Se poi avessero saputo che
anche lei avrebbe preso parte alla gita sulla montagna,
sicuramente almeno due persone non avrebbero chiuso
occhio tutta la notte. Invece, siccome occhio che non
vede cuore che non duole, quella fu una notte di
assoluto riposo. Carlo si era calmato, si disse: "devo
andare, è mio dovere, e basta." E si addormentò.
Il mattino seguente erano i primi a fare colazione. Il
grande salone ristorante sembrava ancora più grande
con solo loro tre. Ad un certo punto qualcosa andò stor-
to nella gola di Tatiana, sembrava volesse vomitare gli
occhi. Carlo si precipitò a darle forti pacche sulla schiena. Il dottor Guglielmo G.W. intuì che era stato qualcosa di esterno ad aver causato il malore di Tatiana. Si
girò, e vide lei.
La signora stava per prendere posto al suo tavolo, un

po' distante dal loro, ma rimase ferma nell'intento di farlo. Chissà perché, ma ebbe la sensazione di essere stata lei, in qualche modo, la causa di quello che stava succedendo, e senza pensarci si avvicinò chiedendo se poteva essere utile, ma quasi col tono di chi vuol chiedere scusa. Parlava un italiano misto a tedesco.

Tatiana, che sembrava si stesse riavendo, sentendo il suo profumo ebbe una ricaduta; ma a furia di pacche sulla schiena si calmò e cominciò ad avere anche il respiro regolare. Si ricompose, e per prima cosa invitò la signora al loro tavolo. Lei accettò di buon grado. Vedendo poi che i due uomini erano rimasti imbambolati, si affrettò a fare le presentazioni.

"Permette signora, lui è il dottor Guglielmo G.W. Sari, io sono Tatiana Irina Simenova la sua governante, e lui è il signor Carlo Jovine, nostro amico e collaboratore." Lo disse tutto d'un fiato e naturalmente in tedesco.

"Piacere, io sono la dottoressa Cecilia Kemp, sono tedesca, anche se di madre danese."

"Piacere ," disse Carlo.

"Piacere," disse il dottore Guglielmo G.W. Resuscitando, "anch'io sono tedesco, anche se di padre italiano. Di vacanza in Sicilia?"

"Sì, e quasi finita per la verità. Stamane prendo parte a una gita sull'Etna e dopodomani risalgo. Sono rimasta sola perché le mie due amiche avevano finite le loro vacanze due giorni fa."

"Ma anche noi facciamo parte dei gitanti che stamane saliranno sull'Etna, e anche noi dopodomani risaliamo."

"Allora, se non vi dispiace, potrei unirmi a voi."

"Certamente che può unirsi a noi, e con molto piacere anche."

"Bene, dopo la colazione si parte," disse Tatiana. Carlo continuava ad essere imbambolato, gli sembrava tutto così irreale. Tre cose però, era riuscito a fotografarle: non aveva trucco alcuno; non era magra, anzi con un pizzico di buona salute in più; era bella assai.

Due giorni dopo erano tutti partiti, diretti verso la bella e più fresca Germania. La gita sull'Etna l'avevano fatta sì, ma avrebbero potuto farne anche a meno. I loro cervelli, in tutte altre faccende affaccendati, non avevano avuto tempo alcuno per nient'altro.

Catania – Roma in treno sarebbe stato il primo tratto del loro viaggio. Poi Roma – Francoforte in aereo. Lì, lei sarebbe arrivata, loro tre, invece, avrebbero continuato, e saliti un po' più a nord.

Per il tratto in treno avevano prenotati i posti in prima classe sul rapido del mattino. Il vagone era mezzo vuoto così poterono prendere posto tutti nello stesso scompartimento. Trovarono funzionante l'aria condizionata e ciò li rese automaticamente di buon umore. Ebbero anche la fortuna di rimanere soli fino a Roma.

Appena partiti, e dopo essersi sistemati un po', quasi per un sottinteso dovere, cominciarono a parlare della Sicilia e del sud Italia. Della Magna Grecia, insisteva Carlo.

Parlarono delle sue bellezze naturali; di quelle archeologiche, sparse un po' ovunque; dei suoi figli illustri; della sua prelibata cucina; delle sue industrie, specialmente di quella ortofrutticola e quella dei vini pregiati. Ecc.

"Quelle terre", continuava il dottore, "avrebbero potuto tranquillamente trovarsi in cima alla classifica mondiale dei patrimoni dell'umanità. Purtroppo qualcuno arrivò e rovinò parecchio. La rovina si sarebbe concretizzata qualche secolo più tardi, d'accordo, ma l'inseminazione era stata perfetta. Nacquero così la Mafia, la N'Drangheta, la Camorra, l'orrenda abitudine di bestemmiare e quanto altro. E onore alle eroiche virtù della moltitudine di persone oneste e pie costrette a vivere in mezzo a loro (e un piccolo posto, in questa moltitudine, lo occupa anche chi sta scrivendo)."

Lasciarono la Sicilia con un sentimento misto, fatto di nostalgia e di cento altre cose, e passarono in Calabria. Continuarono loquaci, ad eccezione di Carlo che, tutto assorto, guardava in silenzio dal finestrino.

"Mi scusi la curiosità dottor Sari, perché i suoi collaboratori ed amici quando parlano di lei, al suo nome di battesimo aggiungono sempre il G.W.?"

"Eh, questa è una lunga storia," si interpose Tatiana, "certo, se lei ci onorasse di una sua visita in Germania, un fine settimana per esempio, allora ci sarebbe tutto il tempo necessario per la spiegazione. Per il momento si può dire solo che è lo stemma di famiglia."

"Beh, con un po' di buona volontà si può considerare anche che uno stemma di famiglia," rispose l'interpellato, "visto che sono ormai tre generazioni che tutti i Sari, uomini e donne, lo portiamo accanto al nome di battesimo appunto."

"Poi ci sarebbe anche la teoria, ancora non pubblicata, che il dottore ha formulato su Socrate. La cosa, per la verità, non è molto semplice, e per spiegarla come si deve occorrerebbe un po' più di tempo." Si immischiò nuovamente Tatiana.

"Certo che la sua governante le vuole un bene dell'ani-

ma."
"Mi ha cresciuto. Comunque, andiamo per ordine: la G.
sta per Galileo, in onore a Galilei, la W. sta per Wolfgang, secondo nome del nostro Goethe. Come si è
arrivati a questa scelta, occorrerebbero diversi fine settimana, non uno, come afferma la mia cara governante.
Per la mia teoria su Socrate invece, un fine settimana
potrebbe anche bastare (mentiva). Sempre che lei
voglia onorarci di una qualche sua visita."
"Bene, se volete che vi venga a trovare, dovreste darmi il vostro indirizzo e numero di telefono."
Si scambiarono gli indirizzi e i numeri di telefono.
Carlo, sempre guardando dal finestrino, emise un contratto sospiro. Tatiana lo immise. "è fatta", si disse, "è
fatta."

Per un po' si parlò del più e del meno. Dopo circa una
oretta la dottoressa Kemp chiese nuovamente: "mi scusi
dottore, forse una cosa me la può spiegare subito:
perché in Italia quando uno ha avuto fortuna si dice che
ha avuto un grande, diciamo, fondo schiena?"
"Anche questo è stato ereditato dai greci, e tutto il sud
Italia, proprio dove ci troviamo adesso, era, lei mi inse-
gna, disseminata di colonie greche. In quei luoghi, come
nella madrepatria d'altronde, com'è noto, la bisessualità
non solo era tollerata, ma costituiva addirittura un
elemento di pregio. Ci sono buone ragioni per credere
che loro considerassero la condizione bisessuale come
la più completa. Va da sé che chi aveva avuto da madre
natura il dono di un bel, ridiciamolo, fondo schiena
aveva la vita molto facilitata, perché esso costituiva un

chiaro oggetto di desiderio; e quindi, indipendentemente dalla sua posizione sociale e grado di cultura, sedeva spesso in mezzo a potenti, nobili e intellettuali, e non pochi erano quelli che riuscivano a fare anche vita agiata. Ergo, avere un bel *fondo schiena* equivaleva al nostro *schwein gehabt* *. Poi il detto rimase e si diffuse in tutta la penisola."

"Chiaro e conciso dottore, grazie."

"Come sempre," si fecero eco Tatiana e Carlo.

"Fra poco," riprese il dottor Guglielmo G.W., "passeremo per i luoghi dove sorgeva Elea, la patria di Parmenide; anzi ci stiamo quasi sopra."

Ad eccezione di Carlo si affacciarono tutti al finestrino, ma non videro niente di particolare.

Erano entrati in Campania. Carlo era diventato nervoso. Sembrava sempre che stesse per dire qualcosa, e mai si decideva a farlo. Dopo un certo tempo sbottò: "dottoressa, vede quella collinetta laggiù? Ebbene, dall'altro versante c'è il mio paesello natio. Se è rimasto come me lo ricordo io, è un paesello normale, con un grande pregio però, non è stato contaminato dalla Camorra: il cancro campano."

Carlo ci aveva tenuto a dirlo perché prima o poi la dottoressa sarebbe venuta a conoscenza del fatto che lui era campano, e anche perché più prima che poi sarebbero arrivati a Napoli, e lì sarebbero stati costretti ad assistere alla vergognosa e pietosa scena dell'arrembaggio al treno della ciurma di venditori di sigarette, accendini, orologi e cianfrusaglia varia; di provenienza che solo il buon Dio sa. E senza che nessuno muovesse un dito per impedirlo: lo Stato preso a calci nel *fondo schiena* dalla Camorra. Di questo lui si vergognava da morire.

"Se ho ben capito lei è vedovo, anche sua moglie era del paesello?"

"No, mia moglie era tedesca, di Bielefeld. Che Iddio l'abbia in gloria: una santa donna, una santa donna."

Il treno entrava lentamente, come scivolando, nella stazione centrale di Napoli. I due dottori erano nel vagone ristorante. Carlo e Tatiana ci sarebbero andati dopo. Erano rimasti nello scompartimento con la scusa di non lasciare incustoditi i bagagli, ma anche per lasciare un po' soli i due, e, soprattutto, per fare il punto della situazione.

"Che ne pensi?" Chiese Carlo a Tatiana.

"Io penso che le uova si sono rotte, adesso bisogna aspettare che cuocia la frittata. I due si piacciono molto."

"Sei sicura?"

"Più che sicura."

"Per la verità," riprese Carlo, "mentre guardavo in silenzio dal finestrino, pensavo già ai piccoli Claudio G.W. e alle piccole Claudia G.W., tutti bellini, tutti biondini, tanti angioletti. No, dico, mica ci si fermerà a un figlio solo, almeno tre: due femminucce e un maschietto, o viceversa."

Il treno usciva lentamente dalla stazione centrale di Napoli. Aveva percorso già un bel po' di chilometri allorché Carlo chiese: "ma quando arriviamo a Napoli?"

"Ci siamo arrivati e anche ripartiti." Rispose Tatiana.

"E l'assalto al treno non c'è stato?"

"Chissà?, forse in prima classe non ci vanno."

"Speriamo allora che non siano andati nemmeno nel

vagone ristorante."

"No, là non ci vanno, di questo ne sono sicura."

"Meno male."

"Ci mancherebbe altro." lo rassicurò Tatiana.

"Pensandoci bene," continuò Carlo, "sono molti anni che non passo da queste parti. Con te, per andare in vacanze, abbiamo sempre raggiunto le Azzorre in aereo, passando da Lisbona. Poi, insieme anche a don Guglielmo, il cammino inverso. Può darsi che lo stato sia riuscito a farsi valere."

Il dottor Sari e la dottoressa Kemp entrarono nello scompartimento. I loro visi erano così solari che più solari non si può. Assicurarono ai due che il cibo era stato abbastanza buono, e consigliarono loro di ordinare lo stesso. I due seguirono il consiglio, ma a due bottigliette di vino rosso, al dolce, al caffè e al grappino non ci seppero rinunciare.

"Caro Carlo, sono quarantotto ore che i due dottori dormono sì e no. Cercano di dissimularlo, ma un cuore di donna che non vede l'ora di diventare nonna, queste cose le percepisce. La frittata quaglierà. Te lo dice Tatiana Irina Simenova!"

"E allora io sono pronto a mettere la mano sul fuoco."

Nell'intento di lasciare da soli i due dottori, indugiavano nel vagone ristorante, ormai vuoto, un po' parlando, un po' guardando dal finestrino, quindi mettendo sul piatto quello che avevano pensato mentre vedevano succedersi gli alberi uno dopo l'altro. Poi appoggiarono tutt'e due la testa al finestrino e Morfeo ne approfittò per iniettargli una piccola dose di torpore.

L'altoparlante annunciò l'arrivo del treno a Roma.

"E che, siamo volati? Disse stizzito Carlo, "un momen-

to fa eravamo a Napoli."
"Si, mio caro, anche noi non dormiamo da quarantotto ore, ecco perché ci sembra di volare."
Tornarono nello scompartimento, trovarono i due che si erano appisolati, le loro teste erano rivolte l'una verso l'altra, non avevano per niente sentito l'altoparlante. Dovettero svegliarli.
Avrebbero voluto rimanere ancora un po' assieme, fermarsi almeno un giorno a Roma, ma non ce la fecero, erano sfiniti. Tutti e quattro avevano urgente bisogno del proprio letto e della propria casa.
Qualche tempo dopo erano sull'aereo, direzione Francoforte. Ancora qualche ora e sarebbero atterrati. Sia il treno che l'aereo erano partiti e arrivati in perfetto orario. Non un piccolo ritardo, non un piccolo sciopero. Che strano.

Ora è bene dire qualcosa sulle piccole coincidenze successe. La dottoressa Kemp, desiderosa di vedere quanto più possibile le bellezze della nostra penisola, aveva fatto il biglietto sia per l'andata che per il ritorno col treno, quindi avrebbe dovuto continuare con quel mezzo, ma arrivati a Roma andò di corsa a un'agenzia della Lufthansa e si fece un biglietto d'aereo. Non si preoccupò neanche di chiedere se era possibile un qualche rimborso del suo biglietto ferroviario. Il dottor Guglielmo G.W., Tatiana e Carlo avevano, invece, scelto di fare il tratto Catania - Roma col treno in onore della Magna Grecia. Quando si dice la combinazione.

Arrivati in Germania dovettero quindi separarsi. Si promisero di non telefonarsi prima delle prossime ventiquattro ore, e presero commiato. La dottoressa Kemp, abitando a Francoforte, prese un taxi che dall'aeroporto la portasse direttamente a casa. Gli altri tre attesero pazienti il treno che li avrebbe portati un po' più a nord. Appena dopo il commiato tutti e quattro sentirono il bisogno di soffiarsi il naso.

Erano passati ventuno ore, tre persone da una parte e una dall'altra ribollivano come il buon mosto nella botte novella. Forse a livello inconscio, ma comunque, la dottoressa Kemp si chiedeva se ci fosse qualcosa di male se telefonava lei per primo (non ci sarebbe stato niente di male, ma mettiamoci nei suoi panni, era tutta sottosopra). Dalla altra parte agitatissimi erano in tre. Il dottor Guglielmo G.W. aveva ben altri dubbi, si chiedeva quanto fosse poco educato telefonare tre ore prima dei patti: quando il cuore batte forte forte ubriaca di sangue il cervello. Comunque dietro di lui due arieti già cominciavano a recalcitrare..

La dottoressa, dal canto suo, si convinse che non c'era niente di male se prendeva lei l'iniziativa, e andò verso il telefono, decisa. Non ce la fece ad arrivare che que- sto suonò. Guardò il display: era lui.

"Pronto Cecilia?"

"Si Guglielmo."

"Ti amo."

"Anch'io ti amo."

Che bello, erano diventati due bambini. La persona

amante parlava alla persona amata. Parlarono a lungo, anche balbettando ogni tanto, poi lo schioccare di un lungo bacio li divise fino alla prossima telefonata. Di persona si sarebbero rivisti il dopodomani sera.

Posando la cornetta del telefono, la dottoressa Kemp, sfinita e felice, alzò gli occhi al cielo e ringraziò il buon Dio: "troppa grazia Signore, adesso però ti prego, fammi dormire un po'."

Dall'altra parte il dottor Guglielmo G.W. aveva un bel da fare per consolare Tatiana e Carlo: piangevano come due bambini. Tutti e tre erano felici come una Pasqua. Anche loro ringraziarono il buon Dio, anche loro gli chiesero la grazia di un buon sonno. Complessivamente erano quasi settantadue ore che non dormivano. Furono esauditi tutti e quattro.

La dottoressa Kemp, per far trascorrere le successive ventiquattro ore avrebbe forse visitato qualche negozio di abbigliamento e probabilmente il suo parrucchiere. Dalla altra parte, Tatiana aveva il suo bel da fare in cucina, per gli altri due la cosa era più difficile, ma in un modo o nell'altro dovevano pur riuscirci. Carlo ne approfittò per chiedere l'opinione del dottore su una cosa che da sempre se la trascinava dietro, fastidiosa come una pietruzza nella scarpa.

Argomento: visite in occasione di fidanzamenti, quando lui era bambino, nel paesello di sua madre. A casa della giovine tutta la famiglia era tenuta ad andarci; dal giovine bastava la presenza della sola madre.

Dopo un breve preambolo, Carlo andò subito al sodo.

"Bussato al portone che, in quei casi, di giorno era sempre aperto, si salivano le scale e ci si trovava subito in cucina. Davanti a noi un'esedra di donne: al centro la genitrice e la *fortunata*, ai lati, parenti, comari, amiche e vicine. Mio padre, fatti gli auguri, entrava nella stanza accanto. Mia madre, io e le mie sorelle, dopo gli auguri, prendevamo posto di fronte al semicerchio. Quante volte sono risultato essere l'unico galletto in mezzo a tante ovaiole. Esse mi guardavano e riguardavano, e non mi risparmiavano mai il sorriso della Gioconda. I bambini nella stanza accanto non ci potevano entrare, gli uomini dovevano parlare di cose serie. Essi sedeva- no attorno ad un tavolo, su di esso una bottiglia di vino rosso e bicchieri da un dodicesimo di litro, quelli da un buon sorso e basta.

Torniamo in cucina.

Mia madre: "*allora è fatta, grazia di Dio.*"

L'altra madre: "*grazia di Dio.*"

Mia madre: "*avete preso tutte le informazioni, siete contenti?*"

L'altra madre: "*ci hanno assicurato che il ragazzo è buono, onesto e gran lavoratore. Solo che ha un grande difetto, e siamo tanto preoccupati. Non sappiamo come pensarla.*"

Mia madre, come cascando dalle nuvole: "*non mi dire, e qual'è questo grande difetto?*"

L'altra madre: "*è un po' troppo nervoso, e qualche volta bestemmia pure*"

Mia madre: "*uuuuuh, ma l'uomo dev'essere un po' nervoso, e una piccola bestemmia ogni tanto che fa?, quando ci vuole ci vuole; e che, ve lo volete prendere fesso fesso?*"

L'altra madre: *"così dici? Meno male, anche la signora Giovannina ha detto la stessa cosa. Adesso siamo più tranquilli."*

Mia madre, concludendo: *"ma la cosa è così, scusa se te lo dico."*

Nel frattempo io, curioso di sapere quali erano le cose serie di cui si parlava nella stanza accanto, sbirciavo con l'orecchio. A seconda delle stagioni, mi arrivavano notizie sulla vendemmia, sulla raccolta delle olive, sui parti dei diversi animali, ecc. E questo era.

Si sentiva bussare, saliva la prossima visita.

"Oh, signora Chiara, prego venite."

Veramente c'era anche il consorte e la prole, ma mica si andava a perdere tempo a nominare pure loro.

Per non ripetermi, caro dottore e cara Tatiana – che, tra un'occhiata e l'altra in cucina, stava anche lei a sentire –, quello che di lì a poco si sarebbe detto, sarebbe stato l'esatta fotocopia di quello che era stato detto con noi.

"È un bravo ragazzo, solo che è troppo nervoso; ma deve essere così, mica ve lo prendete fesso fesso; scusa se te lo dico." Ecc. ecc.

Nuovo fidanzamento, altra visita; i discorsi però sempre gli stessi.

Dopo un certo numero di fidanzamenti, mi venne spontaneo chiedere: *"mamma, ma in questo paese i fidanzati sono tutti un po' troppo nervosi?"*

Apriti cielo, quasi me le dava.

"Ma possibile che sei così scemo? Ma da chi hai preso? Ma che male ho fatto io a questo mondo?"

E queste erano le spiegazioni che mi si davano, se ero fortunato a non prenderle. Ora Tatiana dice che mia madre aveva ragione. Lei che ne dice?"

"Sì, anch'io dico che sua madre aveva le sue buone ragioni."

"Pure lei, allora è vero che sono scemo?"

"Andiamoci piano. Io molte cose le so perché mi sono state spiegate. Anche lei da bambino aveva diritto alle spiegazioni. Solo che nel suo ambiente e ai suoi tempi, né si aveva il tempo, né si era in grado di darle. Bisognava andare d'intuito. Ora io le dimostrerò sia che sua madre aveva le sue ragioni, sia che lei non è affatto stupido. Andiamo per ordine.

Perché un po' troppo nervoso? Io sono sicuro che la madre di turno, e non ovaiola come dice lei, volesse significare che il soggetto in questione andava su tutte le furie per un nonnulla. E chi si può permettere un lusso simile? Uno forte, uno che non ha paura di niente e di nessuno, uno che lascia trapelare di sé: lasciami stare se no... Costui poi bestemmia per accentuare ciò che non è capace di dimostrare con la mimica e con il tono della voce. Chi di sé dà questa impressione, non viene preso in giro. Persona non presa in giro: persona temuta; persona temuta: persona rispettata. E in quei luoghi e ai quei tempi meglio prevenire che correggere, era, in molti casi, vitale. Capisce ora don Carlo, perché tutte le mamme presentavano l'acquisito parente con il "un po' troppo nervoso?" Con quattro parole cercavano di fornirgli le migliori credenziali possibili. Le scene si ripetevano perché tutti appartenevano allo stesso gruppo. Ed il gruppo è stato ed è la miglior difesa dell'individuo. Lei non intuiva perché pur essendo nato all'interno del gruppo non vi apparteneva, ed era troppo onesto per andare contro la sua coscienza. Sua madre queste cose non era in grado di capirle, e giustamente era preoccupata. Dal canto suo lei, appena ha potuto, ha tolto il disturbo ed è uscito dal gruppo. Tutto si svolse, quindi, secondo la più normale logica delle cose."

"Grazie, dottore, lei ha parlato direttamente al mio cuore, finalmente mi posso togliere questo sassolino dalla scarpa. Che il Signore gliene renda merito."

"Don Carlo, per piacere, non stia sempre a ringraziare, si sta parlando. Piuttosto mi faccia capire una cosa, da quanto mi è stato dato di sapere, dal paesello natale suo fino al paese originario di sua madre intercorrono più di cento chilometri; ai tempi di cui stiamo parlando, e nel sud dell'Italia, percorrere quella distanza con i mezzi che si avevano a disposizione, era un'impresa, e dispendioso pure. Come facevate?"

"Esimio dottore, erano quelli gli anni subito dopo la guerra, allora bisognava arrangiarsi. Sapeste quante volte ci siamo spostati, un poco qui un poco là. Poi alla fine mio padre mise da parte l'orgoglio e decise di accettare l'invito di mio nonno materno. Avrebbe dovuto sottomettersi ai suoi comandi, ma almeno quando ci si sedeva a tavola c'era da mangiare. Eppoi, diceva lui, quasi a scusarsi con noi figli, un padrone vale l'altro. Almeno qua siamo tutti in famiglia."

Il tempo passò, a forza, ma passò. Si fece notte e poi giorno, ancora un piccolo sforzo e finalmente arrivò l'ora. Chiamarono il taxi. Il dottor Guglielmo G.W. si sottopose alla visita di controllo da parte di Tatiana. Tutto era in ordine, poteva andare.

Quindici minuti dopo era alla stazione centrale. Guardò

l'orologio e poi guardò la tabella degli arrivi, mancava ancora quasi mezz'ora. Andò al binario indicato e attese. Treno proveniente da Francoforte è in arrivo al binario 14, urlò l'altoparlante. Si sentì quasi mancare l'aria, si portò tutte e due le mani al cuore: batteva forte forte.

Noi da persone educate e discrete, andremo ad aspettarli alla stazione dei taxi. Dopo un tempo dovuto apparvero. I loro volti erano due soli. Il dottore con il braccio destro stringeva a sé la sua Cecilia e con la mano sinistra teneva la sua valigia, lei con il braccio sinistro cingeva la vita del suo Guglielmo G.W.. Così uniti s'avvicinarono ai taxi.

Quindici minuti dopo arrivarono a casa. Lei abbracciò contemporaneamente Tatiana e Carlo, e molte lacrime bagnarono i loro volti. Poi tutti e quattro si rilassarono. Il dottor Guglielmo G.W. le fece vedere le foto dei suoi antenati e dei due numi della casa, quindi andarono in giardino. Carlo e Tatiana in cucina.

Che t'avevo detto?" Disse con aria trionfale quest'ultima. "Eeeeh gni vi."

"La donna è sempre donna," ammise Carlo.

"Adesso amico mio, datti un po' di pazienza. Per i tuoi angioletti: due femminucce e un maschietto o viceversa, ci vuole tempo. I figli non si fanno con il telecomando."

Chissà chi era meglio si desse un po' di pazienza.

Mangiarono da re. Tatiana era una bravissima cuoca.

Con questa beatitudine dell'anima e del corpo, si concluse quella giornata, giornata così importante per la nascita di una nuova famiglia: la famiglia Sari-Kemp. A proposito, chissà in cosa è dottoressa, la dottoressa Kemp.

Il giorno dopo, prima della colazione, era sola nel salone. Tatiana era in cucina, Carlo non era ancora venuto, e il dottore doveva ancora scendere. Era accanto al tavolino a tre gambe e guardava i ritratti e i quadri affissi alla parete. Si commosse pensando che sarebbe diventata loro parente e che ne avrebbe continuata la discendenza. Era distratta quando pensò anche di Galileo e di Goethe, né si ricordò poi di averlo pensato.

Si sentì avvincere da due braccia forti e tenere allo stesso tempo, due labbra le baciarono la guancia e una tenue voce le sussurrò: "anche loro sono molto contenti di te e ti danno il benvenuto. Buon giorno cara, hai dormito bene?"

"Buon giorno caro, benissimo e tu?"

"Anch'io."

Si sentì il suono di un campanello, era Carlo. Nel frattempo che lui entrava, Tatiana usciva dalla cucina con il carrello e portava la colazione a tavola.

La colazione era deliziosa. Mancava solo di una cosa: le sette marmellate. Quelle venivano servite solo la domenica, e per un motivo ben preciso.

Durante la colazione il discorso cadde su quando avrebbero dovuto prendere nuovamente servizio, quindi in cosa erano dottori. Del nostro lo sappiamo già, lei, invece, era medico

Schwein gehabt: letteralmente avuto il maiale. In Germania, fino a qualche tempo fa, nei piccoli paesi, ma anche in qualche piccola città, la principale fiera dell'anno si concludeva con l'estrazione di premi. Il più grande di essi consisteva in un bel maiale. La famiglia che riusciva a vincerlo, ovvero ad averlo, si assicurava così cibo abbondante per quell'inverno. Avere avuto il maiale significava quindi avere avuto molta fortuna

CAPITOLO III

LA NOSTRA STORIA

Squarcio nella storia della famiglia Sari.

Otto figlie a quei tempi, siamo nella prima metà del diciannovesimo secolo, erano otto palle ai piedi. O si aveva la dote, o si trovava un eroe (uno è difficile, figuriamoci otto), o si rimaneva nubili, o si sposava il resto dei resti: gente senza né arte né parte. Il figlio maschio, invece, non destava problemi.

Don Guglielmo (Carlo ci ha contagiati, d'altronde è così comodo) e donna Rosa si erano fatti i capelli bianchi anzitempo per la preoccupazione. A quelle figliuole così belle, così educate, così timorate, quale futuro le aspettava? Che colpa avevano loro se erano nate femmine? Che mondo era dunque quello in cui avrebbero dovuto condurre la loro esistenza?

Don Guglielmo era calzolaio, uno ottimo, ma pur sempre un artigiano. I due coniugi possedevano anche due uliveti; uno lo aveva portato in dote donna Rosa, l'altro era stato piantato in seguito in uno dei due terreni ereditati da don Guglielmo: troppo poco.

Successe che una mattina, venuto per la colazione, il capofamiglia si presentò a tavola ilare e sorridente.

"Abbiamo vinto alla lotteria?" Gli chiese donna Rosa.

"Forse," rispose lui. "Stanotte ho fatto un sogno bellissimo: eravamo diventati industriali."

"Industriali, e che significa?"

"Adesso non ho tempo, devo correre al negozio, il tempo è denaro. Stasera ti spiego tutto."

Donna Rosa rimase interdetta. "il tempo è denaro, e che significa? Che le preoccupazioni gli abbiano guastato il cervello? No, no, è qualcos'altro. Questa sera si vedrà.

Un pochino prima dell'ora solita, don Guglielmo rincasò. Come al mattino, anche adesso aveva un bel sorriso. Donna Rosa, stanca per il troppo pensare e il tanto elucubrare, ma curiosa come solo una donna e mamma sa essere, gli diede il bacio di benvenuto e lo fece accomodare subito a tavola, portò la cena e la bottiglia di vino e si sedette.

"E allora?"

"Vogliamo mangiare o vogliamo parlare?" Disse don Guglielmo.

"Io mangio e tu parli, poi tu mangi e io parlo. Ci diamo il cambio."

"Senti cara, adesso mangiamo in santa pace, questa è grazia di Dio, poi ti dico tutto. Stasera ci scoliamo tutta la bottiglia di vino. Approfittiamo per essere distesi e tranquilli adesso che le figliuole e il ragazzo passano qualche giorno di vacanza in montagna da tua sorella."

Finita la cena, donna Rosa sparecchiò, diede un'occhiata alla bottiglia di vino: ce n'era ancora abbastanza, e tornò a sedersi.

"E allora?"

Don Guglielmo si sfregò le mani, aspirò un bel sorso d'aria e cominciò: "ultimamente, non so perché, ma prestavo molta attenzione a quello che dicevano alcune persone, quelle che hanno le scarpe rotte e il cervello fino; non come ce l'hanno i contadini, in un altro modo.

Queste, mentre aspettavano in negozio, dicevano che dal nord Europa aveva cominciato a spirare un vento che avrebbe cambiato il mondo, un vento nuovo, una nuova ideologia. La quale cosa io non sapevo neanche cosa significasse, però ci ho creduto subito. Ora è successo che è venuto in negozio un signore per farsi fare un paio di scarpe nuove e mentre aspettava per il calco, cominciò a parlare di queste cose con un altro signore, lì per una riparazione veloce. Mi sono talmente entusiasmato a sentirlo che gli dissi che se mi spiegava per filo e per segno ciò che lui chiamava nuova ideologia, io gli avrei fatto un bello sconto sulle scarpe. Tu non ci crederai, ma io a quella persona praticamente è come se l'avessi invitato a nozze. Cominciò a parlare e non si fermava più. Mi spiegò tutto minuziosamente e, che tu ci creda o no, io sono riuscito a capire tutto. *"Bisogna alzare la testa. È finita l'era dei signori per nascita, adesso si apre l'era dei capitani d'industria. Bisogna buttare alle ortiche tradizioni e fatiche immani per solo un tozzo di pane. Bisogna pensare in grande. Bisogna capitalizzare il lavoro con l'investimento. Finalmente ognuno è artefice del proprio destino."* Diceva tutto convinto. Hai capito? Quello proprio a me veniva a dire quelle cose, a me che ho otto figlie che, prima o poi, devono sposarsi. E così, senza quasi volerlo, il mio cervello cominciò a funzionare in quella direzione. Piano piano cominciavo a intravedere nuove possibilità, nuovi orizzonti, altre vie. A ben pensarci, mi sono detto, queste vie ci sono già, sono lì che aspettano che qualcuno ci passi sopra. Sono un po' strette, è vero, ma con un po' di destrezza si possono percorrere. Rosa cara, noi non abbiamo scelte, noi abbiamo otto figlie che gridano aiuto. Le abbiamo messe al mondo?, e ora le dobbiamo sistemare."

"Guglielmo caro, io francamente non ho capito quasi niente di quello che hai detto, però ti conosco, e so che sei un tipo positivo, con la testa sulle spalle e con un amore smisurato per le nostre figliuole. Continua pure in questa direzione, qualcosa mi dice che sei sulla giusta strada. Poi, quando hai qualcosa di più concreto me lo dici, e così mi spieghi tutto meglio. Però il fatto che ognuno è artefice del proprio destino, quello l'ho capito."

"E allora hai capito tutto."

"Va bene, adesso però bevi il poco di vino rimasto, e poi usciamo un poco in giardino."

Piano piano le idee cominciavano a solidificare nella mente di don Guglielmo. Ogni passaggio lo comunicava a donna Rosa, e insieme facevano il punto. Erano d'accordo su tutto. Erano sintonizzati sulla stessa lunghezza d'onda. D'altronde, molto da scegliere neanche ce l'avevano. Quella via, stretta per natura, piena di sacrifici, e madida di sudore, era la loro unica speranza. *Volere è potere*: l'imperativo dei tempi che si aprivano davanti a loro era diventato il loro motto. Erano tutti e due devoti alla Madonna, ed erano sicuri che sia Lei che il buon Dio una mano gliel'avrebbero data volentieri. Su quelle premesse e con queste certezze misero in atto il loro piano.

Il barone Enrico Orlandini aveva un allevamento di cavalli famoso in tutta la regione. Un suo puledro valeva almeno il doppio di qualsiasi altro puledro. Sempre che non si trattasse di un manto sorcino criniera e coda bianche; in quel caso il suo valore poteva anche quintuplicare. Era riuscito a selezionare un manto grigio semi scuro compatto di pregevole bellezza, e il bianco della criniera e della coda era candido come la neve. Si faceva a gara per avere un suo cavallo. Diventato anziano, non aveva più le energie necessarie per accudire, come lui avrebbe voluto, i suoi *tesori*. Né si sarebbe mai, e poi mai, separato da loro. Decise così di andare in cerca di aiuto. Andava in cerca di una persona intelligente, paziente, riflessiva, e allo stesso tempo umile. I cavalli fiutano queste qualità dell'animo umano e si rilassano, diventando a loro volta umili e docili e pronti a dare il meglio di se stessi.

Aveva sentito parlare molto bene di un calzolaio – panettiere – imprenditore, padre di otto belle fanciulle, e volle conoscerlo. Andò a trovarlo.

Don Guglielmo era nel suo negozio e rifiniva un bel paio di scarpe da uomo, scarpe all'ultima moda. Accanto, su uno sgabello, un paio di scarpe da donna, anch'esse all'ultima moda, già finite e lucidate. Fece entrare il nuovo venuto, e né sapeva chi era. Il barone non era andato in incognito, ma si era portato addosso un po' di olezzo dei suoi pupilli.

"Continui, continui pure," disse il nobile, "la prego, è bello vedere come l'idea prende corpo nelle mani dell'abile artigiano. Immagino che anche queste pregevoli scarpe per signora, siano uscite dalle sue mani."

"Si, e ambedue le paia sono destinate a componenti della stessa famiglia. Anche lei artigiano?"

"In un certo senso, sì. Sono il barone Enrico Orlandini e vado in cerca di un abile artigiano come lei che, tra l'altro, mi dicono, è riuscito a procreare anche otto bellissime figliuole."

Don Guglielmo e i quattro ragazzi di bottega si alzarono e chinarono lievemente il capo in direzione del blasonato.

"La prego, si accomodi signor Barone." Poi tornando a sedersi, "quello che lei ha detto per ultimo semmai è merito di mia moglie, o almeno il merito maggiore."

"Pure modesto, bene. Le dispiace invitarmi a cena, le vorrei parlare d'affari."

"Molto onorato, signor Barone, ma, come dire, si dovrà accontentare, così su due piedi, sa. Noi non siamo abituati a tanto."

"Alla mia età cosa vuole che mangi a cena, sono molto frugale la sera. Qualsiasi cosa andrà bene."

"Come vuole, fra poco verrà mia moglie per chiedermi a che ora rincaso, così la conoscerà, e magari preparerà qualcosina di meglio."

Donna Rosa fece il cammino di ritorno a casa il più presto che poté. Aveva il cuore in sussulto, voleva dare di loro la migliore impressione possibile. Presagiva novelle buonissime.

"Dunque," cominciò il barone, dopo essersi seduto a tavola, "per prima cosa voglio complimentarmi con voi per questa splendida famigliola che avete formato, con le bellissime donzelle e con il baldo giovane.

Sono venuto a sapere che lei, oltre ad essere il miglior calzolaio dalla zona, un vero artista del cuoio, lavora anche dalle due fino alle otto del mattino in un panificio, per poi riprendere gli altri suoi due lavori. Si spacca la schiena in quattro, ma non permette che né la sua signora, ne il giovanotto, né tanto meno qualcuna delle ragazze, vadano sotto padrone. Lei ha un altissimo senso del dovere di padre e di marito, e questo le fa altamente onore."

"Dunque," ripeté, "io vado cercando una persona di fiducia, e più precisamente una persona che abbia le sue qualità. Qualità di morale, e qualità di intelletto. Ho avuto occasione di constatare la sua abilità, e l'amore con cui accarezzava le scarpe che aveva appena finito di fare. Di costui ho bisogno io. Come forse già sapete, io possiedo, a circa dieci chilometri da qui, un allevamento di cavalli: animali di razza. Fornisco tutta la nobiltà dei dintorni e oltre. Fino ad ora mi sono occupato personalmente io di tutto, adesso è arrivato il momento di chiedere aiuto. Ed a questo sono venuto da lei, a chiederle di aiutarmi. La prego di pensarci insieme a tutta la famiglia e soprattutto: accetti."

"Egregio signor Barone, fossero qui nella nostra cittadina i cavalli da accudire, ci potrei anche pensare, ma a dieci chilometri di distanza da casa, come faccio? Lascerei sole nove donne con un ragazzo; è ancora troppo giovane, ha solo tredici anni. Eppoi io sono molto attaccato al mio mestiere di calzolaio."

"E allora io perché sono Barone? Io le cavalle, perché giustamente di cavalle si tratta, gliele porto qui. Mi spiego. Prima di venire da lei, ho preso tutte le informazioni possibili, e so che lei non potrebbe venire da me anche per un altro importantissimo motivo. Lei ha intrapreso una attività agricolo – industriale. Ha quattro belle mucche da latte, tutte gravide, e un bel toro. Per poterli comprare e per costruire l'ampia stalla in quell'altro suo terreno rimastogli, ha venduto i suoi due uliveti, e adesso, con la vendita del latte, con il doppio lavoro e con la vendita annuale di quattro vitelloni, sta onorando il suo debito. Il terreno è irrigabile, quindi erba folta e turgida, e recintato pure. La stalla per fortuna è abbastanza grande per il momento, quindi capace di ospitare altri animali. Facciamo così, io le mando venti cavalle gravide; di giorno pascoleranno insieme ai suoi animali, per poi dividere con loro la stalla. Per la notte, le mando il foraggio per tutti: mucche, cavalle e toro. Per quanto riguarda quest'ultimo, se si manterrà mansueto, bene, altrimenti lo prendo io, lo nutro a mie spese, e per il periodo della monta glielo riporto. Per la guardia diurna e per quella notturna le mando due mie persone, così lei e il suo figliuolo potrete tornare a dormire a casa la notte e i suoi garzoni di bottega non dovranno più alternarsi a fare la guardia di giorno. Pensi a quanto verrà concimato il terreno, e con l'acqua di irrigazione a quanta erba fresca avranno a disposizione gli animali. Quello che io le chiedo è di lasciare il suo lavoro al panificio e quel tempo di dedicarlo alle cavalle. In compenso io le pago il triplo di quello che ora le danno lì. Oltre che per il suo lavoro è giusto che lei venga pagato anche per l'alloggio e l'erba fresca che metterà a disposizione delle cavalle. Naturalmente il suo lavoro da calzolaio potrà continuare a farlo, e, sono sicuro, riuscirà ad organizzarsi anche meglio di adesso. Cosa mi risponde?"

"Signor Barone, cosa vuol che rispondiamo? Noi rispondiamo di sì, vero cara?"

"Sissignore," fu la conferma.

"A proposito, è rimasto ancora molto del vostro debito?"

"Un altro poco è rimasto ancora."

"Bene, lei ingrassi con il suo occhio le mie cavalle, e io cercherò di snellire il vostro debito. Per cominciare mi assumo, da subito, la garanzia che per esso ha sottoscritto suo cognato. Come vede sono ben informato."

"Grazie, signor Barone," disse timidamente donna Rosa, "è il cielo che la manda."

"Un po' il cielo e un po' le cavalle. Ora io da qui andrò direttamente al panificio e la vado a licenziare; con me non faranno storie. Lei intanto si prepari, domani mattina, cascasse il mondo, le cavalle saranno davanti al recinto della loro nuova casa. So pure dov'è. Prima di fare un passo, prendo tutte le informazioni io. D'accordo?"

"D'accordo," rispose orgoglioso don Guglielmo.

"E adesso, prima di fare il brindisi dovuto, voglio conoscere il nome delle sue figliuole e quello del baldo giovane."

Con il petto che quasi gli scoppiava, don Guglielmo cominciò: "la maggiore, signorina Annamaria; poi, in ordine d'età decrescente, la signorina Sara, il giovanotto Claudio, Rebecca, Angela, Francesca, Agnese, Monica e Paola."

Tutte le ragazze, all'essere nominate, si alzarono e fecero un lieve inchino. Claudio si alzò e chinò il capo.

"Ringraziando il buon Dio," concluse don Guglielmo, "tante sono state le gravidanze, e tanti sono i presenti."

"Bene", disse il Barone, "in alto i calici, brindiamo a noi tutti, auguriamo un futuro radioso alle ragazze, al ragazzo e, se mi permettete, anche alle cavalle, alle mucche e al toro."

Gli adulti brindarono, gli altri si alzarono in piedi e applaudirono.

La vita a don Guglielmo piano piano cominciò a dargli un po' di respiro. Ora aveva anche uno stipendio bello congruo e molto più tempo a disposizione; si poteva permettere il lusso di dormire anche fino alle sei, la mattina. Il lavoro che ne seguiva fino alle dodici poi, non era particolarmente pesante. In pratica riempiva lo spazio che andava da quanto finiva il turno il guardiano di notte, fino a quando arrivava il guardiano del turno di giorno. In quelle ore, prelevava un po' di stallatico e lo sostituiva con paglia fresca, paglia che il Barone forniva in abbondanza. Quindi appurare che gli animali fossero distesi e tranquilli, stare insieme a loro per infondergli sicurezza e quel senso di protezione di cui ogni madre ha bisogno, dare loro lo zuccherino, e nient'altro. Arrivato il secondo guardiano, in groppa all'asinello, tornava alla sua bottega. Il giovedì, invece, doveva restare con le care bestiole ventiquattro ore, per poter dare il giorno libero ai due guardiani. Per cavalle, mucche e toro, quello era il loro giorno di festa.

Finalmente poteva recuperare un po' di forze e tanto sonno arretrato. Prima che apparisse il Barone aveva già venduto dodici vitelloni. Nel frattempo nella sua, ancor piccola, azienda, il tempo lavorava per lui. Fra qualche settimana le mucche avrebbero partorito, e i quattro vitelli, cresciuti un anno, avrebbero quasi estinto il debito. Era sicuro che per il quasi ci avrebbe pensato il Barone. Fino ad allora ritornare al ritmo di vita di prima e, finalmente, senza più l'assillante preoccupazione delle figlie.

L'intera famiglia era rifiorita, le ragazze, crescendo, diventavano ogni giorno più belle; il ragazzo quell'anno avrebbe finito di frequentare le scuole e sarebbe diventato così un valido aiuto. Don Guglielmo e donna Rosa erano ringiovaniti di almeno dieci anni. Quando uscivano a braccetto la domenica per andare a Messa, tutti si toglievano il cappello e li salutavano. Non l'avrebbero preteso, ma faceva tanto bene dentro. Prima andare a Messa, la famiglia faceva colazione con le *sette marmellate,* sette di nome e sette di fatto. Tanto bravo era don Guglielmo a fare le scarpe, tanto brava era donna Rosa nelle sue preparazioni in cucina. Si immagini quindi come quella famiglia si deliziasse il palato. Questa usanza delle sette marmellate la domenica fu presa quando don Guglielmo cominciò a lavorare al panificio. Era un piccolo compenso per la quantità di lavoro in più che avrebbe dovuto sopportare. Aveva portato fortuna, da quel momento in poi tutto era andato bello liscio senza intoppo alcuno. Rimase così come tradizione di famiglia.

Quel lunedì mattina, il Barone andò a fare visita alle sue cavalle, avrebbero dovuto partorire a giorni. Trovò don Guglielmo che toglieva dello stallatico per sostituirlo con paglia fresca: i futuri ospiti fremevano. Il Barone, per l'amore che lo legava ai suoi cavalli, aveva fatto più volte, lui stesso, quel tipo di lavoro, trovò perciò del tutto normale dargli una mano. Parlarono a lungo di cose riguardanti il prossimo evento, poi il Barone si auto invitò a cena. Aveva qualcosa di molto importante da dire.

"Alle sette di sera sarò da voi, le va bene?"

"Sì, signor Barone, non si preoccupi, disbrighi le sue faccende con comodo; noi la aspetteremo."

Come sempre succedeva quando il Barone si auto invitava o veniva invitato, il rassetto della casa era compito delle signorine; donna Rosa voleva stare senza pensieri in cucina aiutata da Annamaria, la figlia maggiore.

Il Barone fu puntuale, la tavola imbandita pure. Niente di così speciale: tortellini in brodo di gallina, quindi bollito di gallina, formaggio, salame, uova, vino, e frutta del proprio giardino.

"Amici miei," cominciò col dire l'ospite, "quest'anno il giovanotto Claudio compie il settimo anno di scuola, che di questi tempi possono essere considerati anche molti; da quanto ho avuto modo di capire, poi smetterebbe. Credo sia un errore. Qualsiasi impresa, di qualsivoglia natura, ha bisogno di un certo tipo di contabilità. Per ciò ci vogliono adeguati studi: quattro – cinque anni al massimo. Poi si ha una certa sicurezza, sicurezza di non fare il passo più lungo della propria gamba, e sicurezza di non venire imbrogliati; e di imbroglioni ce ne stanno a iosa, credetemi. Fra cinque anni poi, porterà la vostra e la mia contabilità. Così io potrò stare tranquillo di sapere il lavoro di tutta una vita in buone mani e voi lo stesso. Da me il giovanotto Claudio avrà trovato un posto fisso molto ben remunerato, ottimamente remunerato. Dei miei tre figli, il maschio è stato attratto dalla fisica e dalla astronomia; delle due femmine, la prima ha voluto farsi suora e l'altra è andata sposa ad un ingegnere, perciò un contabile onesto per noi è indispensabile. I miei nipoti promettono molto bene e io vorrei che la mia eredità gli arrivi il più integra possibile. Fino ad ora mi sono occupato io di tutto, ma fra poco compio settantanni e un po' di vecchiaia me la vorrei godere. Le spese per i suoi studi le sosterrò io, e, credetemi, sto facendo un affare, se consideriamo tutte le proprietà che possiedo, e di cui il caro Claudio dovrà occuparsi. Che ne dite?"

Il capofamiglia si alzò in piedi e, con fare solenne, disse: "signor Barone, lei si fida di noi, e noi ci fidiamo di lei; adesso vediamo quello che dice il diretto interessato. Se sì, avrà la mia benedizione e quella di tutta la famiglia."

Claudio, prima che con la bocca, disse di sì con gli occhi: gli brillarono come due stelle.

Don Guglielmo si beava l'anima quando si trovava con i suoi animali, esseri così tranquilli, così sereni, così fiduciosi.

Le cavalle e le mucche avevano tutte partorito. La fattoria si era vestita a festa. C'erano ventiquattro piccoli diavoli che, se non attaccati ai capezzoli del latte, scalpitavano e si rincorrevano l'un l'altro.

Pensava: "come è cambiata la nostra vita in questi ultimi tempi. Mio figlio che studia per diventare contabile, perché la nostra contabilità avrà bisogno di studi superiori per essere contabilizzata. Chi l'avrebbe mai detto."

Le cavalle avevano portato alla luce undici puledri e nove puledre. Le mucche tre vitelle e un vitello. Le femmine in quest'ultimo caso avevano un valore superiore, quindi poteva estinguere il suo debito con tutto il quasi. Poi i primi guadagni dovevano servire per ricomprare l'uliveto che era stato la dote della sua amata sposa. La povera donna, dopo la vendita, era stata a letto per una settimana intera con la febbre a quaranta, rischiando di mandare tutto all'aria. E con la mediazione del Barone, era sicuro che sarebbe riuscito a ricomprarlo ad un prezzo ragionevole. Subito dopo si doveva provvedere alla produzione del formaggio. Una mossa bisognava darsela, la natura faceva inesorabilmente il suo dovere: aumentava ogni anno l'età delle ragazze. Però non era proprio necessario correre, bastava non indugiare troppo.

Claudio raccoglieva meticolosamente tutte queste notizie e le deponeva, ben trascritte, in un diario. Sulla copertina aveva scritto: **La nostra storia**

CAPITOLO IV

La dottoressa Cecilia era totalmente affascinata dal racconto che del diario ne faceva il dottor Guglielmo G.W.. Tatiana e Carlo chiesero, e lo avrebbero sempre chiesto, il permesso per poterlo riascoltare. Si beavano sentendo e pregustavano il seguito. Contavano quanto tempo ancora per arrivare a questo o a quel punto. E soprattutto contavano quanto tempo ancora per arrivare alla storia di Jacques Dubois.

Quella domenica mattina si erano attardati un po' più del solito al tavolo della colazione, tutti presi da una amena conversazione. Ad un certo punto il dottor Guglielmo G.W. richiamò la loro attenzione. "Amore mio, amici cari, chiedo scusa, credo sia opportuno tornare un momentino al presente, sono le undici e continuiamo a stare ancora seduti, dobbiamo andare a Messa."

"Sì, è vero," rispose Tatiana, "presto sbrigatevi."

Tatiana e Carlo a Messa ci andavano il sabato sera o assistevano ad essa per televisione. La domenica mattina c'era troppo da fare in cucina. Lei cucinava, lui aiutava.

Carlo sparecchiò il tavolo, per prima cosa pose il coperchio ai sette barattoli delle marmellate e li mise sul carrello, poi il resto.

Appena si trovarono soli in cucina, Carlo si affrettò a chiedere a Tatiana: "domenica prossima avremo finalmente il piacere e l'onore di conoscere i genitori della

dottoressa Cecilia, credi che si accennerà qualcosa sul futuro matrimonio?"
"Caro Carlo, non andare così di fretta, il matrimonio è una cosa serissima. Vuole il suo tempo. Per prima cosa bisogna ufficializzare il fidanzamento, e questo si farà domenica prossima. Una volta si usava che il fidanzato andava a casa della fidanzata a chiedere la mano al padre di lei; oggi è meglio: i genitori della ragazza, in molti casi, vanno a casa del ragazzo, e così si fanno un'idea più precisa sulla situazione economica del futuro genero. Poi ci vorrà il tempo dovuto alla riflessione che, se si vuole essere onesti, non dev'essere inferiore ad un anno."
"Addirittura un anno." Esclamò Carlo.
"Minimo." Sentenziò Tatiana.
"Ma una volta era così, adesso i giovani fanno le cose più in fretta."
"Adesso i giovani fanno le cose alla rovescia. Prima vanno a letto insieme e poi se ci scappa il figlio magari si sposano. I nostri dottori invece, faranno, ne sono sicura, le cose come nostro Signore comanda: fidanzamento minimo un anno, dormendo ognuno nel proprio letto, poi matrimonio. È quello che ho fatto io e credo anche tu. Io personalmente, per il tempo che sono stata assieme al mio caro defunto marito, sono stata benissimo. Sapevo di aver sposato una persona anziana, quindi tutto andava di conseguenza, così anche per la lingua, ho fatto prima io ad imparare l'italiano che lui il russo. E la mia coscienza è a posto come lo è sempre stata."
"Sì, anche io e la mia cara defunta Karin abbiamo fatto lo stesso e, sinceramente, ogni giorno con lei è stata

una grazia ricevuta, però, pensavo, quelli erano altri tempi."
"Il tempo perché il pane cuocia nel forno come si deve, allora come oggi, è sempre lo stesso."
"E va bene, mettiamoci l'anima in pace."
"Ma di cosa ti preoccupi? A quei due non li separa più nessuno, te lo garantisco io."
"Ah, se è per questo, sono pronto a mettere la testa sul fuoco."
Tatiana era buona a predicare, ma razzolava malissimo: era molto più impaziente di Carlo. Si teneva tutto però, ben accartocciato, nascosto nel suo cuore.

Il dottor Jürgen Kemp e la signora Charlotte Sörensen erano, si potrebbe dire, due baldi giovani. Cinquantasei anni lui, di due anni più giovane lei, e tutti e due gli anni li portavano benissimo. Sembravano i fratelli maggiori della dottoressa Cecilia, che di anni ne aveva quasi trenta.
Molto ben impressionati rimasero i due nuovi venuti. La casa era bella, grande, arredata con sobrietà e buon gusto. Ben suddivisa: al piano terra, un grande salone con un bel caminetto, lo studio, un'ampia cucina con due piccoli vani inclusi, e servizi. Al piano di sopra cinque stanze e due bagni. Il bel giardino era tenuto perfettamente in ordine da Carlo, suo onore e vanto questa volta. C'erano tre alberelli di fico, un pero, un melo, un ciliegio e fiori. Il manto erboso compatto e uniformemente tagliato.
Si accomodarono nel salone. Tatiana servì gli aperitivi.
Gli ospiti chiesero quindi il permesso di poter vedere da

vicino i quadretti posti al di sopra del tavolino a tre gambe.

"Questi sono quindi i suoi antenati, eccezion fatta per Galilei e Goethe, naturalmente," disse la signora Charlotte; "Cecilia ce ne ha parlato moltissimo."

"Con assoluta certezza." Rispose il dottor Guglielmo G.W.

"Cosa rara, se non rarissima, avere foto, o dipinti che dir si voglia, degli avi delle ultime sei generazioni, e documentazioni certe," aggiunse il dottor Kemp, "se pensiamo con quanta leggerezza viene considerata la famiglia oggi. I miei complimenti a lei e ai suoi ascendenti." E mentre parlava, stringeva a sé la sua amata figlia.

"E torniamo a noi, dunque lei ha deciso di scegliersi come compagna della sua vita la nostra Cecilia, dico bene?"

"Dice benissimo."

"È la nostra unica figlia," continuò la signora Charlotte, "pupilla dei nostri occhi. Prima o poi doveva succedere, e, purtroppo, è arrivato il momento. Oddio, era anche ora, ma è pur sempre un'angoscia. Però, se è vero, e credo che lo sia, quello che la nostra Cecilia dice di lei, non potevamo aspettarci di meglio, perciò.... a questo punto è meglio che continui tu, caro."

"Se è vero, e sicuramente lo è", continuò il consorte, "quello che che di lei assicura nostra figlia, allora siamo contenti ed orgogliosi di acconsentire a questa unione."

Applausi degli udenti, quindi anche del dicente.

Carlo corse in cucina a prendere i bicchieri e la bottiglia di Champagne. Brindarono tutti con cuore sincero.

"Può chiamarci mamma e papà se lo desidera, dottor Sari," disse la signora Charlotte.

"Con tutto il rispetto, mamma Charlotte (bacetto), papà Jürgen (altro bacetto). Voi chiamatemi, vi prego, Guglielmo."

"Io, invece," disse la dottoressa Cecilia, rivolgendosi a Tatiana e Carlo, "vorrei potervi chiamare zia Tatiana e zio Carlo."

"Bene," disse il dottor Guglielmo G.W., "prego, prendiamo posto a tavola."

Tatiana servì l'antipasto e andò in cucina a buttare la pasta.

Il mattino seguente genitori e figlia partivano alla volta di Francoforte. Anche il dottor Kemp era medico, e divideva lo studio con la figlia. Era stato deciso che fino al matrimonio avrebbero continuato ad esercitare insieme. Di date di nozze naturalmente non si parlò, ma dai toni usati, dai sottintesi, e da tutto l'insieme, a tutti parve chiaro che un anno era il tempo necessario. Comunque la distanza che li divideva era poco più di un'oretta di treno. I due fidanzati potevano tranquillamente, senza sforzo alcuno, stare insieme dal venerdì sera fino al lunedì mattina.

"Hai visto che bel diamante ha regalato il nostro caro dottore alla dottoressa?" disse Carlo, facendo compagnia a Tatiana in cucina. "Secondo me, è molto più di un carato."

"Non so di quanti carati, ma è bello grande," rispose lei, "adesso dobbiamo aspettare quattro giorni prima di averla di nuovo. Dopo, per un bel po' di tempo, i fine settimana, avremo la casa sempre piena di gente. Già sabato prossimo verranno dall'Italia per conoscere la nuova parente. Poi, fino a quando il dottore non avrà presentato la fidanzata a tutti i suoi colleghi e amici, passerà sicuramente qualche mesetto."

"E noi dobbiamo aspettare tutto questo tempo perché il dottore abbia il tempo di continuare con il racconto de *La nostra storia?*" Chiese Carlo.

"Se fossi al tuo posto non mi preoccuperei molto; don Guglielmo non tarderà molto a continuare, il tempo lo troverà, vedrai; più di noi ha voglia di stare a sentire la dottoressa Cecilia."

E così fu. Il venerdì sera seguente, dopo cena, il dottor Guglielmo G.W. riprese con il racconto.

"Nonno Claudio, dopo aver finito gli studi, fu assunto in pianta stabile dal Barone. Oltre al compito di contabile, svolgeva anche quello di uomo di fiducia, e per questi due ruoli veniva adeguatamente ricompensato. Portava, naturalmente, anche la contabilità dell'azienda paterna. Essa nel frattempo si era molto ingrandita. Le mucche erano diventate venti e i tori tre; c'era l'asinello ed anche una cavalla manto sorcino criniera e coda bianche, dono del Barone. Annamaria e Sara si erano sposate, rispettivamente, con Dino D'Antoni: sarto e con Luca Romani: falegname. Quest'ultimo smise il suo mestiere ed entrò nell'azienda. Oltre alla vendita del latte si era iniziata anche la produzione del formaggio. Il fatto che nonno Guglielmo godeva dell'amicizia e della fiducia del Barone era una pubblicità enorme: l'offerta non riusciva ad eguagliare la domanda. Se poi si pensa che ogni anno il numero delle mucche aumentava, e che al guadagno della vendita dei suddetti prodotti si aggiungeva anche il guadagno della vendita dei vitelloni, si può facilmente immaginare di come era cambiata la vita della famiglia Sari. Anche il numero delle cavalle era aumentato, per cui fu necessario comprare il terreno attiguo per costruire una altra grande stalla.

L'uliveto di nonna Rosa era stato riacquistato, e anche l'altro uliveto. Nonno Guglielmo continuava anche con il suo mestiere; le scarpe non le riparava più, però, questo lo facevano i ragazzi di bottega, che erano diventati sei, lui faceva solo scarpe nuove.

Finiamo con il racconto pertinente a questa generazione. Tutti si sposarono felicemente e regalarono a nonno Guglielmo e a nonna Rosa uno stuolo di nipoti. Nonno Claudio rinunciò alla sua parte di eredità a favore delle sorelle: alle dipendenze del Barone si era fatta una solida posizione. Continuò però, a portare la contabilità della azienda paterna."

La dottoressa, attenta, seguiva con aria estasiata.

"Ora, cara Cecilia, a questo punto è bene dirti di non farti pensiero per quanto riguarda la mia teoria su Socrate; che poi tanto mia neanche è, perché l'ho in gran parte ereditata dai miei antenati. Parlando della storia della mia famiglia, parleremo quindi, giocoforza, anche di Socrate. Qualcosa di prettamente mio c'è, e man mano te lo andrò dicendo."

"Abbiamo una vita davanti a noi, Guglielmo caro, non ti preoccupare."

"Sì, sì," disse Tatiana, "lasciamolo stare a Socrate. Io e Carlo a questo signore non gli abbiamo mai dato confidenza e ci siamo sempre trovati benissimo."

"Inoltre," continuò il dottor Guglielmo G.W. ignorando l'interruzione, "per facilitarmi il compito avrei bisogno di fare così: io continuo con *La nostra storia*, ogni tanto faremo però degli intermezzi; andremo, come dire, in parallelo, perché tu, cara Cecilia, devi compenetrarti un po' con la mentalità del sud Europa: sei troppo nordica. Questi intermezzi ti aiuteranno a capire il mio pensiero."

Carlo, in tono di preghiera: "si ma dopo la storia di Jacques Dubois."

"Zio Carlo, in parallelo significa una volta uno e una volta l'altro. Fino ad ora abbiamo parlato dell'uno, adesso parliamo dell'altro. Le cedo la parola, ci racconti quella sua esperienza vissuta insieme ad Ernst in quel bar italiano sulla Bachstraße, per piacere."

"Come," rispose Carlo, "adesso devo parlare io?"

"Esatto, e la storia, la prego, ce la racconti per filo e per segno. La cara Cecilia potrà cominciare così a farsi un po' di *mente locale*."

Carlo, dopo un colpetto di tosse, cominciò, e raccontò la storia così come le era stata chiesta.

La dottoressa sentiva con attenzione, ma, ogni tanto, non poteva fare a meno di sorridere. Chiedeva scusa, ma il sorriso le scappava spontaneo.

"Ma come è possibile?", chiese, "i giocatori in questione sicuramente sono tutti operai; gente che, se va bene, guadagna in media mille e due – mille e cinquecento euro al mese; le loro mogli, se lavorano, non superano i mille euro al mese; quindi circa ottanta euro al giorno. Tutti hanno figli, la macchina, più telefonini, l'affitto da pagare, vacanze obbligate nei loro paesi o città di provenienza, computer e quant'altro, e si permettono di giocare a quei livelli, quando la posta in gioco è pari, ogni volta, alla paga settimanale di un operaio? Uno che potrebbe prendersi il cosiddetto piatto e non se ne accorge, bestemmia e impreca contro la sfortuna; l'altro, che non farebbe mai un simile sbaglio, viene continuamente disturbato dagli spettatori. Tutto è illogico. È sicuro di non esagerare, zio Carlo?"

"Cara dottoressa, non sto esagerando, mi creda."

"Purtroppo non sta esagerando, Cecilia cara, credici."

"Va bene," disse la dottoressa, "vi credo. A suo tempo però, dovete almeno spiegarmi come mai colui che veniva costantemente disturbato non si ribellava."

"Ci penso io, non si preoccupi." La rassicurò Carlo.

"A questo punto intercaliamo una delle poesie dell'amico Ernst," disse il dottor Guglielmo G.W.. Può andare a prenderle, per piacere, zio Carlo?"

"Mi permetto di proporla adesso, per il semplice motivo che ci preparerà il terreno per i prossimi discorsi. Il suo messaggio è bene tenerlo presente fin d'ora."

Carlo andò e tornò di corsa, e diede il quaderno contenente le poesie al dottore.

"Bene, ecco quella che avevo pensato, la sua ultima. Cara Cecilia, questa è la poesia di un tedesco, scritta pensando ai suoi connazionali, tanto per dimostrare che gli imbecilli ci sono anche in Germania. In seguito cercherò di dimostrare come l'imbecillità del sud Italia o Magna Grecia, come usa chiamarlo zio Carlo, si sia maggiormente imputridita, tanto è vero che gli imbecilli del nord Europa, per esempio, non hanno prodotto né le mafie né l'orrore della bestemmia. Ora, vi prego, un po' di d'attenzione, leggo.

LA BESTIALITÀ FILOSOFICA

Nell'atrio della bestia forma
un uomo e una donna
dritto su egli
riposante lei
travagliati e convinti
aspettano il sole.
Poi per loro sarà la fine
la fine di ogni pensiero insensato ed opprimente
la fine di ogni stupido dolore
la fine del verde male di Lutero
la morte!
Così nel tardo pomeriggio del mio quarto lustro
vedo morire la mia tenera poesia.
Peccato!

Delle poesie di Ernst questa è la mia preferita. Perdonatemi se lo rimarco. L'autore fa un parallelo bellissimo: molti nasciamo poeti, poi alla maggior parte di noi la vena gli si inaridisce; allo stesso modo tutti nasciamo con un nobile spirito, la maggior parte delle persone però, lo trova troppo ingombrante.. "*Fai come fanno gli altri, non ti dare preoccupazioni, fregatene di tutti e di tutto, pensa ai cavoli tuoi e lascia stare il resto*": diventa la forma di pensiero predominante. E tutti ansiosi ad aspettare che arrivi il giorno, ovvero il sole di quel giorno, ovvero l'età, per poter mettere in pratica questa filosofia del salsicciotto. E così tutto il lavoro del buon Dio va a farsi benedire. Lasciate che i morti seppelliscano i morti, ebbe a dire una volta nostro Signore."

"Bell'intermezzo, molto interessante," annotò la dottoressa Cecilia.

"Anch'io l'ho capita l'antifona," disse Tatiana, facendo sfoggio del suo migliore vocabolario.

"Grazie, lasciamo che sia e rimanga un intermezzo. Per il momento teniamo presente un punto, ossia che la maggior parte degli esseri umani imbecillisce per autocombustione. Questa falsariga ci aiuterà ad avvicinarci a Socrate, senza bisogno di calcare la mano. E adesso, se volete, riprenderei con *La nostra storia*. D'accordo?"

"Sì" corale.

"Nel caso te lo chiedessi, cara Cecilia, ti dico già da adesso che il compito di scriverla se lo assunsero i primogeniti maschi.

Eravamo rimasti che nonno Claudio, chiamiamolo primo, cedeva la sua parte di eredità alle sorelle, giusto?"

"Giusto."

"Egli si sposò con nonna Anna Bianchi, ed ebbero tre figli, due maschietti e una femminuccia, nell'ordine: Rosa Maria, Guglielmo, e Giuseppe Maria.

Prozia Rosa Maria diventò maestra elementare, nonno Guglielmo, il secondo con questo nome, diventò medico, e prozio Giuseppe Maria, contabile, e prese il posto di nonno Claudio, primo.

Nonno dottor Guglielmo, ebbe un unico figlio al quale fu imposto, naturalmente, nome Claudio. Anche in questo caso, onde evitare confusione, useremo l'ordinale secondo. Con lui *La nostra storia* si tinge dei più svariati colori. Egli aveva conosciuto sia nonno Guglielmo, primo, che nonna Rosa, ed era a loro attaccatissimo.

Ancora bambino aveva ricevuto dai suoi amati bisnonni

un bel cavallino dal manto sorcino, criniera e coda bianche, e ne andava molto fiero. La loro morte lo scosse molto. Per un lunghissimo tempo li avrebbe sognati."

"Proprio come succede a me con gli indiani," disse Carlo.

"Esatto. All'inizio i sogni erano frequenti. Destò molte preoccupazioni: parlava e sudava nel sonno. Tanto è vero che nonna Feliciana doveva, alcune volte, durante la notte, svegliarlo per cambiargli il pigiama. Meno male che suo padre era medico; nonostante ciò non riuscì a capire subito il perché del suo malore. Il bambino si chiudeva in un completo mutismo, facendo cadere i suoi cari nell'angoscia.

Col tempo le cure e l'amore dei suoi genitori lo convinsero ad aprirsi, e fu per questi come toccare il cielo con un dito. Quel bambino era, e poi rimase, l'unico loro figliuolo.

Cominciò col raccontare i suoi sogni. Al principio, in verità, in modo alquanto confuso.

Vedeva i suoi amati bisnonni su di una zattera in balìa della corrente di un fiume in piena, un fiume furioso diceva lui, e i due vegliardi che lottavano e cercavano un appiglio qualunque, ma inutilmente. Continuavano ad essere trasportati e sbattuti con forza contro gli scogli. Per un po' sembrava che sbattendo rimanessero uccisi, poi però rinvenivano e riprendevano a lottare, fino a sparire all'orizzonte come risucchiati dal nulla. Il cielo era plumbeo, dello stesso colore le acque del fiume.

I sogni si ripetevano. Il tragitto ripartiva pressapoco dallo stesso punto, e uguale era il travaglio sofferto dai suoi cari bisnonni. Fino a quando non riuscì a portarsi sul punto dell'orizzonte dove spariva la zattera, e qui, con suo grande stupore, vide aprirsi un nuovo scenario: in quel punto non c'era il nulla, c'era una cascata; il fiume precipitava per una ventina di metri e raggiungeva un piccolo laghetto ameno e tranquillo. Le sue acque erano limpide e di un colore che tendeva al verde. A sinistra un prato fiorito, a destra si stagliava una parete rossastra che arrivava fino al fiume sovrastante. A mo' di emissario, un rivolo d'acqua si portava con sé la zattera con i suoi viaggiatori esausti, e dopo aver aggirato la parete rossastra, spariva con essi."

"È stato un bel trauma quello sofferto dal bambino per la perdita dei suoi bisnonni," disse la dottoressa Cecilia, "voglio sperare che tutto ciò non abbia lasciato alcuna traccia nella sua psiche."

"Certo che no," s'intromise Tatiana, "con genitori come il dottor Guglielmo e la signora Feliciana nessun trauma avrebbe avuto la meglio."

"Anch'io sono di questo parere." Non poté far a meno di aggiungere Carlo.

A onor del vero bisogna ricordar che i due conoscevano il seguito.

"A proposito di lei e di sogni, zio Carlo, quando vuol farmi conoscere i suoi indiani?"

"Sarei contento di poterlo fare, e anche subito, ma è cattiva educazione interrompere il racconto del dottor Guglielmo G.W.."

"Non si preoccupi zio Carlo, quando vuole interrompa pure, sarò lieto di cedergli la parola."

"Va bene, però facciamo domani; adesso non mi sento preparato."

"Però domani sì," disse la dottoressa Cecilia.

"D'accordo," acconsentì Carlo.

78

"E adesso facciamo tutti una bella pausa, è arrivato il momento quando lo stomaco volge al desio del desco." Il languorino si faceva sentire, e tutti accettarono di buon grado l'invito del dottor Guglielmo G.W.

La sera successiva Carlo si presentò con alcuni fogli in bianco e una matita. Chissà per farne cosa? Batté i fogli sul dorso come per ordinarli e poi, insieme alla matita, li mise da parte.

"I miei sogni, in fondo, sono uno solo," cominciò, "e sempre lo stesso. Varia qualcosa, ma non la sostanza. Lo scenario è quello di un film western: un villaggio quattro case messo a ferro e a fuoco da un gruppo di pellirosse e io sono l'unico sopravvissuto della carneficina. Gli indiani, non contenti del macello che hanno fatto, cercano tra le macerie se c'è ancora qualcuno da asciare. Io sono nascosto dietro la parete di una casupola di legno quasi completamente distrutta; ancora oggi non so cosa c'è dietro di me, se un pezzo di casa oppure niente. Cerco di coprirmi con tutto quello che riesco ad afferrare, senza fare il benché minimo rumore, e senza muovermi dal mio posto. Attraverso una fessura vedo un indiano, con la sua ascia in mano, che solleva le assi di legno bruciacchiate e guarda cosa c'è sotto, e s'avvicina sempre di più. Non lontano, altri due indiani, a volte tre, che fanno lo stesso. Vi lascio immaginare il mio stato d'animo: sento già la lama dell'ascia che mi spacca la testa. Dopo ognuno di questi sogni mi sveglio sempre con un po' di emicrania."

"Zio Carlo, lei sogna in modo limpido. Chiunque glieli potrebbe spiegare i suoi sogni."

"Lo stesso mi ha detto il dottor Guglielmo G.W., e mi ha spiegato con dovizia di particolari ogni passaggio. Purtroppo i miei genitori non si chiamavano dottor Guglielmo e signora Feliciana. Alcuni traumi hanno lasciato bei solchi nella mia psiche."

"Mi ha incuriosita, vuole raccontarci qualche sua esperienza cosiddetta negativa, o preferisce di no."

"Cara dottoressa, io le posso raccontare tutte le esperienze negative che vuole, ormai le voglio tanto bene quanto al dottor Guglielmo G.W.".

"Bene ne scelga una e ce la racconti. Anche se sarebbe più corretto dire me la racconti."

"Inizierei con quella di un po' prima di fidanzarmi con la mia cara e defunta sposa Karin. In questo caso io sono solo uno spettatore. Quando mi metto a raccontare vorrei continuare all'infinito. Per il momento racconto questo caso, più in là non mancherà l'occasione di raccontarne altri.

Avevo da tempo lasciato di frequentare gli italiani, ora facevo parte di un gruppo di tedeschi, gli uomini eravamo cinque e le donne due. Ci trovavamo la sera nel nostro Kneiper, * si beveva birra, si giocava ogni tanto ai dadi, si raccontava qualche barzelletta, si parlava un po' di politica e un po' di qualcos'altro. Tutto questo senza mai esagerare col bere. Si entrava però giurando di bere solo due, massimo tre, birre, e se ne bevevano il doppio. E non c'erano santi che potessero aiutarci.

Frequentava questo kneiper anche Tonino, un calabrese. Era lui un uomo di mezza età, e anche di mezza statura. Poteva essere alto, si e no, un metro e cinquanta. Se poi gli si tagliava la folta capigliatura e il vistoso ciuffo, forse non raggiungeva il metro e quaranta.

Il suo datore di lavoro, "il padrone," come lo chiamava lui, era un italiano, titolare di una ditta che importava generi alimentari dall'Italia; e Tonino portava questi prodotti nei vari negozi e ristoranti della città e oltre. Partiva alle otto di mattina con la macchina del titolare, e finiva alle sei di sera. Portava la macchina dal "padrone", e veniva ulteriormente impiegato in cucina come lavapiatti nel ristorante anche di proprietà di quest'ultimo, fino alle ventidue. Gli si dava da mangiare una pizza o, a scelta, un piatto di spaghetti presi dal frigorifero e riscaldati, e veniva mandato a casa. Il giorno dopo, alle otto, doveva ricominciare. E doveva ricominciare sei e non di rado anche sette volte alla settimana.

Ore 22.30, puntuale Tonino entrava nel kneiper. Andava al suo solito posto, si beveva due birre piccole, senza parlare con nessuno, e andava a dormire. Mai nessuno era riuscito a smuoverlo minimamente da questi suoi propositi.

Col tempo questa sua fermezza cominciò a far venire scrupoli di coscienza a più d'uno, e in special modo glieli fece venire a Jürgen, uno di noi.

"Ma come?, lui è italiano ed è risoluto come una roccia; io, invece, che sono tedesco, a risolutezza faccio pena. La cosa non può continuare così, anche se per una volta sola, voglio vedere Tonino ubriaco." Finì con lo sfogarsi.

Una delle due donne del gruppo, Betty, era un po' strabica. Spesso Tonino aveva creduto di essere guardato da lei, era falso: Betty guardava Ingrid, l'ostessa. Dal canto suo Jürgen aveva notato, e più di una volta, che Tonino, di tanto in tanto, volgeva lo sguardo verso Betty, per poi, quasi vergognandosi di averlo fatto, abbassare gli occhi." *Eureka,*" esclamò una sera, *"ho trovato."* E non si aprí più di tanto. Finì di bere la sua birra e se ne andò. Il sabato sera successivo, Jürgen entrò tutto sorridente nel Kneiper. C'eravamo tutti, mancava solo lui. Conoscevamo quel sorriso, qualcuno ne avrebbe fatto le spese. E quel qualcuno, quella volta, era Tonino. Non c'era bisogno che ordinasse, Ingrid gliela portava automaticamente la birra. Sfregandosi le mani, si sedette. *"Cari amici, come già ho avuto modo di dire, io, per la mia tranquillità psicologica, devo far bere un po' Tonino; deve andare oltre le sue due birre, diciamo cinque o, magari, sei piccoline, ossia la quantità che io di solito bevo; di più e non di meno, o il corrispettivo di esse. Mi serve il tuo aiuto Betty, tu devi far finta di essere interessata a lui."* Avuto il suo consenso andò da Ingrid e le disse qualcosa allo orecchio, quindi tornò a sedersi. Confabulò con noi il resto del piano. Non è che fummo tutti entusiasti di collaborare, d'altra parte era il tipico scherzo da kneiper, e Tonino non era un bambino, avrebbe capito. Aspettammo che entrasse. Ore 22.30, eccolo là. Jürgen si alzò, e andò a mettersi al suo lato.

"Caro Tonino," cominciò a dirgli, guardandolo e non guardandolo, *"non mi dire che ancora non ti sei accorto che Betty è interessata a te?"*

"Per la verità mi sono accorto che ogni tanto mi guarda, e a volte anche a lungo, però chissà per quale motivo, non certamente per quello che pensi tu. Io sono troppo piccolino per lei."

"E che significa, essere piccolo o essere calvo è la stessa cosa. Guarda me, sono completamente calvo, eppure le donne non mi mancano. Non ti preoccupare,

fatti coraggio, che uomo sei."
Chiamò Betty. Lei accorse, e andò a mettersi in mezzo
ai due.
*"Betty, è vero o non è vero che sei interessata ad una
amicizia con Tonino?"*
"Sì, mi è simpatico, però, in fondo, non lo conosco."
*"Hai sentito? Adesso tutto dipende da te. Io vi lascio
soli."* Fece non visto l'occhiolino ad Ingrid e venne a se-
dersi.
"Posso offrirti qualcosa da bere?" le chiese Tonino.
"Grazie, un Gin-Tonic."
"Due Gin-Tonic, per piacere, Ingrid."
Ingrid, dando le spalle al pubblico, preparò i cocktail s.
Nel bicchiere di Betty versò meno di un centimetro di
Gin e riempì il bicchiere da 0,2l con acqua tonica; nel
bicchiere di Tonino, un centimetro di acqua tonica, una
spruzzata di limone e il resto Gin. Tanto andava tutto sul
conto di Jürgen. Ingrid a prendere la palla al balzo era
fatta apposta
Da vicino, lo strabismo di Betty fece andare in visibilio
Tonino: beveva senza degustare, senza accorgersi di
nulla; oppure, ed è probabile, era la prima volta che
beveva qualcosa del genere.
Betty finì di bere, e lui, per non essere da meno, anche;
e ne ordinò altri due.
Finito di bere il secondo bicchiere, Tonino cominciò a
sentirsi le gambe molli. Aveva bevuto quasi 0,4l di Gin
puro, in meno di mezz'ora; lui, che per bersi le sue due
birrette, impiegava anche più tempo. Andò al bagno. Da
fuori sentimmo il tipico rumore di chi sta vomitando l'anima. Jürgen guardò prima Ingrid e poi la bottiglia di Gin:
prima era quasi piena ed ora era quasi vuota.

Ma cosa hai fatto?" le chiese.
"Tu mi hai detto di calcare la mano, e io l'ho fatto."
"Sì, ma non ti ho detto mica di cercare di ucciderlo."
Tonino uscì dal bagno, i suoi occhi erano più strabici di quelli di Betty. Raggiunse il suo posto, pose il braccio sulla barra, e cadde a terra come un sacco vuoto. Jürgen, Udo e io accorremmo subito, e cercammo di soccorrerlo. In quel momento entrò il cameriere del ristorante italiano di fronte, calabrese pure lui; purtroppo vide tutto.

Il giorno dopo in tutti i locali italiani della città si parlava di Tonino. Com'era stato possibile che la notizia si fosse propagata così rapidamente e così capillarmente, non riuscirò mai a capirlo. D'accordo, Tonino era conosciuto perché portava la roba, però la città è grande, e i locali italiani sono centinaia. La notizia era andata in metastasi.

La sera seguente entrò nel kneiper il *padrone* di Tonino e chiese a Ingrid se era vero che Tonino si ubriacava tutte le sere.

"No, al contrario," rispose accorata Ingrid, e noi con lei.
"Gli abbiamo fatto uno scherzo," e gli raccontammo tutto.
"E lui non si accorgeva che stava bevendo Gin quasi puro? Io non vi credo. Forse è meglio che me ne cerchi un altro."

Per quella volta Tonino ebbe fortuna, non fu licenziato. Non altrettanta fortuna l'ebbe con l'ulteriore diramarsi della notizia: lo vennero a sapere pure i suoi genitori in Calabria.

Tutto questo ce lo raccontò lo stesso Tonino qualche tempo dopo. Vi lascio immaginare il senso di colpa che ci pervase. Ognuno di noi, compreso Jürgen, giurò di non prestarsi più a cose del genere.

Cinque anni dopo, un giorno, incontrai Tonino vicino al centro storico. Gli chiesi che ci faceva da quelle parti, e lui mi rispose che cercava un certo ristorante, e non riusciva a trovarlo. Io sapevo dov'era e ce lo accompagnai. Domandò del *padrone,* e il cameriere gli rispose che sarebbe venuto fra un paio d'ore.

"Ma, come? aveva un appuntamento con me, adesso."

"Tonì, tu bevi troppo, sei di nuovo ubriaco."

Due minuti dopo arrivò il *padrone."*

* *Kneiper : birreria.*

CAPITOLO V

"Cara dottoressa, ho fatto una bella parmigiana di melanzane. Con tutti gli ingredienti che ci ho messo è un pranzo completo. Al dottore questo piatto piace molto, sono sicura che sarà anche di suo gusto."

"Zia Tatiana, non la conosco da molto tempo, è vero, nonostante ciò non credo che mi possa non piacere qualcosa cucinato da lei."

"Grazie, molto gentile. Ho messo anche del pane, due fette di torta, due pere, un thermos di caffè, una bottiglia di acqua minerale, una bottiglietta di vino, le posate, due bicchieri, la tovaglia e i tovaglioli."

"Molto bene, zia Tatiana. Grazie."

Quella forse era una delle ultime belle, piacevolmente calde e assolate giornate di Ottobre. I tedeschi, questo breve periodo del mese, lo chiamano, a ragione, Ottobre d'oro. Era domenica, il dottor Guglielmo G.W. e la dottoressa Cecilia avevano deciso di fare un pic-nic in uno dei tanti bei parchi della città. Erano andati un po' prima a Messa e adesso erano tornati a casa a prendere il cestello preparato da Tatiana.

In bicicletta raggiunsero il parco. Scelsero un bel posto, una piccola altura tutta verde e si sistemarono. Si sdraiarono su di un plaid, uno accanto all'altra, e per un po' stettero in silenzio a guardare il cielo limpido. C'era pure una nuvoletta, ma alquanto lontana.

Quindi pranzarono con quel po' di ben di Dio preparato da Tatiana, poi si sdraiarono di nuovo sul plaid e schiacciarono un pisolino. Una ventina di minuti dopo,

86

un fresco venticello li riportò alla realtà. Assicurarono le biciclette agli appositi sostegni, e si unirono alle centinaia di persone che passeggiavano.

"Caro, a proposito del racconto di zio Carlo, quello relativo al locale sulla Bachstraße, io non riesco a capire come mai colui che veniva disturbato e insultato mentre giocava non si ribellava e li faceva smettere? Secondo, in virtù di quale potere costoro si permettevano di farlo? Per quanto ne so io, gli stereotipi dell'italiano medio rappresentano costui in ben altro modo. Invece qui lo vediamo chino, supino e meschino a sopportare soprusi per me incomprensibili."

"Cara, se un giocatore viene insultato e disturbato, è già troppo tardi, non c'è più niente da fare. Ci doveva pensare prima. Se non è stato capace di creare intorno a sé un alone di rispetto, adesso qualsiasi reazione non farebbe che peggiorare la situazione. Potrai dirmi che potrebbe smettere di giocare, ancora peggio: perderebbe la faccia. Se si frequenta quel tipo di locali, dopo breve tempo si rimane compromessi. Se si accetta la compagnia di un certo tipo di persone, bisogna poi trarne le conseguenze. I sistemi di abbordaggio sono infidi, e di un'astuzia sibillina, alquanto impropri per gente di quella levatura mentale. Si lavora con cura e pazienza, e senza smettere fino a quando non si raggiunge lo scopo. Si carpisce la confidenza piano piano, quindi si finisce col pensare che ci si può permettere sempre di più, quasi ad averne diritto, e lentamente si penetra. E tutto questo in tempo relativamente breve. Da qui la risposta alla tua seconda domanda: in virtù di cosa si permettono di farlo. La base logica di queste convinzioni è il fatto di credersi intelligenti perché sì e basta. Triste retaggio di ataviche virtù.

Quindi la regola madre, regola che io chiamo della sodomizzazione collettiva reciproca. Colui che disturba è come se stesse sodomizzando la persona che gioca. Essendo il giocatore e il disturbatore persone dello stesso sesso, ecco un bel esempio di amore greco. Quando il giocatore diventerà spettatore, farà lo stesso con lo spettatore diventato giocatore. Però più una persona è omo sessualmente repressa più la troverai tra i disturbatori. Mi dirai che qui, almeno una volta, Socrate non c'entra, l'amore greco, o qualcosa di simile, esisteva già, ancor prima che lui nascesse. Certo che esisteva già; però, per il momento io lascerei stare Socrate dove sta. Non mancheranno certo le occasioni per scomodarlo. Tanto, per quello che ho potuto capire io, Socrate è come il prezzemolo, c'entra un po' ovunque, anche dove lui non avrebbe punto voluto entrarci.

La dottoressa Cecilia: "naturalmente, questo tipo di amore, che per comodità chiameremo greco, non era proprio di quella gente?"

Il dottor Guglielmo G.W.: "naturalmente, basta dare una occhiata alla Bibbia. I greci lo ornarono solamente di veste intellettuale, quindi lo omologarono. E qui, oltre a Socrate, anche Platone non si risparmiò in *"bravura"*.

La dottoressa Cecilia: "come gli intellettualoidi di oggi che fanno credere che drogarsi è un fatto di cultura."

Il dottor Guglielmo G.W.: "esatto, esatto. Ma torniamo al nostro discorso. Si bestemmia perché se si unisce al masochismo imperante un'aria di sadismo, anche se fittizio, c'è più atmosfera. Questo se lo scenario è quello di una città, dove uno può scegliere di fare la vita che vuole. Se una persona non ha quel tipo di piacere nascosto sicuramente non frequenterà quei locali. Vedi per esempio zio Carlo. A parte il fatto che lui in quei locali non ci andrebbe lo stesso per via delle bestemmie. Ergo, chissà quanta scusante sono il gioco e i soldi e il bisogno di compagnia. Se così fosse ci sarebbe più rispetto e considerazione degli uni verso gli altri. Naturalmente tra loro non mancherà mai qualche marpione."

La dottoressa Cecilia: "come dire che c'è sempre qualcuno che al dilettevole unisce anche un po' di utile."

"Esatto. La cosa è diversa se si tratta di un piccolo paese dove il concetto di vita privata è un'utopia. Noi però in quest'ultimo scenario non c'entriamo proprio, e lasciamo che ognuno si mangi la propria fetta di torta.

L'ambiente sodomitico d'altronde, lo abbiamo anche nel secondo racconto di zio Carlo. Tutti quanti che cercano di sodomizzare il povero Tonino. E qui purtroppo la vittima non ha scelta: ne va di mezzo il suo lavoro. Piccolino com'è, e parlando sicuramente poco il tedesco, deve sopportare.

L'operato di Jürgen e degli altri, personalmente, lo considero uno scherzo di cattivo gusto. Cattivo tanto quanto vuoi, ma tutto si sarebbe esaurito quella sera stessa se non fosse entrato il cameriere calabrese."

"Però queste persone menano botte da orbi."

"Lo so cara, lo so; ed è su questo terreno che nascono poi le varie mafie: violenza pura e gratuita. E il bestemmiare non è anch'esso violenza pura e gratuita: la mafia degli impotenti. A me quello che dà oltremodo fastidio è quando sento queste persone dare del razzista e nazista a qualche tedesco che ha il solo torto di voler essere lasciato in pace."

"Davvero?"

"Oh, se è vero. Il mio caro defunto padre usava dire in queste circostanze: i buoi che danno del cornuto agli asini."
"Basta con questi discorsi. Caro me lo offri un gelato?"
"Con tutto il cuore amore mio. Approfittiamone, può darsi che sia l'ultimo per quest'anno."

Era stata una bella giornata quella, la prima passata così a lungo da soli. In gelateria avevano incontrato il dottor Fischer, anche lui al parco con la famiglia, e si erano promessi di rivedersi presto. Adesso pedalavano verso casa, felici della loro fortuna.

Erano passate due settimane senza che avessero continuato con la lettura de La nostra storia. Quel sabato sera ripresero.
Aperto il libro, così, per orientarsi, tanto il dottore la storia la raccontava a modo suo, e chiesto a che punto si era rimasti, andò avanti.
"I sogni del bambino diventarono meno burrascosi, ma ci volle del tempo perché ricuperasse il riposo sereno. Smise così di parlare e sudare nel sonno. Qualcosa continuava a dirla dormendo, ma particolari preoccupazioni non ne destava. I suoi genitori però, seguitavano a vegliarlo. Avevano già portato il suo lettino nella loro stanza da letto; adesso un grande cero ardeva tutta la notte. La sua fioca luce gli dava sicurezza, lo faceva sentire maggiormente protetto.
Nonno Guglielmo e nonna Feliciana si erano quasi rassicurati, dico quasi perché di tanto in tanto, quando

sembrava dormisse serenamente, un sorrisetto birichino gli si appiccicava sul suo faccino e vi ci rimaneva un bel po'. Poi, come se avesse finito di raccontarsi qualcosa, si girava di lato e le sue labbra tornavano a rilassarsi. Sognava nuovamente i suoi amati bisnonni, e nuovamente non si confidava.

I suoi genitori con amorevole pazienza stavano al gioco; non volevano forzarlo. D'altra parte però, non era per niente normale il fatto che quel sorrisetto gli si appiccicasse così regolarmente sul suo visino mentre dormiva. Controllavano il suo umore al risveglio. A prima vista era normale.

"Troppo normale," diceva nonna Feliciana.

"Hai ragione," acconsentiva nonno Guglielmo.

I due, aspettando che il tempo si comportasse da galantuomo, facevano finta di niente.

O loro erano cattivi attori, o nonno Claudio era troppo sensibile. Difatti, percependo a quale stato ansioso aveva portato i suoi cari, decise di ricominciare a dire qualcosa.

Diceva che vedeva camminare i suoi cari bisnonni, mano nella mano, attraverso campi di grano maturo, ma senza arrecare danno, senza calpestare gambi e spighe. Finivano i campi di grano ed iniziavano dei vasti e folti canneti, le piante erano per metà verde chiaro e per metà gialle. Entrati nel canneto lui li perdeva di vista.

Sì breve racconto fece rimanere con la bocca asciutta nonna Feliciana e nonno Guglielmo; avrebbero voluto sentire qualcosa di più significativo. Si accontentarono però. Il fatto che il piccolo avesse riallacciato il suo affetto al loro, li faceva ben sperare. Era ciò che noi tedeschi chiamiamo *die halbe Miete.**

Avevano pazienza, e soprattutto lo credevano quando riprendendo il racconto dei sogni nuovamente sembrava che essi si ripetessero.

Uscivano dal canneto ed entravano in un altro campo di grano; uscivano da questo e arrivavano in un bel campo verde disseminato di margheritine bianche e gialle, e di papaveri, e di viole, e di ciclamini, e di ginestre in fiori e poi entravano di nuovo in un canneto. Questa volta il terreno era acquitrinoso, il piede affossava quasi di un palmo, e il sole veniva coperto dalle nuvole, e poi non li vedeva più.

Confidarsi gli fece un gran bene. Per un po' diede l'impressione di aver finito di fare quel tipo di sogni. I suoi genitori però, sapevano che essi sarebbero continuati. Il loro figliuolo non avrebbe certo abbandonato i suoi amati bisnonni, impantanati, in mezzo ad un canneto.

Dopo oltre sei mesi, il sorrisetto galeotto si ridipinse sul suo faccino.

"Ci siamo," disse nonno Guglielmo, svegliando nonna Feliciana, "eccolo di nuovo insieme ai suoi bisnonni."

A onor del vero, tra le ansie, era cominciata a germogliare anche un po' di curiosità.

"Chissà se sono ancora nel canneto o altrove."

Erano usciti dal canneto, e da tempo ormai. Adesso camminavano, mano nella mano, in una atmosfera tardo autunnale, attraverso campi brulli, ma talmente brulli che facevano pena. Pesanti e dense nuvole oscuravano il cielo, tanto che nessuno sarebbe stato capace di capire l'ora del giorno. Ovunque era di colore marrone: il suolo, le nuvole e perfino l'acquerugiola erano di quel colore.

Camminavano schiaffeggiati da un turbinio di foglie, una volta secche e adesso, a causa dell'umidità, molli e putride. Il loro passo era però deciso, spedito e tranquillo. Era come se avessero dovuto passare giocoforza per quei luoghi; e più veloce sarebbe stato il loro andare, prima avrebbero finito di penare. Quel percorso durò vari sogni. Nonno Guglielmo e nonna Feliciana con amorevole cura stavano a sentire il loro figliolo e lo tranquillizzavano: *"vedrai che prima o poi arriveranno in cielo, non ti preoccupare."* Nonno Claudio non si preoccupava proprio per niente. E continuava a vederli camminare imperterriti. E camminare, e camminare.

Poi, come se fosse finito un altro ciclo, smise nuovamente di sognarli.

Parecchio tempo dopo disse ai suoi genitori: *"mamma, papà, state tranquilli, loro stanno bene. Adesso è un bel po' che non li vedo, però appena li rivedrò ve lo dirò. Non vi preoccupate, dormite tranquilli."*

Invece nonno Guglielmo e nonna Feliciana erano e rimanevano preoccupati; fino a quando non avessero sentito il loro figliuolo dire qualcosa di lieto e definitivo non sapevano di che colore dipingere le loro preoccupazioni. Adesso erano tutte di colore marrone, dello stesso colore dell'ambiente nel quale si trovavano i loro nonni.

* *Die halbe miete: letteralmente metà affitto, nel senso di pagamento della metà dell'affitto, ovvero alleggerimento della metà di un peso.*

CAPITOLO VI

"Dottore, figlio mio, è passato tanto tempo dal fidanzamento ufficiale e ancora non una parola sul futuro matrimonio. Non per darvi fretta, ma non sarebbe il caso di cominciare a fissare qualche data?" Tatiana parlava con il cuore in mano.

"Per l'appunto anch'io mi permetterei di essere d'accordo con lei", aggiunse timidamente Carlo, che quando era un po' eccitato parlava senza intonare nessuna pausa.

"Miei cari acquisiti congiunti, qualcosa è stato pensato, non vi preoccupate; non passerà molto tempo."

"E non può darci nessuna anticipazione. Un assaggino piccolo piccolo." Lo pregò Tatiana.

"Un assaggino piccolo piccolo." Le fece eco Carlo.

"Abbiate pazienza fino a venerdì, magari poi ne parliamo insieme alla cara Cecilia."

"Pazienza, occorrerà molta pazienza, a venerdì mancano ancora due giorni," disse Tatiana grattandosi la testa, allargando e irrigidendo le labbra e facendo forza sui denti.

"Quarantotto ore," si sentì in dovere di precisare Carlo.

"Su con la vita, non è il caso di drammatizzare, mi sono già sbilanciato abbastanza. Non volete mica che sia ulteriormente scortese nei confronti della mia futura sposa?"

"Questo mai," dissero all'unisono i due. E si calmarono.

"Zio Carlo, riprendendo il discorso interrotto ieri sera, cos'è che aveva ancora in petto di dire?"

"Egregio dottore, avevo ancora in petto di dire che mentre in Israele si lavorava alla preparazione della bomba atomica, in Grecia ci si ingegnava di fare cruciverba e rebus crittografati, e di giocare alle belle statuine; e quando non avevano altro da fare si dilettavano a lanciare freccette secondo la regola del dove coglio coglio. Questa, se mi si è permessa, è la mia visione di quella realtà."

"Lei sicuramente vuole dire che al confronto di quello che succedeva in Israele, in Grecia è come se.. ecc ecc. Beh, se facciamo le dovute proporzioni, considerata da un punto di vista meramente matematico, la sua asserzione può anche essere vera. D'altra parte però, un motivo ci sarà pur stato perché rimanessero affascinati tutti coloro che si affacciavano alla cultura greca, quindi Roma col suo successivo impero. Quello che noi oggi siamo, culturalmente parlando, lo dobbiamo, nel bene e nel male, in buona parte ai greci. Se poi consideriamo che cultura deriva da coltura, vuol dire che il modo di coltivare il pensiero in quello stato fruttava di più. E non dimentichiamoci che in ognuno di noi alberga, in pianta stabile, un contadino: uomo pratico per eccellenza; ergo, se quel contadino ha accettato quel tipo di coltura vuol dire che la sua esperienza lo ha convinto che era meglio cambiare. Mettiamola così: l'apporto dei greci ha permesso di sviluppare l'intelligenza in modo tale da essere in grado di potersi difendere dalle angherie di coloro che poi avrebbero avuto il monopolio sulla citata energia atomica. Questi ultimi ne avevano il monopolio, ma erano essi stessi increduli; così come lo sono stati molti di coloro che in seguito ereditarono questa tremenda responsabilità. E la storia ha avuto modo di dimostrare, e più di una volta, come non si è stati sempre in grado di gestire questa forza. Come d'altronde spesso accade, anche in questo caso, nella stanza dei bottoni finirono per esserci, sovente, le persone sbagliate.

Facendo una similitudine, in Grecia è come se si fosse messo a punto uno scudo, diciamo spaziale, visto che la parola è di moda. Senza di esso l'energia sviluppatasi in Israele, una volta che fosse andata a finire nelle mani degli uomini, avrebbe anche potuto *decimare* la civiltà, facendola tornare indietro di chissà quanto. E il rischio si è corso più di una volta, e tremendi scivoloni si sono spesso avuti. Ergo non è stato un caso che sia stato messo a punto prima lo scudo e poi la bomba. E per piacere non chiedetemi perché. E per concludere, permettetemi di mettere la ciliegina sulla torta, vi faccio due nomi soltanto: Aristotele e Diogene di Sinope: il genio e la sregolatezza. Senza voler mancare di rispetto a tanti altri grandi, dell'arte e delle scienze esatte."

"Caro dottore, io non le chiedo proprio niente; primo, perché non ci capisco granché; secondo, perché quello che lei dice per me va bene *so wie so.** Però da quel poco che so, sempre da lei s'intende, Diogene è stato veramente un grande."

"Lo stesso vale per me," si accodò Tatiana, "a me è simpatico lui e pure i suoi amici; insomma quelli che la pensavano come lui."

"Sì, ma senza esagerare, però. E per concludere, essendo le due cose antitetiche, la bomba atomica e lo scudo spaziale appunto, si può spiegare perché due popoli così altamente evoluti, come quello greco e quello ebraico, non si siano mai confrontati direttamente, Erano lì a due passi, se consideriamo che tutta la costa oggi turca, insieme alle isole che la infiorano, era anch'essa

Grecia. Sono andati avanti parallelamente senza distur-
barsi più di quel poco che basta. D'altronde, il popolo di
Israele si sentiva di essere il popolo eletto, gli ateniesi si
sentivano di essere i migliori del mondo e tutt'uno con gli
stessi dei, figuriamoci se qualcuno dei due facesse un
passo verso l'altro. Summa haec est."
"E che significa questa cosa che ha detto per ultimo?"
Chiesero i due.
"Significa che insomma questa è la sostanza. Sempre
secondo me, s'intende. E tanto per non far torto a nessuno, non dimentichiamoci che oltre alla Grecia che
faceva capo ad Atene, di estrazione Acheo – pelasgica,
di cui sicuramente stiamo parlando, c'era anche, e non
per ultima, un'altra e importante Grecia: Sparta, di
estrazione dorica, di usi e costumi perciò diversi. Anche
lei, sotto sotto, attraverso Platone: ateniese, e credo sia
opportuno sottolineare: ateniese, qualcosa è riuscita a
iniettarla pure nel tessuto sociale delle generazioni a
venire. Poi c'era ancora la Macedonia, la Beozia, la
Focide, la Megaride, l'Arcadia e altro ancora. Le colonie
non le nomino perché in effetti esse erano costituite da
esondati, per lo più ateniesi o di estrazione ateniese,
che non trovando spazio all'interno delle mura cittadine
andavano a mettere su casa fuori, ovvero altrove. In
greco colonia significa appunto: casa fuori. Questi
signori si riveleranno poi una vera calamità per l'Italia,
una piaga che ancor oggi rifiuta di rimarginarsi."
"Io, più precisamente, mi riferivo alla prima Grecia," disse, con aria quasi accademica, Carlo.
"Ma tutta quella promiscuità, quelle schifezze, quell'andare con uomini e donne indistintamente, quella fame di
sesso, da cosa può essere stato dovuto?", s'intromise

Tatiana, che quando si parlava dell'antica Grecia cercava sempre di mantenere le distanze, ma questa volta lo
aveva proprio dovuto chiedere.
"Cara zia Tatiana, i motivi possono essere tanti e le ver-
sioni altrettante. La versione che a me più piace è quella
secondo la quale i greci in questo caso si siano arenati.
E se il buon Dio vuole, ognuno si può arenare le volte
che vuole senza dover dare conto a nessuno. Praticamente, visto che si trovavano facendo, hanno creduto
bene di costruire un piedistallo e di salirci sopra, e
decidere anche in materia di sesso ciò che era giusto e
ciò che era ingiusto fare. Erano convinti che tutto doveva
sfogare. Ormai si sentivano in grado e in dovere di legi-
ferare su tutto. Si credevano, se non proprio degli dei,
un qualcosa di molto simile; d'altronde i loro dei in fatto
di passioni e scelleratezze non erano secondi agli esseri
umani, e per esseri umani venivano considerati solo gli
appartenenti alla loro etnia. Si erano presi la briga di
limare a dovere sia gli dei che loro stessi. Di conseguenza, Giove e gli abitanti del monte venivano onorati sì, ma
se cose non andavano per il verso giusto, non avevano
nessun timore di mandarli a quel paese. Salvo che, poi,
di tanto in tanto, qualche capro espiatorio non saldasse
il conto per tutti."
Carlo: "quindi non starei farneticando se asserisco che
il maledetto vizio della bestemmia ce lo hanno impac-
chettato loro. Per forza, se i loro dei avevano tanti difetti
e vizi da cosa doveva scaturire il sacro timore? Ne
consegue che gli imbecilli nostrani, che non sono stati
capaci di capire il verbo di nostro Signore, non hanno
fatto altro che cambiare casacca, sostituire nomi con
altri nomi, quindi continuare a comportarsi come faceva-

no prima con gli abitanti dell'Olimpo; e peggio pure."
Il dottor Guglielmo G.W.: "senza dimenticare che la dissacrazione socratica aveva raddoppiato il volume delle cistifellee. E siccome, poi, i rappresentanti di nostro Signore non sempre hanno avuto una condotta irreprensibile, associare il tutto a Giove, ai suoi parenti e ai suoi sacerdoti non deve essere costata una gran fatica. E se teniamo in conto che, a tutt'oggi, una gran moltitudine di italiani non riesce a togliersi il fallo greco dalle proprie terga, quello che lei dice, se vuole il mio parere, e tutto altro che una eresia."
Carlo: "e pensare che sono passati pure duemila anni. Quanto poco vale il tempo!"
Tatiana guardava Carlo con un misto di incredulità ed ammirazione.
Il dottor Guglielmo G.W.: "continuando con la risposta alla sua domanda, zia Tatiana, c'è chi pensa che alcuni ormoni, quelli sessuali per intenderci, siano dei buoni catalizzatori per i processi intellettivi. Se ciò è vero, nei greci c'è stato, di quegli ormoni, un coacervo indistinto e disordinato di produzione alterna abbondante. Qualcun altro dice, invece, che codesti signori, ateniesi, spartani, macedoni, beoti ecc, quindi colonie tutte, giustificassero la loro parte di omosessualità con l'intima, e ipocrita aggiungo io, convinzione di essere così pronti per l'inseminazione divina. Altri pensano che lo facessero per sfidare la natura. Noi, però, che non li divinizziamo neanche un poco, non ci diamo pensieri, e tranquillamente asseriamo che non è detto che tutto ciò che lor signori hanno proposto debba per forza essere senza pecche. D'altronde, avendo costoro formulato il principio secondo il quale tutto quello che è dentro l'uomo debba venir

fuori, ovvero debba sfogare, finirono col sentirsi in diritto/dovere di soddisfare qualsiasi curiosità, ovvero inclinazione."

Carlo: "esimio dottore, visto che lo abbiamo accennato, ce lo dice perché i greci di cui stiamo parlando avevano deciso di adottare proprio quel tipo di coltura del pensiero? Ci saranno pur state ragioni o cause che li hanno indotti a tale scelta."

"Caro zio Carlo, quello che lei mi sta chiedendo è un po' lunghetto da spiegare. Cercherò di fare il mio meglio. Per il momento dirò che i signori achei, quelli che poi sarebbero diventati ateniesi, era gente nata con la camicia, e il cielo sa quanto un po' di fortuna sia importante nella vita. Venendo dal nord, giunsero in un luogo dove pianura ce n'era ben poca, quindi scarsità di vie di comunicazioni. Riottosi al lavoro come erano, non pensarono minimamente di costruirne alcuna. Eppoi, dove dovevano condurre queste vie? Da gente di cui non avevano il benché minimo rispetto? Esse furono costruite in seguito dai romani, ai quali le vie servivano, eccome! Loro pensarono bene, invece, di schiavizzare subito le popolazioni indigene, chiamate pelasgiche, da pelago: mare, per poi fondersi con esse. Finirono così con l'avere anche l'acqua salata come componente del loro sangue. Cercarono quindi la bella altura con vista panoramica non molto lontana dal mare per costruirvi l'Acropoli e una via che conducesse fin dove avevano intenzioni di costruirvi il porto. Ora, nelle città portuali, grazie al commercio, c'è sempre più benessere; esso, inoltre, offre pure lo scambio di notizie, di informazioni e di idee: il "marittimo" è più cosmopolita, quindi meno rozzo: primo colpo di fortuna. Secondo colpo: avere avuto tra loro qualcuno che vedendo i vari insediamenti disseminati un po' ovunque e mediamente lontani gli uni dagli altri, sia riuscito ad imporre come collante, affinché tutti avessero un sentimento comune e non si sentissero isolati, la lingua, che doveva mantenersi rigorosamente pura. Per fare ciò bisognava andare a scuola. Si presero gli scritti omerici, una specie di loro Bibbia, tant'è la religione che trasudano, ovvero due piccioni con una fava, e si pregò caldamente ad ognuno di leggerli, e molti passi di impararli addirittura a memoria: quindi ciao analfabetismo, e scusate se è poco. Secondo me la più grande invenzione, mirabile addirittura, di questi signori è stata proprio la loro lingua, artefice principale della loro grandezza. E la fortuna non li lasciava in pace. Arrivati in quel territorio, scelsero il bel posto e si misero a costruire in fretta e furia; solo dopo si accorsero che il terreno alle loro spalle era calcareo e roccioso. Qualche ulivo, qualche vite, e pochissimo altro. Se avessero dovuto vivere di agricoltura sarebbe morti di fame. Per aggirare sì grave inconveniente bisognava industriarsi. Cominciarono con l'importare materie prime, le lavoravano e le rivendevano. E siccome i frutti della mente sono sempre di maggior valore rispetto a quelli ottenuti con l'impiego delle sole braccia, raggiunsero in breve tempo un benessere di molto superiore a quello degli altri loro compagni di ventura. Passarono quindi a occuparsi del mare lontano una quindicina di chilometri, e in poco tempo il loro porto, il Pireo, divenne il più importante di tutto il mondo greco. Teniamo conto, poi, che a quei tempi se un nemico riusciva a vincerti in battaglia finivi in schiavitù, organizzarsi militarmente e addestrarsi al combattimento era vitale. E un soldato mediamente istruito e ben addestrato, con la consapevolezza della propria realtà, è di gran lunga superiore in battaglia ad un analfabeta tartassato al quale, con la forza, gli si toglie la zappa e gli si da una spada. Riuscirono così a vincere guerre sulle quali mai nessuno ci avrebbe scommesso. Vinte le guerre, fatti gli schiavi, che dopo avrebbero lavorato per loro, potevano permettersi il lusso di passeggiare dalla mattina alla sera e fare a gara a chi era più dritto. Buon per ultimo, questi signori, essendo persone navigate, appunto, sapevano cosa offrivano le altre culture – da quella ebraica, come già detto, si mantennero sempre a rispettosa distanza –, non trovarono nessuna che considerasse l'uomo come tale, come centro dello universo, e si dissero perché non lo facciamo noi?, tanto non abbiamo niente da fare. E si misero all'opera. Cominciò uno a dire qualcosa e invitò l'altro a condividere quanto detto o a confutarlo, nel qual caso, però, dire anche il perché. E con quel po po di lingua che avevano a disposizione, arrampicarsi sulle argomentazioni si rivelò subito un gioco da ragazzi. Fu così che si buttarono le basi. Da lì, sulle orme della progressione logica, si formò la loro cultura.

"Cultura, benessere, tempo libero e clima amico, e che vuoi di più. Bertrand Russell diceva che a quel tempo, in quei luoghi, si poteva contemporaneamente essere felici e intelligenti."

Carlo: "però, secondo me, prima o dopo, se non fossero stati i greci, qualcun altro, anche usando un'altra lingua, sarebbe riuscito a farla quella scelta di orientamento del pensiero."

Il dottor Guglielmo G.W.: "e noi li ringraziamo per non

essersi fatti pregare neanche un poco. Quindi, botta finale, Roma se ne servì. Espandendosi questa in quasi tutto il mondo al di qua del nostro pianeta, anche la cultura greca si espanse, e finì con l'essere considerata una specie di stella polare, sempre escludendo la cultura ebraica, della quale tutto si può dire meno che fosse una cultura laica. E i signori greci, senza volerlo, per penuria sul mercato, finirono con l'instillare pure i germi per la nascita di quest'ultima."

"Dottore, scusi, parlando parlando, ci stiamo dimenticando che dobbiamo andare dai nostri amici scommettitori. Saranno come al solito impazienti di vederci. Oggi è mercoledì, giorno di lotto infrasettimanale, e io sono pure di aiuto aggiunto."

"E andiamo, zio Carlo, non ne ho voglia, ma andiamo."

Tatiana: "a proposito, ha telefonato il professor Weber. Ha lasciato detto che ritelefonerà stasera alle otto."

"Non ha aggiunto nient'altro?"

"No, nient'altro."

"Va bene, grazie zia Tatiana, adesso magari gli telefono io. Zio Carlo, cominci ad andare che io la raggiungo subito."

Serpentino aumento del vocio degli astanti all'apparire di Carlo e poi del dottor Guglielmo G.W. C'era sempre qualcuno che sperava in un sistema nuovo: un sistema *un poco più infallibile però questa volta.*" E il dottore a combattere con ognuno di loro. Aveva una pazienza il dottore!

E a proposito del nostro dottore, quella notte non riusciva a prendere sonno. Era agitato. Pensava e ripensava a quello che aveva detto Carlo. Il pensiero del suo amico era sgorgato limpido e naturale come il gettito d'acqua di una sorgente, non altrettanto limpida e naturale trovava la sua arringa, anche se non la trovava sbagliata in nessun punto. Ma così limpida proprio non lo era. C'era della muffa dentro. Aveva l'impressione di aver tradito la fiducia che Carlo e Tatiana riponevano in lui. E continuava a girarsi e rigirarsi nel letto. "Buon Dio," diceva, cercando di trovare una scusante, "lo stesso nome di nostro Signore viene dalla lingua greca!" Gli venne in mente Pascal e uno dei suoi *Pensieri*: *quando si vuole correggere qualcuno, bisogna capire da quale lato egli ha considerato la cosa, perché, forse, è proprio da quel lato che la cosa funziona, ma contemporaneamente fargli capire che c'è anche il lato opposto.* "No, no, non va bene" E si rigirava nel letto.

"A cosa voleva riferirsi zio Carlo? Che abbia letto qualcosa sui presocratici? Con tutto il bene che gli voglio, non credo. Però Ernst è una persona istruita, forse durante le loro passeggiate ne avranno parlato. Neanche, l'avrebbe detto. Una cosa, però, credo di poterla asserire, è indispettito dal fatto che i greci siano riusciti ad avvitare così in profondità il pensiero occidentale. E quale pensatore con le terga libere, o quanto meno indipendenti, non lo è? Bisogna che ci ripensi, magari riparlarne." Nel frattempo il torpore avanzava. Gli si dipanò una visione, al principio tutta ingarbugliata: Cartesio e Spinoza che si prendevano a cazzotti, e nè riusciva a distinguere l'uno dall'altro. Quindi i due che se ne andavano belli tranquilli a braccetto. Prima però, uno di loro aveva lanciato, così a mo' di sfida, due foglietti di carta; li raccolse, sul primo c'era scritto: res cogitans, sull'altro: res extensa. E la scena prese luce. Ma già nel sonno però, senza accorgersi si era addormentato. "Si, si, è proprio così," fu l'ultimo vagito, prima di cedere definitivamente le armi. E il suo viso si colorò di un sereno sorriso.

Il giorno dopo, uscito da scuola, appena arrivato a casa, andò in cerca di Carlo. Lo trovò in cucina che teneva compagnia a Tatiana.

"Zio Carlo, stanotte ho molto pensato a quello che lei ha detto ieri sera, a proposito di Israele e della Grecia dei tempi che furono. Ebbene, credo che lei abbia molta più ragione di quella che io, in un primo momento, avevo creduto."

"Davvero?"

"Ne sono convinto. Oddio, un po' è vero anche quello che ho detto io. Comunque l'argomento va ulteriormente approfondito. Per ora lasciamo che la bilancia penda dalla sua parte. Vede, quello che ha detto lei è qualcosa che è uscito dalle viscere dell'io, e più precisamente dalla parte spirituale dell'essere; mentre quello che ho detto io è uscito dal cervello, quindi non spontaneo, artefatto, ovvero non naturale, ovvero riciclato, ovvero qualcosa che serve solo a rappacificare gli animi. Se poi accettiamo il principio secondo il quale nella individuazione del problema c'è più contenuto che non nella soluzione di esso, nel mio caso si può dire: e tutti vissero felici e contenti, nel suo caso invece: la lotta continua!"

"Va be', ma io mica l'ho fatto apposta," cercò di scusarsi Carlo.

"E lo voglio credere," disse il dottor Guglielmo G.W., "lo voglio proprio credere. Domani, o comunque appena si darà il caso, voglio raccontarlo anche alla cara Cecilia questa nostra discussione."

"Ma l'aggiusti un po' meglio la cosa, altrimenti chissà cosa penserà poi di me la dottoressa."

"Lei non deve preoccuparsi di niente, zio Carlo, proprio di niente."

"Non ti preoccupare, se il dottore dice di non preoccuparti, non preoccuparti." Credette bene di aggiungere Tatiana.

So wie so: comunque.

CAPITOLO VII

Quel venerdì sera si sarebbe parlato di matrimonio. Carlo e Tatiana erano vestiti a festa, di fuori e di dentro. La dottoressa Cecilia, salutandoli con l'affetto di sempre, non rimase punto sorpresa dal loro abbigliamento: il dottor Guglielmo G.W. le aveva anticipato qualcosa. Alla radiosità e alla giovialità dei loro volti c'era abituata. Per il momento l'odorino che proveniva dalla tavola imbandita, condito con il poco di fame che si era portata con sé, la condussero ad altre intenzioni. Comunque erano tutti tacitamente d'accordo che era dopo cena quando si sarebbe parlato di matrimonio

Era la fine di novembre, periodo durante il quale si consuma molto la carne d'oca al forno con il contorno di bietola rossa. I tedeschi sono devoti a questa pietanza; essa viene cucinata parecchie volte prima di Natale. E tutti ne sono ghiotti. E Tatiana anche nella preparazione di questo piatto era maestra.

"Ma questo è un capolavoro, zia Tatiana. Non ho mai mangiato una carne d'oca così tenera. Mia madre è danese, d'accordo, ma del sud della Danimarca; anche lei usa cucinare questo piatto, ma così non le è mai venuto. Mi deve dare la ricetta, gliela voglio portare, così che anche loro possano gustare questa delizia."
"Certamente dottoressa, certamente che gliela do. Per

la verità ci sono tre segreti. Due glieli posso dire subito, il terzo, quello relativo alla preparazione della carne e all'aggiunta delle spezie, glielo dico ovvero glielo faccio vedere in cucina.

Il primo segreto, che poi è una cosa ovvia, è quello di trovare un'oca giovane. Il secondo segreto è quello di avere l'aiuto di una persona che se ne intende di volatili, perché questi animali, dopo la macellazione sembrano tutti uguali, animali giovani e animali meno giovani. Bisogna comprarli dal macellaio freschi, e non congelati o surgelati da chissà quanto tempo. Io ho la fortuna di avere Carlo che è un esperto e non sbaglia mai, sia nell'apprezzare la freschezza e la qualità della carne, sia l'età dell'animale. Io magari faccio la bella figura, ma senza il suo aiuto non avrei certo ricevuto da lei complimenti così sentiti. Il terzo segreto è tutto mio, e io glielo svelo molto volentieri. Se vuole fare bella figura però, il fattore Carlo bisogna tenerlo presente; praticamente l'oca la dobbiamo comprare qui, poi la porta ai suoi genitori."

Qualcuno arrossì leggermente, ma non se ne accorse nessuno, nemmeno lui."

"Cara, mi sono dimenticato di dirti per telefono, che il professor Weber vorrebbe averci suoi ospiti a pranzo dopodomani domenica. Cosa ne dici?"

"Lo trovo gentile da parte sua. Io ci andrei volentieri. E tu?"

"Anch'io. Dopo cena gli telefono e gli dico che accettiamo."

"Però non dimentichi che dopo cena noi abbiamo da parlare di cose molto importanti", disse, tutta accorata, Tatiana.

"Non si preoccupi, zia Tatiana," la rassicurò la dottoressa.

Carlo stava in aspettativa, non diceva niente, e muoveva gli occhi come il tergicristalli: un po' dall'una un po' dagli altri, un po' dall'una un po' dagli altri.

Dolce, frutta, caffè e grappino, completarono la cena. Poi si accomodarono come di consueto sulle poltrone vicino al caminetto e, come di consueto, lì Tatiana servì il Cognac.

Il dottor Guglielmo G.W. guardò il suo orologio, erano le 20 e 25. "Bene," disse, "telefono al professor Weber e vengo"

Tornò a sedersi. I due fidanzati prima si scambiarono una occhiata di consenso, poi la dottoressa prese la parola. "Cara zia Tatiana, caro zio Carlo, noi abbiamo deciso di sposarci."

In apnea, i due attesero il quando.

"L'ultima domenica di settembre dell'anno prossimo."

Applausi liberatori, auguri e lacrimuccie. Poi tornarono tutti a sedersi. Questa volta Tatiana e Carlo comodamente. Prima erano seduti sul ciglio della poltrona che quasi cadevano, e recuperarono anche la normalità del loro respiro. Quindi Carlo andò in cucina a prendere la bottiglia di Champagne e i bicchieri, e brindarono.

Risedutasi, Tatiana poté finalmente togliersi un groppo che aveva in gola ed esclamò: "eeeeeh gni vi!"

Carlo a sua volta: "appunto!"

Per far tornare l'atmosfera alla normalità, il dottor Guglielmo G.W. parlò della telefonata avuta con il professor Weber, e rivelò l'ora in cui sarebbero dovuti andare a pranzo la domenica successiva. Poi si riprese a parlare del prossimo futuro. Ancora un goccio di Champagne, un po' di televisione, e quella giornata volse al termine.

"E anche questa è fatta, grazie Signore," disse Tatiana prima di addormentarsi. "E gni vi." E prese sonno

La sera del giorno dopo era freddissima. Il dottor Guglielmo G.W. e la dottoressa Cecilia avrebbero voluto andare a cinema, ma ci rinunciarono. Non ne valeva la pena. Con buona pace di Tatiana e Carlo. Si sarebbe sicuramente continuato con il racconto de La nostra storia.

"Zio Carlo, che gliene pare se ci racconta un altro episodio delle sue esperienze?" Chiese la dottoressa Cecilia.

"Con molto piacere, con moltissimo piacere. È una storia che non ho mai raccontato a nessuno. È uno dei tanti sassolini che ho nella scarpa, e ora finalmente me lo posso togliere."

Tatiana: "aspetta un momento prima di iniziare, fammi andare a mettere le melanzane ripiene nel forno." Tornata, Carlo prima si schiarì la voce e poi cominciò.

"Era un venerdì pomeriggio del mese di luglio. Da tempo non mangiavo un piatto di pasta come dicevo io. Ora tenete presente, per piacere, la posizione dei luoghi: casa mia, più avanti il mio kneiper, più avanti ancora il supermercato. Tutti e tre disposti lungo una linea retta.

Me ne andavo tranquillo tranquillo a fare la spesa, e già pregustavo la pasta da attorcigliare. Passai davanti al kneiper, era chiuso, e raggiunsi il supermercato. Me ne tornavo tranquillo tranquillo con le borse piene, con la

mente ripassavo cautamente la lista della spesa per essere sicuro di aver comprato tutto. Arrivai davanti al kneiper, era aperto e Ingrid davanti alla porta appoggiata su di un fianco, e fumava rabbiosamente.
"*Ciao Carlo, dove vai?*"
"*Ciao Ingrid, sono andato a fare la spesa e adesso vado a cucinare. Ho voglia di mangiarmi un bel piatto di bucatini. Vuoi che te ne porti un piatto più tardi?*"
"*Si, dopo, adesso entra un momento, che ti devo dire una cosa.*"
Ingrid, per piacere lasciami andare altrimenti mi passa il genio e non cucino più, e finisce che parte della roba che ho comprato poi la devo buttare."
"*Ma un momento solo, devo dirti una cosa molto importante.*"
"*Ingrid, io lo so già quello che mi devi dire. Mi devi dire che tuo marito Klaus va con Rosy. Lo sai tu, lo so io, lo sanno tutti. Lasciami andare per favore. Eppoi, non ho neanche soldi in tasca.*"
"*Non hai soldi, come se non ti conoscessi. Vieni entra, ti offro io*"
"*No, no. Oggi offri tu e domani devo offrire io. Ho fame, ti prego, lasciami andare.*"
"*Ma un momento solo.*"
"*Lasciami andare.*"
"*Un momento solo.*"
"*Va bene, un momento solo. Quello che bevo però, lo segni sulla deckel,* poi stasera passo e pago. Fammi un bel Campari soda con molto ghiaccio, per favore.*"
Lei prese e mi fece una birra. Mica aveva ascoltato quello che le avevo detto. Cominciò dicendomi che qualche ora prima aveva visto Rosy con una borsetta firma-

ta.

"*Lei è disoccupata, dove li prendeva i soldi per comprarsi quella borsetta? Vuol dire che Klaus prende i soldi dalla cassa e li da a lei. Io lavoro, e lei va in giro con la roba firmata.*"
E parlava, e parlava, e giù un'altra birra. La prima era ancora a metà.
"*Prima di andare avanti, fai, per piacere, due strisce sulla deckel,*" le dico io.
Lei prima fa le due strisce, poi si asciuga le lacrime, e poi continua.
Entra una persona, a prima vista si sarebbe potuto dire mio coetaneo. Il locale era completamente vuoto; lui, prima annusa la situazione, e poi si siede accanto a me.
"*Sei italiano?*" Mi chiese.
Avevo accanto a me il Corriere della Sera. Lo avevo comprato. Mi ero detto: vado a casa, cucino, e nel frattempo mi leggo il giornale.
"*Si sono italiano.*"
"*Di dove?*"
"*Campano.*"
"*Napoletano?*"
"*Campano.*"
"*Va be', e non è la stessa cosa?*"
"*Non è la stessa cosa.*"
"*Lavori?*"
"*Si, lavoro.*"
"*Che lavoro fai? Se è permesso chiederlo.*"
Gli dissi che lavoro facevo.
Ingrid, che non aveva preso ancora la sua ordinazione, gli fece comunque una birra; lui non reclamò.
"*Guadagni bene?*"

"Senti amico caro, io non ti conosco e ti devo dire chi sono, di dove sono, che lavoro faccio, quanto guadagno. Ti sembra logico tutto ciò? Eppoi, sto parlando con la signora, fammi continuare, ti prego."

"E va bene, va bene, scusa. Io una domanda ho fatto. Ché non si può fare una domanda?"

Rimase offeso!

Ingrid fu contenta di poter continuare il suo discorso. Con tono minaccioso riprese a dire peste e corna della sua rivale. E parlava, e parlava.

A poco a poco, cominciarono ad entrare altri avventori, e Ingrid cominciò ad essere occupata, e io ne approfittai per andarmene; prima però le chiesi di mettere la mia deckel da parte che più tardi sarei passato a pagare. Lei fece il tipico gesto di chi vuol togliersi una mosca dal naso: voleva offrire lei.

Io con le mani giunte le dissi: "per piacere."

Lei ripeté il suo gesto aggiungendo: "vai, vai."

Io ripetei il mio di gesto e dissi ancora una volta: "per piacere."

Lei prese la mia deckel e la buttò in un angolo.

Il mio connazionale, che aveva seguito tutto con grande interesse, capì quello che aveva voluto lui.

Un venerdì sera di tre mesi dopo, insieme alla mia cara defunta Karin, allora mia fidanzata, e a due amici, mi trovavo al Centro Italiano di Cultura. Eravamo andati a vedere il film che si proiettava il fine settimana. La mia futura sposa aveva cominciato ad imparare l'italiano.

Nell'intervallo tra il primo e il secondo tempo uscimmo dalla sala e andammo in una saletta attigua, uno dei nostri amici voleva fumarsi una sigaretta. Si parlava del più e del meno. Nel frattempo io mi sentivo osservato da un gruppetto di quattro giovani. Uno di loro mi sembrava di averlo visto da qualche parte, ma non mi ricordavo dove. Ad un certo punto costui si avvicina a noi e, con fare da guappo, si rivolge a me dicendomi: *"ma poi le hai pagate quelle birre, o ancora le devi pagare?"* Un lampo mi squarciò il velo: era quel connazionale che voleva farmi l'interrogatorio quel pomeriggio di luglio. Feci finta di non conoscerlo. *Si, si, fai finta di non sapere chi sono, io invece so chi sei tu."* *"Ma perché che è successo?"* dissero ridacchiando gli altri tre.

"L'altra volta in un kneiper ha bevuto non so quante birre, e poi non aveva neanche i soldi per pagare." Altra risata, ed entrarono nella sala di proiezione.

Per fortuna Karin e gli amici credettero alla mia versione; dissi che si trattava di uno scambio di persone. Io invece sapevo che ero proprio io quella persona.

"Ma cosa ho fatto di male per sentirmi così in colpa?" mi chiedevo mentre guardavo il secondo tempo del film."

"Forse è meglio adesso non commentare," disse il dottor Guglielmo G.W., "aggiungiamo però, anche questa storia al nostro curriculum."

"Lasciatemi dire ancora una cosa. Io sono convinto che se avessi avuto il giornale sportivo invece del Corriere della Sera, forse mi sarei risparmiato quella scena al Centro Italiano di Cultura. Aggiungiamo anche questo al curriculum, per piacere."

"E perché no, più che giusto." Dissero gli altri.

"Grazie per avermi dato la possibilità di togliermi quest'altro sassolino."

"E adesso," disse il dottor Guglielmo G.W., "essendo la

serata freddissima, troppo fredda per essere solo l'inizio di dicembre, continuiamo con *La nostra storia.*"
Carlo era già pronto, si alzò e andò a prendere il libro. E i riprese con la lettura. Ovvero con il racconto.
"Nonno Claudio aveva smesso di vedere in sogno i suoi amati bisnonni. Erano passati molti anni. Aveva finito le scuole medie, il liceo, ed ora era prossimo a laurearsi. C'era stato come un intoppo nel condotto dove fluivano quelle manifestazioni oniriche. Poi successe qualcosa e riprese a sognarli. E né si era dimenticato dove li aveva lasciati l'ultima volta.
Essi camminavano ancora, sempre mano nella mano. L'atmosfera era sempre tardo autunnale. L'ambiente sempre di colore marrone, ma di un marrone più chiaro, e si sarebbe anche potuto dire di un marrone lucido. Più camminavano più il colore sbiadiva, e diventava sempre più beige. Il cielo era nuvoloso, ma le nuvole erano di un colore grigio chiaro, e lasciavano anche intravedere che al di sopra c'era il sole. Spirava un vento un po' fastidioso, ma la temperatura era mite. Le foglie schiaffeggiavano il viso, ma questa volta erano secche, proprio secche.
I due viandanti camminavano imperterriti, erano stanchi, si vedeva, ma non volevano fermarsi: erano quasi alla fine del viaggio. Un po' prima erano stati avvertiti da un cartello.
In tutto il loro viaggio non avevano visto anima viva. Ed era durato parecchio tempo. Quanto mondo avevano percorso. Eppoi non era mai calata la notte.
"Ancora un po'," disse il nonno, *"poi ci fermeremo. Ci rinfrancheremo e ci prepareremo perché ci sarà sicuramente da fare l'esame. Dobbiamo essere sereni e tran-*

quilli. *Cominciamo già adesso a liberarci da tutti gli affanni. Siamo stati sempre timorati, e per qualsiasi cosa ci siamo sempre affidati alla Madonna, e il suo aiuto non ci è mai mancato, e non ci mancherà neanche adesso."*
"Certo che non ci mancherà." Nonna Rosa ne era sicura.
Arrivati alla fine del terreno, si aprì davanti a loro lo scenario di una grande valle verde con una gran moltitudine di gente. La si raggiungeva scendendo lungo una scarpata piena di alberi.
"Oh, Dio mio," esclamò la nonna, *"è la valle di Giosafat!"*
"Non lo so, ma non credo. Ad occhio e croce qui non ci sono più di diecimila persone."
"Sicuro?"
"Sono sicuro. Nel negozio, dovendo tenere quanto più possibile il conto dei chiodi e chiodini per evitare che i ragazzi se li rubassero, mi sono fatto l'occhio. Prendevo i recipienti di vetro che li contenevano, uno sguardo, e sapevo con sicurezza per quanto tempo ancora sarebbero bastati. E non sbagliavo. Io ti dico che qui non si arriva a diecimila persone. Vedi quel gruppo là? Non ci sono più di duemila persone. In quell'altro lì, dalle tremila e quattro alle tremila e cinquecento. Gli altri tre gruppi sono più piccoli e non superano le mille e cinquecento anime. Totale, circa diecimila."
"Comunque sia, ci sarà da fare una bella fila."
Amore mio, abbiamo a disposizione l'eternità."
"E anche questa volta hai ragione. Però teniamoci sempre per mano, che io ho paura."
"Non ti preoccupare, siamo nelle mani della Madonna."

"Ma noi adesso, in quale gruppo dobbiamo andare?"
"Questo non lo so, io so solo che siamo in buone mani.
Di sicuro non andremo direttamente in Paradiso, un po'
di Purgatorio ce lo dovremo fare, ma c'è Purgatorio e
Purgatorio. Come vedi siamo ancora assieme, e questo
è un buon segno, se avessero voluto darci la punizione
forte, come prima cosa ci avrebbero diviso."

"Antonio Garcia Lopez."
"Presente."
"Venga avanti."
"Mary Scott."
"Presente."
"Si metta in fila."
"Josè Modesto Dos Santos."
"Presente."
"Si metta in fila."

Le voci si levavano limpide per l'aria cheta.

"Stanno facendo l'appello?" Chiese nonna Rosa.
"No, stanno solamente chiamando uno per uno."
"Quindi anche noi saremo chiamati."
"Certamente. Adesso scendiamo lungo la scarpata,
stiamo attenti a non scivolare che ci possiamo far male,
e qui non c'è il medico del signor Barone che ci cura
gratis."
"Ma scusa, non siamo morti? Io non ho mai sentito dire
che un morto si è fatto male e ha avuto bisogno del

medico."

"Già è vero; però se io mi tocco mi sento, e tutti e due sentiamo di essere stanchi. Che ci costa che ci impauriamo un poco."

Arrivati a valle, si aggiunsero al primo gruppo che incontrarono. Videro che alcune persone erano sedute sull'erba e ne approfittarono anche loro. Un raggio di sole era riuscito a bucare in un punto lo strato uniforme di nuvole bianche e adesso dipingeva un piccolo cerchio giallo oro su quel suolo. La nonna vedeva e diceva tra sè: *"il caro Guglielmo ha ragione, c'è Purgatorio e Purgatorio."*

Nessuno badò a loro, tutti guardavano, con un'inclinazione di circa trenta gradi, verso l'alto. Chi era seduto aveva l'orecchio attento. Tutti cercavano di capire se venivano chiamati.

Uno però, deputato a tale mansioni, si occupò di loro. Si avvicinò e in modo gentile e garbato gli chiese: *"siete appena arrivati, nevvero? Siete la signora Rosa Cardini e il signor Guglielmo Sari, moglie e marito?"*

"Sissignore." Risposero contemporaneamente i nonni.

"Bene, e benvenuti. Prendete questi asciugamani profumati e rinfrescatevi. Per il vostro turno ci potranno passare anche due ore."

"Due ore solamente? Ma noi siamo appena arrivati."

"Questo è noto, però qui si è molto efficienti, eppoi voi avete diritto alla corsia privilegiata."

"Corsia privilegiata? Siete sicuri di non sbagliarvi?"

Quel signore sorrise.

"Ciò che voi dite è qualcosa che qui non ha senso. Tranquillizzatevi e riposatevi. Verrete chiamati in modo chiaro e udibile; e se ciò non bastasse, ci sono qua io,

pronto ad avvisarvi."
Nonno Claudio usa spesso il termine *persone* quando sarebbe più preciso usare il termine *anime*. Noi però sappiamo di chi si tratta.
Coloro che venivano chiamati andavano ad aggiungersi ad una coda a serpentina. Questa coda si dirigeva verso una lieve altura; lì si trovava qualcosa che aveva la forma di un piccolo palco. Al centro, dietro ad un tavolo, sedevano tre persone. Tutti e tre davanti avevano un grande libro. Quello del centro vi leggeva, gli altri due vi scrivevano. Dietro di loro un araldo scandiva i nomi con voce possente.

"Alfredo Podornick."
"Presente."
"Si metta in fila."
"Andreas Rolfes"
"Presente."
"Si metta in fila."
"Chaun Lee"
"Presente."
"Si Metta in fila."
"Antoinette Leclerque"
"Presente."
"Venga avanti."

Chi arrivava davanti al tavolo stava con le braccia rivolte in giù e le mani una sopra l'altra, e rispondeva alle domande che gli rivolgeva colui che stava al centro. Tutto ciò che diceva veniva trascritto dagli altri due. Ciò che scriveva quello alla destra del lettore rimaneva scritto nel libro; ciò che scriveva quello alla sinistra, preso poi il foglio, arrotolatolo e messo in una capsula, lo mandava, attraverso dei tubi – noi potremmo dire per via pneumatica – in alto loco, ma non dal buon Dio, bensì ad una centrale. In ambedue i casi, la persona di turno prima aveva sottoscritto."

"Verba volant, scripta manent." Disse la dottoressa.

"Penso proprio di sì."

Tatiana e Carlo sorrisero. Anche loro avevano capito la frase in latino.

"Zia Tatiana, il profumino delle melanzane al forno si fa sentire. Cosa pensa, sarà pronta la cena? Il languorino c'è."

"Ancora un pochettino ci vuole. Accomodatevi però a tavola, prendetevi l'aperitivo, che io nel frattempo riscaldo il brodo di verdure. Oltre alle melanzane c'è anche del gorgonzola con la goccia buonissimo che Carlo è riuscito a trovare, e un buon vino novello bello fresco. Tutti furono contenti di accettare l'invito.

Ora è doveroso dire che il dottor Guglielmo G.W. aveva un po' imbrogliato le carte dicendo di aver sentito l'odorino delle melanzane, anche se ciò era vero, e quindi di voler smettere. Lo aveva fatto perché aveva bisogno di saltare l'episodio successivo. E questo sarebbe successo per la seconda volta. La prima volta lo aveva fatto perché Tatiana e Carlo avrebbero avuto difficoltà a capire, adesso perché si era nel periodo dell'Avvento e non voleva salare troppo il sugo. Perché appesantire la sua amata Cecilia con certe disquisizioni? In questo periodo si è così distesi, si pensa ai regali, perché quindi mettersi a stringere concetti? Ci sarebbe stato tanto tempo dopo. Eppoi, guarda caso, si trattava di Socrate. Noi invece possiamo andare a spulciare anche subito nel libro.

Nonno Guglielmo e nonna Rosa, aspettando il loro turno, e visto che i tre signori del palco avevano concesso una pausa, mossi dalla curiosità, si erano messi ad andare un po' qua e un po' là. Guardavano in viso ad ognuno. C'era dappertutto allegria, gli animi erano distesi e tranquilli. Qualcuno, forse pensando a una qualche sua leggerezza terrena, si grattava un po' la testa, ma non più di tanto. Tutti sapevano che forse avrebbero dovuto penare un poco, ma nessuno di loro era un dannato. C'erano pure dei gruppetti dove si giovava a dadi, e gruppetti dove si discuteva su qualche argomento. Presso uno di questi ultimi, colpiti dalla pacatezza dei toni e dall'affabilità di colui che aveva la parola, vollero soffermarsi ad ascoltare. Prima però, vagarono con lo sguardo come per chiedere il permesso di qualcuno. La persona che già si era occupata di loro li aveva seguiti, e annuì ancor prima che loro potessero abbozzare una qualsivoglia richiesta. Messosi comodi, stettero a sentire.

"Quando Socrate dice: so di non sapere, si svela, si autodefinisce, si etichetta, si prende e si traslata in un apposito gruppo. Nel gruppo di coloro che sono destinati all'oblio, dei non eletti (e se è permessa anche l'opinione di chi scrive, dei disonesti dentro).

Socrate aveva intuito, ovvero percepito, e in modo alquanto chiaro, che oltre a quello che sapeva c'era molto di più. Lui era nato con un qualcosa al di fuori del comune. Aveva cioè un foro che gli metteva in comunicazione diretta il suo io tendente al finito con il suo io tendente all'infinito trapassando la membrana di mezzo. Non come invece avviene nella stragrande maggioranza degli uomini, dove questa comunicazione è resa possibile attraverso la sudorazione, più o meno lenta/veloce, della membrana stessa, e non in modo altrettanto limpido; ovvero attraverso un foro molto più piccolo. Il fatto che lui stesso questo "spiffero" lo chiami demone, la dice lunga. Peccato che questo demone non lo abbia spinto a cose più nobili; e perché mai, non era un demone? Ah, dei lapsus linguae! Si era limitato a solo due cose: fargli salire alla mente l'idea della bella frase, di così bell'effetto, e così scontata, e farlo divenire un super dialettico. Poté così, per il resto della sua vita, fare il bello e il cattivo tempo all'agorà. E pensare che aveva tutte le risorse necessarie per poter spiegare, non di primo acchito, ma col tempo, il perché l'essere umano riesce a chiarirsi e chiarire infinitamente meno di quello che è il suo potenziale. Preferì tenersi questo segreto tutto per sé. Prima però, disse la famosa frase, conscio del fatto che il suo contenuto non sarebbe stato oggetto di rigetto della psiche dei suoi simili. Insomma prima si divertì a sodomizzare chi lo ascoltava.

Per un eletto invece, è tutto più facile: lui sa, per principio, di avere dentro di sé tutto l'universo.

Facciamo il paragone Socrate – sant'Agostino. Mentre Socrate si eleva dicendo: "so di non sapere;" sant'Agostino, a proposito della questione tempo, si abbassa dicendo: "se mi chiedete di spiegarvelo, vi rispondo non lo so; se mi chiedete sai cos'è?, vi rispondo, sì, lo so."

Ergo, mentre Socrate si può permettere il lusso di dire:

"so di non sapere;" sant'Agostino no, lui deve dire: "so di sapere." Col tempo e con un po' di pazienza poi, si sbroglia ogni matassa. E se qualcuno obbietta asserendo che tra i due ci sono quasi otto secoli di differenza, io asserisco e dico che il signor Socrate e il signor Platone hanno fatto piombare il mondo occidentale in un profondo torpore, un medioevo che durava ancora quando io mi dipartii dal mondo, e chissà per quanto tempo ancora darà filo da torcere. A voglia di sant'Agostino e di san Tommaso quando si ha interesse a sentire altre campane.

Ora, sempre parlando dei non eletti, essi praticamente appartengono a quella parte dell'umanità della quale si può benissimo fare un fascio e buttarlo nel fuoco: essi hanno completato il loro ciclo. Costoro avrebbero potuto concentrarsi maggiormente e rendersi conto dell'esistenza quindi della universalità dell'anima, ed entrare a far parte degli immortali, nella grazia di Dio, ma hanno preferito di no.

La frase "vegliate perché non sapete quando verrà lo sposo," per loro è una frase senza senso e neanche tanto chic. Si sono assopiti, e non si sono più destati. Hanno preteso la loro parte di eredità e se ne sono andati di casa senza farvi più ritorno. Hanno trovato comodo pensare di essere come dei marchingegni: marchingegni pensanti, i quali, per una questione di consequenzialità, sanno che il loro potenziale è inferiore a quello costruito successivamente; e quest'ultimo inferiore a quello costruito ancora dopo; e così via. Ecco perché sono stati entusiasti di adottare il motto socratico: so di non sapere: se c'è più da sapere, più in là, per favore, per il momento basta così. Tutto ciò fa semplicemente comodo: scagiona, giustifica; come dire: non ci posso fare niente. E siccome di questa categoria di persone è costituita la maggior parte dell'umanità, ecco spiegato il grande successo sulla terra di questa frase."

* Deckel: cartoncino, per lo più di forma circolare, che si usa come sottobicchiere, ma anche per segnare le consumazioni del cliente.

CAPITOLO VIII

Il lunedì mattina alle otto la dottoressa Cecilia era già sul treno e viaggiava alla volta di Francoforte. Anche quella era stata un bel fine settimana. Anche quella settimana era passata. In cuor suo aveva cominciato a contare le settimane che ancora mancavano al giorno del matrimonio. Domenica c'era stato il pranzo dal professor Weber. Molto gentili erano stati i due coniugi; eppoi quei loro tre figli: la femminuccia e i due maschietti, che adornavano così tanto la casa di futuro. "Anche noi," pensava mentre il treno avanzava, "anche noi, tre figli, e anche quattro, se il Signore vorrà."

"E di nuovo dobbiamo aspettare i soliti quattro giorni prima di riavere la nostra dottoressa," si confidava Tatiana con Carlo. E questo anche per le prossime tre settimane, poi dalla fine della terza settimana fino al sette di gennaio, starà sempre con noi. Suo padre, nel caso ci sarà bisogno, le troverà un sostituto nello studio medico."
"Ma i suoi genitori, non faranno mica il Santo Natale da soli?"
"Cosa dici mai? Certo che no. Avremo il piacere di averli nostri ospiti dal ventitré fino al ventisei di dicembre, e poi dal trentuno fino al due di gennaio."
"Volevo ben dire." Aggiunse Carlo.
"A proposito," continuò Tatiana, "domani è il primo di dicembre, giorno nel quale sei solito iniziare a fare il

Presepe. Hai tutto, bisogna comprare qualcosa?"
"Ho tutto, non bisogna comprare niente. L'anno scorso,
rimettendo a posto, non si è rotto niente. Qualcosina di
nuovo l'ho comprata al Weihnachtsmarkt,* ma più che
altro per devozione. Anche per l'albero mi sono preoccupato. Sono andato dal contadino che li coltiva e ne ho
scelto uno bello grande. Il quindici del mese andrò, lo
taglieremo e lo prenderò. Con questo contadino si può
stare con la coscienza tranquilla, tanti sono gli alberi
tagliati, tanti sono quelli che nuovamente pianterà."
"Bene, dopo pranzo preparerò il posto, così domani
mattina potrai cominciare ad allestire il Presepe. Dobbiamo fare un figurone con la nostra dottoressa, mi raccomando."
"Lascia fare a me. Se non hai altri comandi dopo pranzo vado da Ernst, e insieme andremo a trovare Hellmut
che è a letto con l'influenza. Anche quest'anno è arrivata
puntuale, c'è già parecchia gente che l'ha presa."
"Stai attento a non farti contagiare."
"Starò attento, non ti preoccupare."
Carlo era quasi immune alle varie influenze, s'era
dimenticato quand'era stato l'ultima volta a letto malato.
Il dottor Guglielmo G.W. invece no, lui era molto propen-
so. Ogni anno una settimana a letto. Ormai era un rito.
Tornato dalla visita fatta a Hellmut, già nel negozio aveva saputo che il dottore era a letto febbricitante. Andò in
casa e, anche se a un estraneo sarebbe sembrato strano, trovò Tatiana tutta contenta. Era in cucina intenta a
preparare il brodo di carne.
"Vieni Carlo," disse quando lo sentì entrare, "quest'anno, come vedi, abbiamo avuto fortuna. Oggi è il trenta di
novembre, lunedì, e il dottore ha già preso l'influenza.

Con un poco di fortuna venerdì, al massimo sabato, il dottore sarà fuori dal letto, e ci potremo godere le feste in santa pace. Adesso che fai il Presepe, mi raccomando, accendi anche un cero bello grande. Dovrà ardere ininterrottamente fino a quando il dottore non guarisce."
"Ma è una cosa che faccio comunque. E lo abbiamo sempre lasciato acceso per tutto il periodo natalizio."
"Va bene, ma tu non te lo dimenticare."
Andò quindi dal malato.
"Dottore, si sente tutto fracassato, no è vero?"
"Per la verità, zio Carlo, un po' sì. Comunque con tutti i brodi, tisane e decotti che mi darà zia Tatiana, non tarderò a migliorare."
"Mi raccomando, tutto quello che le darà se lo prenda, che le farà bene."
"Stia tranquillo, mi prenderò tutto, anche perché farò prima a prenderlo che stare a discutere."
"Prenda tutto con convinzione, mi raccomando."
Arrivò Tatiana con il brodo bello caldo (bello caldo, era bollente!) e il dottore si preparò alla prima seduta, e a soffiare, e alla prima sudata. Dopo il brodo si mangiò la carne bollita. Ancora un'oretta e Tatiana gli portò un tè bollente con dentro la spremuta di mezzo limone, e due aspirine. Prese tutto. Dopo telefonò alla sua cara Cecilia. Minimizzò al massimo il suo stato di salute. Le disse che nelle mani di Tatiana era in buonissime mani, e la tranquillizzò. Non glielo avrebbe voluto dire, ma lei era medico, se ne sarebbe accorta. E si addormentò.
Il giorno dopo, già nel primo pomeriggio, in casa Sari c'erano le visite di colleghi e amici. Il dottor Fischer e il medico di famiglia erano stati i primi, non per ultimo il professor Weber. Era il pegno da pagare per essere

insegnante di liceo. La cosa non poteva passare inosservata.

Il mercoledì mattina, alle nove.

"Dottore come si sente oggi." Gli chiesero Carlo e Tatiana.

"Sempre tutto fracassato. Però un po' meno di ieri."

Quel pomeriggio il dottore dormì sodo. Venuta la sera, prese tutto quello che Tatiana gli diede, e dopo aver telefonato al suo amore, riprese a dormire. Sprofondò nel letto, giù sotto le coperte, fino alle dieci del giorno dopo.

Si svegliò con un viso radioso, era ancora debole ma la battaglia era stata vinta.

Puntuale si presentò Tatiana con il suo brodo bello caldo, seguita da Carlo. Tutti e due erano felici, ancora mentre il dottore dormiva, avevano notato il cambiamento. Orgogliosi del loro operato gli chiesero come si sentiva.

"Cara zia Tatiana, caro zio Carlo, anche questa è fatta. Mi sento rinato. Adesso mi prendo il brodo, ma poi voglio un bel caffè. E dopo il caffè, un cappuccino e due brioche con la marmellata. Dopo mi alzerò un po', mi voglio sgranchire i muscoli, mi sento tutto appiccicato. E dopo pranzo, zio Carlo, cerchi una bella pietruzza nel suo curriculum, ho bisogno di sgranchirmi anche il cervello."

Il pranzo era stato bello abbondante. Quindi pisolino. Quindi ginnastica mentale.

Quel venerdì pomeriggio, la dottoressa Cecilia aveva un motivo in più per correre dal suo amato Guglielmo

G.W.. Le era stato assicurato, e anche nel particolare, del nuovo buono stato di salute del dottore. Ma lei, da persona innamorata, e da medico, voleva, è il caso di dirlo, toccare con mano. Ad aspettarla alla stazione, impaziente come sempre, c'era lo stesso amore suo. Lieti e festosi, come sempre, trovò Carlo e Tatiana, la tavola imbandita pure. Come prima cosa però, volle soffermarsi ad ammirare il Presepe. Era stupendo, fatto con amore e cura in ogni particolare. Era la prima volta che vedeva un così bel Presepe in casa di privati. Di così belli li aveva visti solo nelle chiese. Fece un lungo applauso in direzione di Carlo, seguito subito da quello degli altri due.

Quindi si accomodarono a tavola. Durante la cena il dottor Guglielmo G.W. disse: "per onorare il bel Presepe fatto da zio Carlo, e certo di far piacere a tutti, questa sera vorrei leggere un particolare capitolo del libro. Un episodio che, questa volta, non riguarda i cari antenati. D'altro canto, molta alternativa neanche ce l'abbiamo, chissà da quanti anni non abbiamo più avuto un finale di autunno così rigido. Per lo meno io ne ho perso la memoria."

"Caro, sei ancora convalescente, e con questa temperatura è molto meglio rimanere vicino al fuoco del caminetto."

"Eppoi noi non dobbiamo dare conto a nessuno," aggiunse Tatiana, e Carlo le diede subito ragione.

Finita la cena, prima che si sedessero accanto al camino, quindi prima del Cognac, Carlo, già presentendo qualcosa, andò a prendere il libro.

"La carrozza trainata da sei paia di cavalli viaggiava ad una velocità incredibile. Qui e là sulla strada si trovavano pezzi di roccia, arrivati da chissà dove, che avrebbero consigliato prudenza a qualsiasi conducente, e qualche curva la si incontrava pure, ma non c'era tempo da perdere, bisognava andare a prendere una persona categoria estremamente importante; ed un'altra ancora. Quel cocchiere frustava l'aria con il lunghissimo staffile, il suo schiocco superava in intensità il suono di tre schioppi che avessero sparato contemporaneamente. Le ruote circondavano quanto meno possibile i massi lungo la strada, alzavano la carrozza da quella parte per poi riadattarsi immediatamente al suolo. Non aveva finito una ruota di compiere quella incombenza che già un'altra faceva altrettanto. E così si andava avanti. E non poca era la strada che si percorreva sulle ruote di un lato solo. E lo staffile schioccava, e i cavalli volavano sui massi, e la carrozza saltava e ricadeva pesantemente, e dava l'impressione di non reggere la prova. Reggevano la prova, invece, ed egregiamente, le due fiaccole; nonostante il vento contrario, cocciutamente si ostinavano di fare il loro dovere.

La notte era fonda, in cielo il pigro chiarore di uno spicchio di luna, i cavalli fendevano il buio.

C'era stato un terremoto, e molto forte, e all'improvviso; ancora non si era riusciti a liberare la strada. Il cocchiere ne immaginava la causa, e questo era un motivo in più per essere puntuali. Era uno spettacolo vedere le acrobazie di quella carrozza. Arrivò poi il tratto in rettilineo e sgombro pure. Ancora un po' e si era arrivati.

Il retroscena.

Lungo una parete rocciosa si arrampicava un uomo, era distrutto, le forze gli mancavano, era allo strenuo. Voleva lasciarsi andare, precipitare nuovamente; ma lo aveva già fatto due volte. Adesso doveva riuscirci, ormai mancava poco: meno di un metro. Reggendosi sui due avambracci, alzò la gamba destra e la pose sul terreno soprastante; poi, piano piano, il bacino e la parte superiore del corpo; l'altra gamba gli rimaneva ancora penzoloni. Facendo leva sul ginocchio destro e sul gomito del braccio sinistro con la mano destra cercava un appiglio, un ciuffo d'erba, qualcosa. Una debolezza, un tremore, si sentì la schiena come risucchiata dal vuoto. *"Oh santi numi del Paradiso, no, di nuovo il baratro no,"* è lì, lì, che ricade. Finalmente ci riuscì.

Per qualche tempo rimase bocconi svenuto. Riavutosi, rimase ancora in quella posizione per assorbire un po' di forze. Sera era quando intraprese la scalata, interminabile la notte che ne seguì, adesso albeggiava: il cielo da nero era diventato scuro.

"Ma dove sono?" si chiese, quindi si alzò in piedi. Si guardò intorno, alzò lo sguardo; in lontananza intravide, e a malapena, una lunga fila di persone che si dirigevano verso un determinato punto. *"Ah, già, sono morto,"* si disse, *"e adesso mi trovo in qualche posto dell'Aldilà. A quanto pare però, non è che sia capitato molto bene. Penato ho in vita: condannato per un omicidio mai commesso, ho trascorso gran parte della mia esistenza in carcere, con la condanna ai lavori forzati, in una parte di*

mondo dove i raggi del sole vengono giù come frustate.
Ho già tanto sofferto e, a quanto pare, qui mi attende il
resto. Però, come ebbe a dire nostro Signore?: "abbi
fede," disse, "la fede muove le montagne." E io ho sempre avuto fede, e con la fede ho superato tutte le
traversie della vita, e il suo conforto non mi è mai mancato. E io continuo ad avere fede. Prima o poi uscirà
anche per me un po' di sole." Si aggiustò alla meglio
l'abito, o ciò che di esso era ancora rimasto, e raggiunse
quelle persone, ed educatamente andò ad occupare
l'ultimo posto della fila. Nel frattempo lo scuro del cielo
era diventato grigio.
"Buon giorno," disse alla persona a lui vicina.
"Buon giorno," rispose questa. "È veramente un buon
giorno. E anche questa è fatta. Scusa, da quale reparto
penale vieni?"
"Io vengo dal carcere francese Le Modéle."
"Non mi riferivo alla vita terrena, mi riferivo a qui. Da
quale campo di lavoro vieni?"
"Ma io sono appena morto. Vengo direttamente dalla
vita terrena."
"Come vieni direttamente dalla vita terrena? Ma tu lo sai
dove ci troviamo adesso?"
"Ripeto, sono appena arrivato. Sono giunto fin qui sca-
lando una montagna, e poi la lunga parete rocciosa che
limita questo terreno. Perché dove siamo?"
"Siamo nel bel mezzo del Purgatorio. Qui, tutti quanti
noi abbiamo superato, a seconda dei casi, le prove nei
diversi reparti del quinto stadio, e adesso siamo in fila
per sapere la nostra prossima collocazione. Qui si giudica quanto compitamente uno ha fatto il proprio lavoro,
se andrà avanti, se rimarrà ancora in questo stadio, o se

dovrà tornare indietro. Tu cosa hai fatto, hai preso la scorciatoia?"

"Egregio signore, io so solo di essere morto, e quando ho riaperto gli occhi mi sono trovato davanti il dorso di una montagna. Il suo fianco era leggermente inclinato all'inizio, poi, mano mano, sempre più perpendicolare. Un comando che mi veniva da dentro mi spingeva a scalare. Dopo un po' cominciai a salire. Non è che avessi chissà quali scelte, quello era."

L'aria veniva squarciata dagli sciocchi di uno staffile. Quelle persone giravano la testa orientandola, quanto più possibile, verso la direzione di provenienza di quei suoni. E il grigio del cielo diventava sempre più chiaro. Un vento cominciò a soffiare con violenza. Sradicava le poche foglie che ostinatamente cercavano di rimanere attaccate ai rami dei pochi alberelli cresciuti qua e là: bisognava lasciare spazio al nuovo. Le foglie secche venivano raccolte da un turbinio e spazzate via. Poi, come per incanto, tornò la calma. L'aria cominciò a respirare, un effluvio gradevole saliva da terra e investiva la persona di quei giusti, si librava nell'aria e ricadeva spandendosi sulle loro teste.

Cosa stava succedendo? Tutti se lo chiedevano. Prima quelle scosse violente di terremoto, adesso schiocchi di staffile o, chissà, forse spari; e il vento impetuoso, e l'aria salubre e profumata. Stava cambiando qualcosa?, bisognava prepararsi ad esultare, o prepararsi ad altro? L'unico che sembrava non preoccuparsi era l'ultimo arrivato. D'altronde come poteva?, non aveva niente che lo aiutasse ad una qualsivoglia comparazione. E il grigio del cielo diventava sempre più chiaro. Ed altre persone andavano aggiungendosi alla fila dietro di lui.

134

A poco a poco ci si avvicinava al punto di controllo. Tutto procedeva in modo regolare ed efficiente. Già si sentivano le voci provenienti da quel luogo.

"Eduardo Espinoza, gruppo H, sesto stadio."
"Fatima Rafati, gruppo M, ottavo stadio."
"Isaacco kramer, gruppo Q, settimo stadio."

Tranquilli e sereni si andava avanti. Arrivò il turno di un uomo, aveva un cappello dalla larga tesa e il portamento fiero. Il comandante udito il suo nome andò a cercarlo nel libro.

Un boato, quindi, e nessuno si accorse da dove, apparvero suonatori di grancasse, tamburi, trombe e liuti. Suonavano contemporaneamente e facevano un tale frastuono che non lasciavano capire più niente. Poi, la calma. Il comandante si alzò, e con il libro in mano, con tono solenne ed accorto lesse: *"Johann Wolfgang von Goethe, da subito: nobile a cavallo. Onore e gloria."*

I suonatori ripresero con ancora più lena di prima; nonostante ciò gli schiocchi dello staffile riuscivano a farsi valere. Tutti si girarono. I suonatori, così come erano apparsi, per incanto sparirono. Ancora un poco e la carrozza trainata da sei paia di cavalli faceva il suo ingresso. E si fermò lì, a due passi dalle persone.

Il comandante, facendo ala, accompagnò l'illustre ospite e lo aiutò a salire nella vettura. Altri lidi lo attendevano. Poi riprese il suo lavoro. C'era ancora molto da fare, e molto da attendersi. I cavalli nitrivano, ma rimanevano fermi.

"Akira Yamamoto, gruppo A, ancora quinto stadio"
"Carla Restivo, gruppo B, giù al quarto stadio."
"Ibraihm Alì, gruppo L, ottavo stadio."

Arrivò la persona con l'abito a brandelli. Ci si meravigliò del suo stato, ma nessuno fece obbiezioni. Declinò le sue generalità. Il comandante andò a cercarlo nel libro. All'improvviso un lampo enorme squarciò le bianche nubi, e un tuono immenso le allontanò fin sopra l'orizzonte. Un sole accecante apparve, e la natura cominciò a germogliare. La magia dei suonatori delle grancasse e delle trombe, dei tamburi e dei liuti si ripeté. Sopra di essi, uno stormo di gnomi volanti, con in mano piatti metallici più grandi di loro stessi, schiacciavano quei suoni producendo altri enormemente più tonanti. E la terra tornò a tremare, e il panico sorse sovrano. Poi, una calma, come caduta dal cielo, invase gli animi e li tranquillizzò. Quindi il suono di un violino, delicato come il profumo di una rosa.

"Vergine santissima," esclamò il comandante, e, dritto in piedi, con la voce strozzata in gola, riuscì a malapena a dire: *"Jacques Dubois: categoria persona estremamente importante, da subito: nobile a cavallo, cavallo bianco! Ancora più onore, e maggiore lode ancora."*

Una pace totale riempì l'atmosfera. Un cono di luce investì l'uomo e lo ricoprì di una bianca veste.

Il comandante, con la parte superiore del corpo leggermente china, diede il braccio al santo e lo accompagnò alla carrozza. Il nobile a cavallo Goethe scese da essa, riverì chinando il capo, e aiutò il nobilissimo a salire. I cavalli nitrirono e i primi due si alzarono sulle zampe posteriori impennandosi per qualche momento in quella posizione. Poi, allo schiocco sparato dello staffile, partirono al dolce trotto.

Durante il viaggio, il sant'uomo, esausto, poggiando la testa sul cuscino che si trovava sopra il suo fianco destro, si addormentò. Il nobile Goethe ricapitolava mentalmente l'accaduto: "*ecco il perché del terremoto, il corpo di un santo aveva toccato il suolo di quel regno provocando siffatto turbamento. Ma perché quell'anima benedetta, dopo il lieve pendio della montagna, non era andata alla stazione degli asinelli? Da lì avrebbe potuto poi raggiungere tranquillamente e comodamente, per altri sentieri, la sua destinazione. Perché lui era abituato a declinare le cose al sofferente; quindi, come sempre, la cosa più difficile: l'altissima parete rocciosa. Già era successo proprio così.*

"È veramente bella e toccante la storia di Jacques Dubois," disse la dottoressa Cecilia.

"Beh, non c'è che dire, sono d'accordo anch'io," ammise il dottor Guglielmo G.W.

Tatiana, asciugandosi una lacrimuccia: "glielo avevamo detto."

La dottoressa Cecilia: "la mia curiosità di conoscere il seguito aumenta di giorno in giorno." Poi: "caro, io lo prenderei volentieri un altro Cognac."

Il dottor Guglielmo G.W. si alzò, e fece un giro completo.

Rimasero ancora un po' a commentare la bella storia.

Poi, la dottoressa Cecilia: "e qui si chiarisce il perché della W. accanto ai vostri nomi. Senza voler essere indovina, credo che prima o poi incontreremo anche Galileo in qualche altro capitolo del libro."

Il dottor Guglielmo G.W.: "più che sicuramente."

Quattro persone: quattro estranei: quattro estranei che avevano deciso di volersi bene. Il buon Dio li guardava, gioiva in cuor suo, e li benediva.

• *Weihnachtsmarkt: mercatino di Natale*

•

CAPITOLO IX

"Dottore, mi scusi, ma chi è questo Tucidide, che adesso proprio preciso non me lo ricordo?

"Che io sappia, il più famoso a portare questo nome è lo storico che ha raccontato la guerra del Peloponneso, quella tra gli spartani e gli ateniesi; poi, se non vado errato, si chiamava così anche uno degli accusatori di Anassagora, il maestro di Pericle. Se ci sono stati altri Tucidide non saprei. Perché me lo chiede?"

"Ieri notte, una certa persona m'è venuta in sogno e, con questo Tucidide, mi ha fatto prendere un bello spavento. Avevo visto un programma sul canale italiano, e dopo aver messo il televisore in *sleep timer*, mi sono addormentato. Avrò dormito si e no una mezz'oretta, quando all'improvviso sento violentare il buio che piano piano si andava consolidando all'interno del mio cervello da questo nome. Ma in che modo: TU..CI..DI....DEEEE..; proprio gridato. E che caspita, mi sono detto. Nel contempo tutte le lampadine del cervello mi si accendevano di prepotenza. E chi sarà mai? È questo il modo di spaventare un povero cristiano che sta dormendo? Che poi non so neanche se l'ho sognato o sentito avvero, la televisione era ancora accesa e io, stizzito, l'ho subito spenta, e adesso rimango col dubbio. Va 'be, fa lo stesso."

"Quella persona è un premio Nobel per caso?"

"No, non è un premio Nobel, o almeno spero di no. È la persona che, di solito, quando dice qualcosa a qualcuno congiunge il pollice con l'indice, rannicchia le rimanenti dita, socchiude leggermente l'occhio destro e muove vagamente la mano come quando si vuole infilare il filo nella cruna di un ago."

"Si, ho capito chi è. È colui che quando dice una cosa usa i toni e i modi di chi sta togliendo una perla dal suo scrigno per donarla ai comuni mortali, e che, dopo averla detta, non manca mai di aggiungere un sorrisetto da ebete."

"Esatto, esatto."

"No, non è un premio Nobel. Ci mancherebbe altro. Anche a me è capitato, più di una volta, fortunatamente da sveglio, l'occasione di apprezzare l'eloquio di questo signore. Personalmente ho sempre avuto l'impressione che costui quando parla lo fa per conto terzi. Sembra che la sua bocca sia il portavoce di ciò che viene dal mondo che fu."

"Dall'oltretomba." Credette bene di precisare Carlo.

"Detto così sembrerebbe un'esagerazione, ma non credo che lo sia. E aggiungo, questo signore, nonostante la sua venerabile età, non ha perso per niente il vizio di sodomizzare il prossimo; difatti per sodomizzare bisogna far entrare qualcosa in qualcos'altro, proprio come il filo nella cruna di un ago."

"Ma che gusto ci provano a comportarsi per tutta la vita in questo modo?, quante volte, dottore, io l'ho sentita dire che l'uomo si evolve, cambia, si modernizza, va in cerca di nuove esperienze. A questi signori, invece, sembra che tutto ciò da un orecchio gli entra e dall'altro gli esce."

"È sempre la stessa storia, quella che io amo chiamare: la teoria dei vampiri. Cosa succede nel mondo dei vampiri?, una persona viene morsa da un vampiro e diventa

141

anch'essa vampiro e per tutta la vita. Questi signori sono stati sodomizzati da quel mondo e adesso non riescono a fare a meno di fare altrettanto con chi gli capita sotto. In Italia, nelle scuole ad indirizzo classico, questa *arte* è stata praticata con *accanimento terapeutico*. E guai a sollevare critiche, si prendeva del troglodita già come antipasto. Io lo so perché il mio caro defunto padre mi documentava minuziosamente su questa situazione. Spero che oggigiorno sia cambiato qualcosa, ma non credo. Per fortuna io le scuole secondarie, anche se ad indirizzo classico, le ho frequentate in Germania. Qui da noi il buon Lutero riuscì a fare un ottimo lavoro di pulizia nella lingua tedesca; e alla fine del diciannovesimo secolo santo Nietzsche i cosiddetti professoroni, lui li definiva luridi molluschi, li frustò ben bene, stanno ancora leccandosi le ferite, per cui da noi si è più blandi, e la quasi totalità degli insegnanti si esprime in modo naturale e senza ampollosità."

Carlo: "in Italia, invece, sono diventati tutti professori. Farebbe bisogno non di uno ma di cento Nietzsche. "

Il dottor Guglielmo G. W.: "sia come sia il dovere di considerare con rispetto il mondo che fu resta, però, sempre valido; ciò è fuori discussione. Esso ci ha insegnato a capire e a costruire in nostro oggi; così come il nostro oggi servirà a costruire il domani per i nostri figli. Ma a tutto c'è un limite. Inutile incaponirsi a pigiare sempre nella stessa tinozza, ce ne stanno altre, e di ottimo contenuto, che stanno lì ad aspettare. Io vorrei gridare ai miei, un terzo,* connazionali: fate anche in quelle lo stesso lavoro di pigiatura; si otterrà qualcosa di eccezionale, con tutti i benefici ad esso connesso. Uscite da vostro pantano, dal vostro medioevo. Alzate le tapparelle, fate entrare la luce del sole nelle vostre menti. Scrollatevi di dosso il fardello che da millenni vi opprime la coscienza. Liberatevi da questa Mafia!"

Carlo: "a me mi sa che il disagio morale e intellettuale, ha come matrice questo desiderio di rinascita."

"Zio Carlo, con tutto il rispetto, ciò che lei dice anche le pietre lo sanno. L'Italia però, è un paese strano, e certi signori ne approfittano fino all'inverosimile. Con la convinzione di aver tramandato chissà che cosa, tengono duro. A loro favore gioca il fatto che non è possibile cancellare millenni di paziente lavoro di tessitura e di intrighi dei loro simili con un semplice colpo di spugna. E per loro simili intendo coloro che han fatto man bassa del mirabile lavoro dei grandi e dei geni per il proprio tornaconto. E, guarda caso, nessuno ha intrigato e tessuto con le scienze esatte, ma solo con quelle letterarie, più abbordabili dal punto di vista delle capacità intellettive, che poi sono quelle con le quali è più facile irretire le coscienze. Come dire due piccioni con una fava. La via d'uscita, naturalmente, è che maturi la cultura di andare a pigiare nelle altre tinozze, con la medesima caparbietà. Questo richiede però dei tempi precisi; e tanta, ma tanta, ma tanta forza di volontà, per non cadere nella fossa comune. In Italia c'è un venticello che produce un suono sì melodioso che circuisce e attira molto più del canto delle sirene. Vada come vada, per il momento, coloro che siedono in cattedra, sicuri di poterci rimanere fino alla fine dei loro giorni, nemmeno ci pensano a scendere dal piedistallo e, scusi la ripetizione, a loro volta tengono duro. Poverini, bisogna capirli, non saprebbero cos'altro fare; meschini, sanno suonare solo quello strumento. E, come già i loro padri hanno fatto, rimandano, a loro volta, tutto alla prossima generazione, secondo il motto: chi è dentro è dentro, chi è fuori s'arrangi.

Carlo: "e così parlando, sempre chiedendo scusa, non so per quale motivo, ragione o causa, ma mi si è illuminato un posticino della mente dove riposava un piccolo ricordo. Forse non ha nessuna attinenza con quello che andiamo dicendo, ma me la faccia raccontare lo stesso, così a mo' di intermezzo."

"Caro zio Carlo, le luci che si accendono improvvise nella mente non sono mai del tutto ingiustificate. Prego, non si dia pena."

Dalla cucina si affacciò Tatiana con la teiera fumante e con un piccolo vassoio pieno di pasticcini belli caldi appena sfornati, e prese anche lei posto attorno al tavolo.

Carlo si alzò, andò a prendere le tazze, e tornò a sedersi.

"Nel mio paese natio, attaccato alla chiesa madre, a sinistra di chi guarda la facciata, c'era un alto e lungo gradone. Chissà se c'è ancora? D'autunno e in primavera si sedevano gli anziani a prendere il sole ed ad intrattenersi fra loro.

Io ero affascinato da questi anziani. Mia madre diceva di loro: la saggezza popolare. Nel tardo autunno, d'inverno, e al principio della primavera poi, vedendoli avvolti nei loro ampi e neri mantelli, più che affascinarmi mi intimorivano un poco. Io comunque ero ben protetto: tra di loro c'era anche mio nonno.

Quando li vedevo seduti, io, con l'aria di aspettare qualcuno, mi avvicinavo, e il nonno appena mi vedeva arrivare apriva le gambe e mi ci accoglieva. Mi sistemavo ben bene e aspettavo che parlassero. Guardavo in viso ad ognuno, e pendevo dalle loro labbra.

Tra questi signori anziani c'era anche don Attilio, un siciliano, dai più soprannominato: il fantasma. Era costui un po' il factotum del paese. Lui aveva avuto il privilegio di conseguire la licenza elementare. Era un privilegio davvero, se consideriamo che si trattava di gente del sud nata nel mille e ottocento.

Don Attilio, dato il suo titolo di studio, non reputava giusto abbassarsi a fare i lavori che facevano gli altri. Aveva famiglia però, e la doveva pur mantenere. Si arrangiava quindi con lo scrivere le lettere dei molti che non potevano; comprare le marche da bollo: guai a sporcarle; accompagnare qualcuno dall'avvocato per poter spiegare meglio il fatto; andare a reclamare all'INPS perché la pensione tardava così tanto ad arrivare; e cose del genere. Per procurarsi i clienti girava continuamente per il paese. Qualche volta, senza volerlo, girato un angolo, capitava che sbatteva con qualcuno. Alto più della media lo era, avvolto nel suo nero mantello, magari all'imbrunire, spesso lo spaventava questo qualcuno. Da qui il soprannome

Lavorò fino a tarda età. *Lavorava* ancora quando decise di frequentare gli anziani del gradone. Spesso, mentre se ne stava seduto con i suoi coetanei, veniva chiamato da qualcuno per qualcosa.

Non sempre era di buon umore, la maggior parte delle volte se ne stava zitto e muto, e con il pensiero chissà dove. Quando era di buon umore, invece, lo si doveva fermare, perché voleva parlare sempre lui. Un giorno vidi da lontano che aveva il viso sorridente, e andai a mettermi subito tra le gambe di mio nonno. Quel giorno

145

ebbi veramente fortuna. Ed ecco qua, parola più, parola meno, quello che fu detto.

Don Peppino: "*don Attì, ma tu che sei andato a scuola per anni e anni, hai mai visitato il luogo dove si dice che sia nato il grande filosofo?*"

"*Si dice, si dice, si dice,*" puntualizzò don Alfredo, facendo con la mano il gesto di vattelappesca.

È bene ricordare che il paesello di Carlo non era molto lontano dal luogo dove sorgeva Elea.

Don Attilio: "*un sacco di volte. Dovete sapere che a quei tempi le strade si facevano con le pietre. Pietre belle grosse, una vicina all'altra.*"

Mio nonno: "*come ancor oggi noi facciamo le strade di campagna?*"

Don Attilio: "*pressappoco. Quelle strade ci sono ancora. Ebbene signori miei, posando io il mio piede su quelle pietre, praticamente l'ho posato dove si posò il piede del grande Parmenide.*"

Mio nonno: "*ma va'.*"

Don Attilio: "*ti dico di si.*"

Don Peppino: "*Don Attì, parlaci un poco di questo grande filosofo. Cos'è che ha detto di così veramente importante?*"

Don Attilio: "*il grande Parmenide ha detto una cosa sola. Bella però, grande e rotonda.*"

Don Peppino: "*e cioè.*"

Don Attilio: "*ha detto: quello che è, è, e quello che non è, non è; e non ci rompete la min.....,*" poi vedendo che c'ero pure io, "*gli zebedei.*"

Don Peppino: "*prrofondo.*"

Don Ciro: "*ha detto proprio non ci rompete la min... ovvero gli zebedei?*"

Don Attilio: "*sissignore!*"
Don Ciro: "*prrofondo!*"
Io rimasi affascinato, anche se non avevo capito niente. Anche quella parola: zebedei, non l'avevo mai sentita. Però, mi dissi, sicuramente gli zebedei sono i lacci delle scarpe. Chissà, forse perché a me si rompevano spesso. E me ne andai a giocare dai miei compagni, felice di aver appreso una nuova parola.

Qualche tempo dopo, il dorso della mano di mia madre, viaggiando a folle velocità, andò a sbattere contro la mia bocca, provocando anche la rottura del labbro inferiore. Imparai così, che i lacci delle scarpe non si chiamavano zebedei.

Erano i metodi educativi di allora: semplici ed efficaci, che duravano tutta una vita."

Il dottor Guglielmo G.W.: "con tutto il rispetto per Parmenide, che tra l'altro fu anche un ottimo legislatore.

Carlo: "senza dubbio."

Tatana: "se permettete vorrei dire anch'io due parole."

Il dottor Guglielmo G.W.: "siamo tutto orecchi, cara zia Tatiana."

Tatiana: "dalla cucina sentivo quello che dicevate su quelle persone che fanno studi letterari e poi finiscono per credersi oracoli ambulanti. Io non posso dire quello che succede nelle scuole, avendole frequentato solo fino alle elementari, però non importa perché questi signori si danno da fare anche al di fuori di esse."

Carlo: "eccome!, loro vogliono sentirsi sempre primi, nella scuola e fuori. Secondo me lo studio delle materie letterarie produce un effetto collaterale alquanto nocivo: il protagonismo, signore indiscusso del complesso di inferiorità"

Il dottor Guglielmo G. W.: triste retaggio di quanto più tristo possa averci tramandato la cultura nata in Grecia.

Tatiana: "dicevo, nel mio paese natio, in Russia, mille e due, mille e trecento anime, ci sono sempre un paio di questi signori in giro. C'è un'alternanza continua. Morti gli uni, per germinazione spontanea, sorgono gli altri. I due, a volte tre, nuovi capi bastone, così come i loro predecessori, dettano anch'essi le loro leggi, e decidono chi deve essere tenuto in conto e chi deve essere considerato uno scarto, e pure come votare in una qualsiasi elezione. E come tanti pecoroni la maggior parte degli abitanti del paese si vende l'anima pur di entrare nelle loro grazie e di appartenere al gregge, quindi potersi sedere poi tranquilli a tavola e degustare il condito cibo preparato dalle loro degne gentili signore."

Un impeto spinse Carlo a dire qualcosa, ma riuscì a strozzare in gola quell'impulso.

Il dottor Guglielmo G.W.: "è un po' ovunque così. I succitati signori sono come l'erba gramigna, crescono dappertutto, da nord a sud, da est ad ovest. Coadiuvati e sponsorizzati dallo stesso signor Platone, il quale asseriva che la città ideale non doveva superare i cinquemila individui, altrimenti, aggiungo tranquillamente io, il capo bastone principale, reincarnazione di lui stesso medesimo, non ce l'avrebbe fatta a tenere a bada tutti. E qui, con mio sommo dispiacere, devo dire che anche il mio caro Aristotele ci mise una bella pezza; lui aggiunse che il numero degli abitanti della città non doveva superare quello che permetteva ad ognuno di riconoscere il proprio compaesano. Ergo, ancor meno di cinquemila."

Pare che quello fosse un periodo segnato. Sembrava che lo spirito critico aleggiasse nell'aria. Anche la dottoressa Cecilia ne fu pervasa. Quel sabato mattina, dopo colazione, di punto in bianco, cominciò: "caro, nel mio intento di imparare l'italiano, dopo aver frequentato con profitto un corso intensivo al Goethe-Institut, mi ero prefissata di guardare, quanto più possibile, i canali della televisione italiana. E per avere RAI 1, RAI 2 e RAI 3, ho fatto un piccolo contratto con la ditta che li trasmette. La spesa è stata minima, soli 2,95 Euro al mese, l'incontro ravvicinato con quella realtà però, è stata una vera delusione. Prendiamo ad esempio il telegiornale delle 20.00, chiamato così anche se inizia con italiana precisione sempre quattro – cinque minuti prima. Esso dura dai trenta ai trentacinque minuti, a differenza del nostro che ne dura solo quindici: tanti quanti bastano per dare le notizie più importanti del giorno. E dalle 18 e 30 fino alle 21.00, è un continuo susseguirsi di telegiornali. È un'interminabile passerella di politici, e più che di politici di politicanti. L'opposizione che vomita continuamente veleno e stupidità in direzione del governo, e a volte anche venti minuti di ognuno di essi. Senza considerare i telegiornali di prima e di dopo, e le molteplici trasmissioni di contenuto politico – intellettualoide che, non essendo capaci di trattare argomenti seri e costruttivi, fanno, senza un minimo di vergogna, lo stesso. Non tutti, d'accordo, qualcuno di quest'ultimi si salva, ma è come una mosca bianca in mezzo ad un ronzio cretino e volgare. Credetemi, c'è da mettersi le mani nei capelli. Capiscono tutto loro, quelli che stanno al governo, invece, non capiscono niente, e non si fanno nessuno scrupolo di offendere in modo spudorato il presidente del

149

consiglio. Possibile che non si riesca a capire che dire tutte queste stupidaggini e far vedere nelle summenzionate trasmissioni televisive vignette che raffigurano il capo del governo come un boss mafioso, e giurare che lo stesso è un corrotto e corruttore, sia un ottimo incoraggiamento perché i contribuenti imbroglino, quanto più possibile, sulla dichiarazione dei redditi? Mafioso e corruttore lui, perché onesto io? E sono milioni quelli che devono fare, mettendosi una mano sulla coscienza, questa dichiarazione. Così facendo, ognuno cercherà di dichiarare almeno una qualcosina in meno. Ed è proprio di questo qualcosina, moltiplicato milioni di volte appunto, che lo stato ha bisogno per fare il salto di qualità. Possibile che non si riesca a capire che la pulizia delle strade e della città stessa dipende soprattutto dal senso civico dei suoi cittadini e solo un poco dal numero dei netturbini. Possibile che ci siano tanti italiani che hanno bisogno di sentire continuamente qualcuno parlare male di qualcun altro per poter così lenire le proprie insicurezze, paure e fobie. Possibile che i signori politicanti, giornalisti e querulomani vari, pur di far quadrare le diverse migliaia di euro al mese nel loro conto corrente, li assecondano, senza preoccuparsi minimamente che tutto ciò va a discapito del paese?"

"E tutti, divertiti, stanno a guardare." Aggiunse Tatiana.

"Amore mio dolcissimo, ma perché tutta questa fretta nel voler imparare l'italiano? Con tutto ciò che concerne la bella Italia bisogna andarci piano, altrimenti si corre il rischio di capire tutto sottosopra. Per il momento lascia stare almeno la televisione."

"Caro, non voglio tirare i remi in barca di fronte al primo scoglio, anche se molto grande. Come medico il mio stomaco è abbastanza resistente. Ti prego affonda il dito nella piaga; rendimi edotta in cose che da sola forse non riuscirei mai a capire."

"Amore caro, per capire gli italiani, ripeto fino alla nausea, non tutti, è chiaro, ma una buona parte di essi, dobbiamo appellarci di nuovo al già citato principio della sodomizzazione collettiva reciproca: il capolavoro di Socrate. Non si può fare a meno di avere come falsariga la sodomia quindi il famoso *fondo schiena*. Grazie al cielo tu sei anche medico, per te il *fondo schiena* è: fasce muscolari che formano anche le sporgenze chiamate glutei, tanto comodi per stare seduti, orifizio per l'uscita dei resti della digestione ecct. Per quegli italiani, questa parte del corpo si chiama, come tu ben sai: culo, scritto, però, con la c maiuscola. Per loro esso ha le stesse qualità e virtù dell'Archè degli antichi greci. Se ben ricordi su questo argomento è stata la prima domanda che tu mi hai fatto, allora, sul treno che dalla Sicilia ci portava a Roma."

"Sì, è vero, ero rimasta esterrefatta nel sentire quella parola così di frequente"

"Per esso e con esso tutto si fa, da esso e in esso tutto finisce. E ancora una volta ripeto che stiamo parlando di una parte e non della totalità degli italiani. E facendo mio un pensiero di mio padre, aggiungo e dico che nel mondo ci sono tre sessualità: gli eterosessuali, gli omosessuali e quelli tra questi compresi. Gli etero e gli omo sono persone che stanno sullo stesso piano della dignità e del rispetto. Difetti tanti quanti se ne vogliono, ma non sono, come dire, infetti. In quelli di mezzo, invece, si annidano gli agenti patogeni; questi sono distribuiti un po' ovunque, e, tanto per cambiare, con una buona

151

concentrazione in Italia. Per chi non ci crede vedere gli esiti delle votazioni politiche. Ogni volta un caos. Mai che si metta un partito nella condizione di poter governare. E per arrivare a tanto ci vuole un buon numero percentuale di "allegri votanti". Quindi nugoli di lestofanti che se ne approfittano e grazie ad essi si fanno i milioni.

"Dottore," interruppe educatamente Carlo, "prima che vada avanti, se no mi dimentico, fatemi raccontare un qualcosa, a mio parere, molto significativo e pertinente." Ottenuto il permesso, cominciò.

"Facevo l'ultimo anno delle elementari, era subito dopo la guerra; eravamo andati ad abitare in un paese distante dal nostro una settantina di chilometri: mio padre vi aveva trovato una provvisoria occupazione. Considerate che allora si bocciava anche alle elementari, e molti erano quelli che, prima di prendersi la licenza, ripetevano uno, due, tre e anche quattro anni, per cui non si era tutti coetanei nel frequentare le varie classi. Nella primavera di quell'anno notai che i ragazzi più grandi avevano inventato, o comunque praticavano, un gioco a me sconosciuto. A scuola, durante la ricreazione, vedevo questi miei nuovi compagni col braccio destro alzato, bello dritto verso l'alto, la mano con le dita rannicchiate ad eccezione del dito medio che fungeva da punta di lancia; la mano sinistra si poneva a difesa del didietro. Pronti, via, iniziava il gioco. Si doveva cercare di infilare il dito nell'ano dell'avversario. Era un continuo ridere. E più si andava avanti, più il divertimento aumentava. E più ancora si rideva. E si rideva sia nel dare che nel ricevere. Cretini, pensai io. Si avvicinò un bambino della prima classe, sprovveduto e curioso. Uno dei più grandi lo aggirò alle spalle, e prima che il poverino se ne accorgesse, con la mano che guardava dal basso verso alto, evitò i suoi pantaloncini, di per sé già molto corti, tanto da scoprire parte dei piccoli glutei, e gli infilò quasi per intero il dito nell'ano, lo racchiuse a forma di gancio e lo sollevò di peso. Afferrando con la mano sinistra le bretelle, lo teneva sospeso in aria, così, a mo' di trofeo. La smorfia di dolore che si dipinse sul suo visino, e l'urlo che vomitò. Non gli si riusciva ad asciugare le lacrime. Fu mandata a chiamare la mamma, ma neanche lei riuscì a consolarlo. E se lo portò a casa. Il responsabile ricevette dieci bacchettate sul dorso delle mani, di quelle che fanno male veramente. A scuola non si ripeté più quel tipo di *gioco*, ma al di fuori di essa, per il paese, lo si praticava allegramente e impunemente. Diventò di moda."

"Grazie zio Carlo, un grazie gigantesco. Questo *gioco*, così com'è stato testé raccontato, lo si può considerare lo sport preferito di molti italiani: prendersi continuamente per i fondelli, così come Socrate comanda."

Carlo: "che poi è proprio nelle persone di mezzo, dove vanno cercati gli omofobi, perché essi stessi di omosessualità latente. Gli etero e gli omo definiti sono persone complete, quindi tranquille, non hanno nessun motivo di farsi la guerra. Gli omo e gli etero maschi vengono eguagliati dalle omo e le etero femmine, quindi vivono felici e contenti.

Il dottor Guglielmo G.W.: "fatte queste belle premesse, andiamo un po' indietro con la storia dell'Italia.

Nel ventesimo secolo, appena qualche decennio dal suo inizio, alcuni, tra cui anche qualcuno di coloro che poi sarebbero stati chiamati Padri Costituenti, approfittando di una serie di fatti contingenti, pensarono bene di sistemarsi a dovere per il resto dei loro giorni fondando il partito comunista italiano, di stretta osservanza atea.

Seguì un periodo di pausa forzata a causa del fascismo, dopodiché tornarono in affari, e con tanto di sponsor: la Russia. Essa pagava volentieri, perché le serviva un po' di propaganda per la politica interna. Appena dopo la seconda guerra mondiale, visto e considerato che le maggiori potenze europee e gli Stati Uniti non avrebbero mai permesso che andassero al potere, cosa che loro sapevano benissimo, e né l'avrebbero mai voluto, raggiunsero il loro scopo. Si accomodarono ben bene sulle loro poltrone e cominciarono a fare la cosa più facile di questo mondo: criticare il governo. E, quando si dice la fortuna, allora di motivi ce n'erano a iosa. Avendo unificato penisola e isole, adesso si presentava in tutta la sua congruenza il divario tra nord e sud. Divario che secondo i loro calcoli avrebbe poi fornito stoffa per fare i sapientoni per secoli. Un po' prima, durante il ventennio, alcuni, tra cui il loro idealista, furono arrestati e, purtroppo, qualcuno morì. Grazie Mussolini, ogni movimento che si rispetti uno straccio di martire lo deve pur avere. Con tutte queste belle premesse, dopo il secondo conflitto mondiale chi stava meglio di loro, e con doppio stipendio pure. Non dovevano preoccuparsi di niente, dovevano solamente criticare. E cercare di buttare giù è sempre stato molto più facile che cercare di portare su. In tutta coscienza, sicuro di non esagerare, mi sento di affermare che quelle persone avevano scoperto l'El Dorado in Italia.

La dottoressa Cecilia: "scusa una piccola parentesi: le quattro − cinque regioni cosiddette rosse furono però sempre ben governate da loro."

Il dottor Guglielmo G.W.: "con persone, per lo più di razza celtica ed etrusca, che fanno del lavoro il proprio mestiere è facile fare i saputelli. Questa parentesi merita comunque un discorso a parte, per il momento la chiudo, la metto nel curriculum e vado avanti. Dicevo, un poco, però, dovettero soffrire. Dopo il referendum che fece diventare l'Italia una repubblica, ai signori comunisti per poco gli si schiantava il cuore: insieme ai socialisti corsero il rischio di vincere le elezioni politiche del 1948: le persero per miracolo. Riavutosi dallo shock per lo scampato pericolo, si guardarono in faccia e, all'unanimità, decisero di adottare il solfeggio: "mai più così incisivi, chi ce lo fa fare, stiamo così bene come stiamo." Quindi cominciarono con la loro litania: "abbasso il governo e viva i lavoratori;" e giù ad imbrattare i muri di tutta Italia con quella dicitura. E quel governo pagava, puntualmente e immancabilmente, il loro immeritato e lauto stipendio; d'altronde, in qualche modo, doveva pur ringraziarli per aver lasciato libero il campo. E loro proliferavano come topi nelle varie botteghe oscure. E il sottobosco e l'intrallazzo sorsero sovrani a governare l'Italia. E, ahimè, col rendere instabile un governo si fanno un sacco di affari.

Ma la cosa veramente abominevole è il fatto di aver permesso al P.C.I. di avere avuto e di avere ancor oggi come simbolo la bandiera sovietica che sovrasta, quindi copre, quindi sodomizza quella italiana. Per quello che si vede potrebbe essere anche la bandiera messicana. Vorrei vedere se la Germania o l'Inghilterra o la Francia quindi Stati Uniti, Canada, Giappone e compagnia cantando avessero permesso una tale vergogna alla loro bandiera. E qui, per meglio esprimere la rabbia e il dolore che mi strugge il petto, mi si permetta di scomodare per un attimo il sommo vate:

Ahi serva Italia, di dolore ostello
nave senza nocchiere in gran tempesta
Non donna di province, ma bordello."

Tatiana: "l'Italia deve sempre distinguersi nel negativo." Il dottor Guglielmo G.W, continuando: "la caduta del muro di Berlino è stata la loro rovina. Non riuscivano più a dormire la notte: *"peccato, stavamo così bene. Avevamo sempre ragione noi. Nessuno mai avrebbe potuto dimostrare il contrario."* Gli anni a seguire per loro furono tremendi. Non sapevano più come e dove imboscarsi. Cambiavano continuamente nome e alleati. Per loro immane sfortuna lo sfacelo della costellazione politica italiana fu totale, per cui si trovarono nella mai agognata circostanza di dover andare al governo. E così, dopo essersi fatto ancora un vestito nuovo, con lo strazio nel cuore, sorretti dai loro *portaborse,* salirono quella ripida scala, e ne assunsero ufficialmente la responsabilità. E qui mi fermo, perché quello che hanno dimostrato di saper fare, dopo averla assunta, è sotto l'occhio di tutti. Da non dimenticare lo spassoso episodio della loro ultima esperienza governativa. Stando al governo, sono riusciti a fare qualcosa di impensabile per qualsiasi altro paese civile: scendere in sciopero contro se stessi. Anche il presidente della camera avrebbe voluto parteciparvi, ma, si era lamentato, la sua carica istituzionale non glielo permetteva. Cerchiamo di non essere cattivi però, poverini, l'unica

cosa che avevano imparato, e che quindi sapevano fare,
era quel la di fare opposizione, nel senso di intralciare,
sempre e comunque, qualsiasi cosa, anche se di giova-
mento al paese."
Carlo: "hai capito i capoccioni cosa si sono fidati di fare,
invece di andarsi a trovare un lavoro onesto come tutti
quanti gli altri."
Il dottor Guglielmo G.W.: "e a proposito di capoccioni,
da non dimenticare la moltitudine di altri dritti che, appena fondata la repubblica, si adoperarono per fondare
quanti più partiti politici possibili. Un partito si chiamò
addirittura: il partito della bistecca: della loro bistecca.
Si pensi, ad esempio, a tutti i partiti, cosiddetti politici,
che formavano la coalizione del penultimo governo. Il
principio: senza gli imbecilli i dritti non campano ancora
una volta rifulse indefesso. E a questo punto chi pen-
sasse che l'Italia sia allergica all'ordine, alla compo-
stezza e alla discrezione, secondo me non avrebbe tutti
i torti. Io mi sono sempre domandato e continuo a
domandarmi come sia possibile questo sorgere di tanti
partitini con cosiddetti lieder che non sanno neanche
dove sta di casa la vergogna, buoni solo a parlare male
del governo? E Berlusconi che si danna l'anima per
cercare di compattare almeno la parte centro-destra del
parlamento viene continuamente tradito dai suoi delfini i
quali però, prima, grazie a lui, hanno raggiunto cariche
che non si sarebbero neanche sognato: mangiapane a
tradimento"
Carlo: "esimio dottore, io credo di sapere molto bene
come tutto ciò sia possibile, come riesca a cristallizzarsi.
L'italiano medio, sempre con le dovute eccezioni, crede
nella raccomandazione come a qualcosa di inevitabile,

tra l'altro costa anche meno fatica se si vuole trovare il posto fisso vicino casa. Consapevoli di tale necessità, ecco sorgere come funghi i "benefattori" i quali in cambio chiedono solo una cosa: un voto alle elezioni; così sistemano qualcuno e sistemano loro stessi; quindi cercano di diventare lieder ognuno per conto loro, senza dover dar conto a nessuno. Questo quando tutto va bene, quando comincia a spirare un po' di vento contrario fanno le alleanze e quando arriva la bonaccia fanno le scissioni. Tranquillamente, senza patemi d'animo, senza, come diceva lei, un minimo di vergogna. Dici ma così uno stato non può andare avanti. Questo ognuno lo sa, ma chi se ne frega: l'interessante è che mi sia sistemato io, tu arrangiati come puoi. E si è fatto pure un grande favore a qualche capomafia che ha potuto tirare così un sospiro di sollievo: finalmente qualcuno che gli alleggeriva un po' il lavoro. E i signori raccomandati tutti felici e contenti: com'è bello avere il posto fisso e la macchina e vedere gli altri che annaspano nel bisogno. Ecco perché si vota come si vota, con i risultati di cui sopra."

Il dottor Guglielmo: "e non dimentichiamoci del vitalizio. Un eletto al parlamento, anche se faceva un breve tempo di servizio, si prendeva una pensione d'oro vita natural durante."

Tatiana: "com'è possibile, uno veniva eletto deputato magari a ventuno anni, faceva un poco di "servizio" e aveva diritto alla super pensione per tutta la vita?"

Il dottor Guglielmo G.W.: "sissignora, pagato con i sudori degli onesti contribuenti, i quali, però, per la verità, non è che si siano dati molto pensiero per eliminare tale obbrobrio, e nessun partito politico si è mai sognato di metterlo nel suo programma di riforme. In Italia vige, da sempre, la legge del Menga: chi l'ha avuto se lo tenga."

Tatiana: "ma come è possibile accettare una cosa del genere? Migliaia di lestofanti retribuiti come padri della patria, perché, secondo me, solo quest'ultimi avrebbero diritto a un siffatto riconoscimento."

Il dottor Guglielmo G.W.: "ancora una postilla, i capi del partito comunista – quelli degli altri partiti un po' più velatamente –, facevano alternare, dopo massimo due mandati, le persone da far eleggere, affinché si avessero quanti più vitalizi possibili, quindi mungendo quanto più possibile lo stato. Una parte di questi vitalizi finiva poi nelle casse del partito, il quale ripagava assegnando ad ognuno posti di responsabilità all'interno di esso. E questa sciagura, leggermente modificata, la si continua a praticare allegramente ancora oggi, alla faccia della tanto decantata questione morale di Berlinguer. Se uno si sbagliava e dava il suo voto ad uno incapace e/o disonesto, peggio per lui, l'altro nel frattempo s'era sistemato per tutta la vita, e alla faccia sua pure. Oggi, pare che per avere il vitalizio bisogna fare qualche anno di legislatura: una lavatina di faccia. D'altro canto se si eliminano tutte queste prebende c'è il pericolo che succeda quello che succedeva nell'antica Roma. Allora per avere cariche pubbliche si pagavano di tasca propria somme ingentissime, milioni dei nostri euro, ma appena avuta la carica si rifacevano con gli interessi. Ne sa qualcosa Cesare, il grande condottiero o *moechus calvus*, cioè l'adultero calvo, come scherzosamente lo chiamavano i soldati, e lui era il primo a riderne; o il marito di tutte le mogli e la moglie di tutti i mariti; quando

fu nominato propretore in Spagna aveva debiti per circa venticinque milioni di sesterzi; i suoi creditori non volevano farlo partire prima che avesse pagato. Crasso glieli imprestò. Qualche tempo dopo era miliardario."
Tatiana: "hai visto la fiducia che aveva in Cesare questo signor Crasso."
Carlo: "da qui si può dedurre perché i politici siano così tanto innamorati della storia, essa rappresenta per loro la pietra molare su cui affilare le armi. Quanti, parafrasando Machiavelli, hanno finito per credere che il loro fine giustifica qualsiasi mezzo."
Tatiana: "insomma non c'è niente da fare, l'hanno sempre vinta loro?"
Il dottor Guglielmo G.W. "con i mezzi tecnologici che si hanno a disposizione oggi, se si vuole, si potrebbe radiografare l'operato di ogni responsabile della cosa pubblica, l'importante è prendere poi provvedimenti seri, quindi pene adeguate: malversazioni a danni dello stato?: massimo della pena."
Tatiana: "e subito togliergli il vitalizio."
La dottoressa Cecilia: "bisognerebbe che questa bella fetta di italiani cominciasse una buona volta ad usare il cervello, invece di divertirsi ad assistere a programmi e reportage fatti apposta per far arricchire i loro ideatori e conduttori e buoni solo ad aggiungere fango al fango. Purtroppo, però, da che mondo è mondo, se c'è la domanda, automaticamente si coagula l'offerta. Qui non ci piove. Comunque a questo punto devo dire che piano piano comincio a capire anche io qualcosa dell'Italia. Per il momento è solo qualcosa, ma io sono fiduciosa."
Il dottor Guglielmo G.W.: "e adesso fine degli inserti spinosi e cominciamo di nuovo a guardare bello; uscia-

mo in giardino e godiamoci un po' il sole che dopo tanto tempo ci degna nuovamente della sua presenza. Magari aiuteremo la primavera a trovare la giusta via, visto che quest'anno va errando chissà dove. A proposito, zia Tatiana, cosa ci farà degustare oggi a pranzo. Chissà perché ma io ho di nuovo fame."

Il dottor Guglielmo G.W. si considera un terzo italiano perché di padre italiano, un terzo tedesco perché di madre tedesca, e di un altro terzo ancora tedesco perché nato in Germania.

CAPITOLO X

Siamo nel 1972, o forse nel 1973, o forse nel 1976; l'anno non è dato di saperlo con esattezza. Il mese è agosto, la giornata è afosa. Il padre di Carlo ha lasciato questo mondo. Egli si trova in Italia per le esequie. È la prima volta, da quando si è sposato, che viaggia da solo. Senza la sua amata Karin si sente come un pesce fuor d'acqua. Per la sepoltura, e tutto il resto, ha dovuto sborsare una cifra, in cambiali, a dir poco esorbitante: cinque milioni. "Ma perché così tanti?" si chiedeva, "in Germania avrei risolto il tutto con un quinto o forse addirittura con un decimo di quella somma. Eppoi, perché solo io? Perché le mie sorelle, se non vogliamo considerare nostra madre, niente? Come devo fare per giustificarmi con mia moglie, con che coraggio guarderò in faccia mio figlio?, cosa penseranno di me?, quei soldi erano tutti i nostri risparmi. Volevamo comprarci pure la macchina." Assieme a questi crucci ha intrapreso la via del ritorno verso la sua patria adottiva.

Ha fatto sosta a Roma, in piazza san Pietro si sarebbe tenuta la cerimonia di una beatificazione e lui non aveva mai partecipato a nessuna di esse, e non aveva mai visto dal vivo Papa Paolo VI; così come del resto, non aveva mai visto dal vivo nessun altro Papa. La persona e la voce di quel pontefice lo affascinavano. Ci aveva proprio tenuto

La piazza è gremita fino all'inverosimile, egli si trova al centro di essa, esattamente dietro l'obelisco, e lotta per cercare una visuale migliore. Non è il solo ad averla compromessa, sono centinaia le persone vicine a lui che, con gomitate e fiancate, lottano per cercare di vedere meglio. A fatica è uscito da quel luogo, ma adesso si trova in un altro ancora peggiore: è dietro la fontana di sinistra. Nuova strenua lotta, e riesce, in qualche modo, a raggiungere un altro posto. È andato a finire di parecchio più indietro, ma questa volta la facciata della Basilica la riesce a vedere. Ha però davanti a sé le teste delle persone più alte di lui: che sono tante; purtroppo non è riuscito a fare di meglio, in casi come questi bisogna accontentarsi. Suo malgrado, si accorge di essere molto più basso della media. "Però, così tanto non l'avrei mai detto," pensava. E in punta di piedi, e a piccoli passi, cerca di spingersi in avanti.

Come fosse stato in sogno, dopo un certo tempo, e con suo grande stupore, si ritrovò, dal lato destro, a ridosso delle transenne che dividevano la folla dalla gradinata che porta al sagrato. Com'era stato possibi- le? Era talmente contento che non perse tempo a chiedersi il come e il quando. Cominciò a parlare con i suoi concomitanti.

"Si sa chi sarà il nuovo beato?"

Tutti erano in disaccordo. Non ce n'erano due che la pensassero allo stesso modo. C'era chi proponeva Girolamo Savonarola, chi Giorgio Washington, chi il cardinale Bellarmino, chi J.F. Kennedy, chi papa Giovanni XXIII, chi altri.

"Signori miei, scusatemi tanto, ma io credo che stiate dando i numeri," intervenne Carlo; "chi sia stato il cardinale Bellarmino, in questo momento non mi sovviene il ricordo e su di lui mi taccio. Mi taccio anche su Giovanni

XXIII. Ma sugli altri signori credo proprio che siate fuori strada."
"E che c'entra?, il santo Padre ha il potere di innalzare agli onori degli altari chi meglio crede: *tutto ciò che legherai sulla terra sarà legato in cielo*," disse una volta nostro Signore. C'è scritto nel Vangelo. Non ci sono margini di errori."
"E il miracolo che l'eletto deve aver fatto per confermare il suo stato di grazia, dove lo mettiamo?"
Uno da dietro: "una cosa è certa, chi si trova dentro quella bara di cristallo il miracolo l'ha già fatto, altrimenti non saremmo qui, tutti quanti riuniti, a parlare." E insieme alle parole cacciò in avanti anche un braccio.
Carlo: "ma da dove viene, dov'era sepolto."
Lo stesso di prima: " questo non si sa."
Sempre da dietro.
Primo interlocutore: "da ciò che da questa posizione si può vedere, credo si tratti di Papa Giovanni. La bara è bella voluminosa."
Secondo interlocutore: "questo non vuol dire, le bare di cristallo sono tutte uguali."
Terzo interlocutore: "secondo me è il cardinale Bellarmino."
Quarto interlocutore: "se pazientiamo ancora un poco, poi srotoleranno il drappo con la figura del futuro beato, e vedremo."
Carlo non poteva giurare di sapere esattamente chi era stato il cardinale Bellarmino, ma quel nome non gli era nuovo; e adesso, più lo sentiva nominare più crede- va che quel cardinale beato, o santo, lo fosse già.
"Scusate la mia ignoranza," continuò col dire, anche per ingannare un po' l'attesa, "ma non ci dovrebbe essere

un altare per la Messa?, sul sagrato, oltre alla bara di cristallo con il futuro beato e agli ecclesiastici, non si vede niente altro."

Sempre da dietro: "per la beatificazione non si deve recitare la Messa. Il Papa, o chi per lui, pronuncia la formula di rito, dopodiché si fa srotolare il drappo; appare l'immagine della persona innalzata agli onori degli altari, e nel preciso momento in cui i fedeli ne prendono visione si concretizza la beatificazione. E questo è."

"Ah, sì? proprio così preciso non lo sapevo, grazie, molto gentile." Si girò per vedere in faccia il suo interlocutore, ma non trovò nessuno che rispondesse al suo sguardo.

Tutti aspettavano il Papa. L'eletto, dentro una bara di cristallo, posta ad un'altezza di circa un metro dal suolo, stava lì, a una ventina di metri di distanza, solo e solenne. Vicino alla facciata decine di cardinali, numerosi vescovi, sacerdoti, diaconi e chierici erano in aspettativa spasmodica. Il tempo passava e non succedeva niente.

Ad un certo punto arrivò la notizia che il santo Padre aveva avuto un improvviso malore: non sarebbe venuto. Questo annuncio non destò alcun problema tra gli alti prelati: finalmente si poteva iniziare.
"Ma come?", il Papa non viene, e tutti sembrano felici e contenti," pensava a bocca aperta, Carlo; "loro sono di Roma e possono venire a vederlo quando vogliono; io,

invece, chissà quando avrò di nuovo la possibilità per poter vedere di persona il vicario di Cristo."

Il cielo è limpido, il sole arde, il tempo si è fermato. Sarà mezzogiorno? saranno le due del pomeriggio? Non si sa.

La cerimonia inizia con il rito dell'aspersione dell'incenso, che dura a lungo.

"Madonnina mia, ma perché così tanto, e perché il cardinal vicario è così lento?" si chiede Carlo; "il caldo non si sopporta, e io, poi, ho pure il treno da prendere."

Il tempo che sembrava essersi fermato cominciò di nuovo a funzionare: in cielo è apparsa una nuvola ballerina, la quale si sposta, senza ritegno, continuamente, e ogni tanto va ad appostarsi anche davanti al sole; regalando così, ai *comuni mortali* di sotto, qualche istante di sollievo.

Ma dove sarà andata?, non si vede più. Peccato era così bella.

Qualche tempo dopo, mentre il cardinal vicario sta incensando per la terza volta la bara di cristallo, riappare, ma non è più sola, insieme ad un cumulo di scure compagne, avanza in cielo, in prima fila, beffarda.

I poveri *comuni mortali* non sanno se rallegrarsi o preoccuparsi: l'aria è diventata più respirabile, questo sì, ma quelle nuvole non promettono niente di buono.

"E, che fa?" pensano in molti, "al massimo ci bagneremo un poco. Ci farà pure bene."

Una manata sferzante di pioggia colpì il cardinale

incensante, che così cessò di incensare, e gli altri ecclesiastici, e li spinse tutti, con violenza, a sinistra della facciata; e finirono tutti ammucchiati. Nello stesso tempo decine di altre manate schiaffeggiavano i *comuni mortali*. Cosa stava succedendo, il finimondo?, e così, tutto ad un tratto, tutto all'improvviso? Piazza san Pietro si era trasformata in brevissimo tempo in un fuggi fuggi generale. Cardinali, vescovi, sacerdoti, diaconi e chierici, riavutosi, si riversarono dentro la Basilica come risucchiati. Erano bastati pochi istanti e decine e decine di migliaia di persone, come per incanto, erano sparite. Sul sagrato era rimasto, solo e solenne, dentro la bara di cristallo, sotto la pioggia scrosciante, il mancato beato: se lo erano dimenticato; e non lontano da lì, sotto il colonnato, Carlo. Questi aspettò che la pioggia cessasse, poi cercò di avvisare qualcuno della grave dimenticanza. Si avvicinò alla porta centrale, ma questa era chiusa, le altre anche, era tutto sbarrato. Si recò di nuovo alla porta centrale. Colpendola con pugni e calci, e gridando con quanto più fiato aveva in gola, cercava di farsi sentire. Gridava e gridava, tanto che le sue grida riecheggiavano tutt'attorno, ma niente. Guardava su: il cielo era grigio azzurrognolo e l'aria che gocciolava ancora; guardava giù: l'acqua che cercava di svignarsela il più in fretta possibile infilandosi in tutte le fessure che riusciva a trovare; impunitamente, faceva pure le cascatelle tra i gradini del sagrato. Carlo non sapeva cosa fare, si sentiva infinitamente solo. Ebbe un momento di confusione, e quasi sviene; con uno sforzo sovrumano si riebbe e spalancò con forza gli occhi affinché non si chiudessero e perché non perdesse i sensi. Nuovo giramento di testa e nuovo sforzo; questa volta non ce la fece: svenne. Quando riaprì gli occhi si trovò nel suo letto, umido di sudore: "oddio, un altro di quei sogni."

Con il cervello ancora fumoso gli si srotolarono nella mente i ricordi: suo padre era morto nel 1953, e per pagare le spese del funerale e, poi, per aiutare la baracca, dovette smettere di andare a scuola e mettersi a lavorare, quindi non riuscì a conseguire la licenza di terza media. Sarebbero bastati altri tre mesi e ce l'avrebbe fatta. Peccato! Si alzò, si cambiò il pigiama, si rimise a letto e cercò di riprendere sonno. Avrebbe voluto accendere il televisore, ma ebbe il timore di imbattersi in reclami porno o in Mezzocorvo, quell'altro là, quello che sta sempre lì.

"E questo è il terzo sogno del genere," si disse, "come se non bastassero gli indiani; voglio proprio vedere quanto dura questa nuova serie. Caro mio, non sarò uno psicologo, ma so benissimo a cosa si devono questi spettacoli notturni: ti conosco pero! Nel frattempo io li metto, belli belli, nel curriculum, e quando si darà il caso li caccio fuori. Tanto questo inverno sembra essere ancora più lungo e più freddo di quello appena passato, e qualche argomento di conversazione in più non guasterà." Si girò dalla altra parte e si riaddormen- tò. Chissà, forse c'era ancora tempo per un altro sogno.

Qualche settimana dopo, tornando da scuola, entrato in casa, il dottor Guglielmo G.W. sentì che in cucina si rideva di cuore. Curioso, entrò a vedere. C'era Tatiana con il volto rigato di lacrime e Carlo che, impietoso, si

168

divertiva a tormentarla aumentando sempre di più la dose. Contagiato da tanta ilarità, chiese e sperò di potervi partecipare. Prima però, dovette aspettare che i due si rabbonissero un po'. "Benvenuto dottore, e di nuovo buongiorno. Ma certo che può partecipare al nostro ridere. Venga, si sieda. Carlo, racconta di nuovo tutto daccapo, così io mi faccio un secondo tempo di sane risate." Tutto orgoglioso, Carlo ricominciò. "L'altro giorno abbiamo parlato di Tucidide e del maestro di Pericle, del quale adesso non mi sovviene il nome, si ricorda?" "Si, mi ricordo. Di Tucidide e di Anassagora." "Esatto. E poi di quello che il maestro di Pericle aveva detto, quando parlò delle omerie." "Delle omeomerie," precisò il dottore. "Giusto. Io da queste omemerie, seguendo un mio ragionamento, sono arrivato al punto di.., ovvero al punto di considerare che..." Carlo, senza volerlo, si era eccitato; ora si trovava a un bivio: da una parte aveva la via che lo portava ad un groppo in gola; dall'altra quella, tutta in discesa, che lo portava a strafare. Con Tatiana era stato tutto più facile, con lei aveva potuto usare mezzi termini e sottintesi che adesso gli erano proibiti. Fece una breve pausa, si schiarì con forza la gola facendo scoppiare quello abbozzo di groppo che già gli si era formato, e continuò. "Se è vero quello che il maestro di Pericle ha detto, ossia che tutte le cose di questo mondo sono costituite da tanti pezzettini microscopici di sostanza chiamate omemerie (il dottor Guglielmo G.W. non credette opportuno starlo a correggere), e che le cose appunto, e le persone pure, si differiscono le une dalle altre per avere una maggiore quantità di quella determi- nata qualità, ne consegue che un certo politico italiano, politico tra virgolette, contiene un numero enormemente superiore alla media umana di quelle *omemerie* che contiene in soprannumero l'insetto chiamato zecca. E tanto per avvalorare la mia tesi dico: primo, si è attaccato come una zecca a Craxi, tanto da farlo scappare dall'Italia. Secondo, adesso sta cercando in tutti i modi di saltare addosso al presidente del consiglio senza però riuscirci, e ne mai ci riuscirà: non ce la farà mai a saltare così in alto. Terzo, siccome il *lupus* è sempre in *fabula*, non so se ci avete fatto caso, lui usa il verbo azzeccare continuamente, quasi fosse il suo pane quotidiano. A questo signore, tanto per cambiare, capo di un nuovo partito, politicamente parlando gli si può attribuire tutta la pochezza che si vuole, ma dal punto di vista morale è un marpione di sette cotte: una sanguisuga. Guardandolo in faccia è molto difficile crederlo, lo so, ed è proprio questo il suo cavallo di battaglia. Quindi lo stuolo di nullafacenti che gli si accoda, con il fine ben fermo di farsi un bel conto in banca e l'auto con l'autista a spese dello stato. Tanto si deve solamente parlare male del presidente del consi- glio e fare qualche raccomandazione, mica altro. Se poi qualche contribuente, per causa loro, dichiara di meno, a loro cosa importa: il proprio tornaconto è sacro. In Italia, si sa, se non mi arrangio io, ti arrangi tu."

Tatiana: "come si sarà inguaiati in Italia se pure tali persone riescono a sodomizzare."

Carlo, di rimonta: "il motto di cotanto personaggio è: "*tutto ciò che il presidente del consiglio dice, per princi-*

pio, è disonesto; o comunque sbagliato." Il pozzo di scienza, tanto profondo da aver toccato il fondo del umano buonsenso.

Ne consegue, che costui come alleati politici non poteva avere altri se non i comunisti cosiddetti di una volta, e coloro che, incapaci di altro, alla corte di questi ultimi si sono prostituiti. Oddio, dire prostituiti forse è esagerato, o forse no. Avessero avuto altre possibilità, forse si sarebbero comportati diversamente. Di sicuro non hanno avuto scelta, sapevano che la stragrande maggioranza degli italiani *rossi,* avrebbero continuato a votare *rosso,* anche se il loro partito s'era rifatto, con una operazione chirurgica, non poco dolorosa, la faccia. E loro, ossia i presunti prostituti, al posto al sole proprio non volevano rinunciarci. Bastava abituarsi alla puzza. In Italia, ripeto, si sa, se non mi arrangio io, ti arrangi tu.

Tatiana era diventata seria, quasi a bocca aperta seguiva l'eloquenza di Carlo, il quale, per prendere fiato, fece una breve pausa.

Applausi scroscianti dalla platea: il dottor Guglielmo G.W. e Tatiana, in piedi, gli battevano le mani.

Carlo: "e vi voglio anche confidare chi mi ha dato l'ispirazione per arrivare ad Anassagora (finalmente era riuscito a dire quel nome: gli scoppiò in mente di botto). L'ho avuta ripensando a quanto detto da suo nonno dottor Claudio, quando annota nel diario di famiglia: *"un credente sa di avere dentro di sé tutto l'universo."* Si ricorda, nel capitolo che lei in un primo tempo saltò, e che, poi, appena dopo Natale, ci ha letto. Ora dottore, una curiosità: c'è un parallelo tra quanto detto da suo nonno dottor Claudio e quanto detto da Anassagora?"

"In un certo modo, sì."

"Questo però, adesso mi fa sorgere un'altra curiosità, ovvero un dubbio: aveva anche Anassagora, come Socrate, un forellino che gli metteva in comunicazione diretta il suo io tendente al finito con il suo io tendente all'infinito, trapassando la membrana di mezzo, altrimenti come faceva a quagliare quelle idee che più propriamente si confanno ad un credente?"

Il dottor Guglielmo G.W. "a riprova del fatto che il buon Dio aiuta senza discriminare nessuno. Un non credente userà, per comporre le sue idee, altri sistemi, ma gira e rigira può benissimo ritrovarsi nelle stesse posizioni dei credenti. Anche un non credente è una creatura del buon Dio, con lo stesso potenziale, non dimentichiamocelo. Il forellino, perché no? È mia opinione che tutti, anche se piccolo piccolo, lo abbiamo; i grandi uomini ce l'hanno più grande, quello di Socrate era bello grande, tutto qui. E, nel caso possa significare qualcosa, aggiungo che Anassagora fu anche maestro di Socrate."

"Avevo intuito bene, dunque, quando pensavo che ci fosse un qualche legame tra i due, e già che ci sono, mi si permetta quest'altro pensierino: io penso che il foro di Socrate era bello grande, tanto da permettergli di vedere molto in profondità. Secondo me Socrate aveva avvistato il petrolio, ecco perché era tanto sicuro di sé."

"Bravo, zio Carlo, davvero raffinato questo suo ultimo pensierino."

Carlo, dopo una breve pausa, gustato per intero il complimento, riprese: "dottore, poi con comodo, quando ci sarà tempo, ci deve raccontare la storia di Craxi, dal suo punto di vista naturalmente; che poi è quello che a noi interessa. Per adesso mettiamolo nel curriculum. Una ultimissima cosa, e poi mi taccio: io penso che senza un premier così forte, com'è il premier Berlusconi, le zecche sunnominate non sarebbero state capaci di crescere e riprodursi così di numero. Cosa pensa lei di ciò, dottore? E con questo finisco, senza però prima aver chiesto scusa ai poveri insetti, per come li ho maltrattati."

"Io penso esattamente la stessa cosa, le *simpatiche bestioline*, stanno cercando, sì, di saltare addosso al presidente del consiglio, nel frattempo però, come lei già annotava, si stanno facendo i soldi, prostituendosi nel fare e nel dire ciò che i molti nemici del premier, per motivi strettamente personali, dovendo cadere così in basso, non fanno e non dicono per non perdere la faccia. Il signorino, fondatore di cotanta manfrina, appena notò che all'orizzonte era apparso una così forte personalità, con tutto ciò che esso concerne, ossia del grande subbuglio che ne sarebbe seguito, ha lasciato..... patria e parenti, e di corsa è andato ad imboscarsi nel sottobosco che da sempre governa l'Italia, sicuro che da quel enorme serbatoio, come tanti disonesti già avevano fatto, poteva attingere per diventare onorevole e, perché no?, anche ministro. Grazie al sodomasochi- smo, ripeto sodomasochismo e non sadomasochismo, cioè sodomia masochista, di quella parte della popo- lazione italiana, questo giochetto riescono a farlo anche i bambini. Ergo, e non mi stancherò mai di ripetere, si guardi alla facilità della proliferazione dei cosiddetti partiti politici in Italia. Uno deve preoccuparsi solo di entrare in politica e parlare contro il governo, qualsivo- glia esso sia, e i voti arrivano: PCI docet. E, cosa tremenda, col rendere instabile un governo si fanno un sacco di affari. A tanto arrivano quei farabutti! Questo, però, lasciamolo per quando parleremo di Craxi. Tatiana: "e pensare che questi signori e queste signore, sono, o potranno essere, padri, madri, nonni e nonne. Di che colore tingeranno le favole che racconteranno ai loro bambini? Dove andrà a finire l'intelligenza, la pacatezza e soprattutto la saggezza che dovranno dimostrare ai loro discendenti? E con i/le loro consorti e con i loro amici che rapporti avranno? Poveretti, non li invidio proprio! Ora però, per piacere, altre domande e tutto il resto mettiamoli nel curriculum e facciamo una bella pausa con la politica italiana. Il mio stomaco è un po' sensibile e non riesce a digerire oltre questo tipo di argomenti. A onor del vero anch'io sono curiosa di conoscere la storia di Craxi, però, vi prego, un poco più in là."

Carlo: magari ne possiamo parlare quando c'è anche la dottoressa."

"No, no, lasciamo stare la cara Cecilia quanto più possibile le fuori dalla politica italiana. L'ho già tartassata abbastanza con le mie teorie sulla nascita dello stato italiano, e dello spuntar come funghi dei partiti politici. Adesso basta. Lei viene da noi per stare in allegria, non per rovinarsi il fine settimana."

"Giusto!" Sentenziò Tatiana.

Carlo: "io, nel frattempo, continuerò a domandarmi perché l'Italia non si desta una buona volta. L'inno nazionale dice che s'è desta, ma quale desta, io non riesco a notare niente. Sono sicuro, morirò, andrò a riposare accanto alla mia adoratissima Karin, sì, ma con un gran vuoto dentro, il vuoto Italia.

Il dottor Guglielmo G.W.: "caro zio Carlo, noi tutti quanti qua siamo credenti, quindi crediamo nei miracoli.

Avere fede è il nostro forte, la speranza dev'essere sempre l'ultima a morire. Io da parte mia ho fede nella nuova generazione politica. Riesco a intravedere più di un buon elemento. Avere un po' di fede non ha mai guastato."

Carlo: "sempre che la si lascia fare a questa nuova generazione."

Il dottor Guglielmo: "dalla vecchia guardia aiuti non ne riceverà e qualcuno di essa proverà a metterle anche i bastoni fra le ruote; ma, ripeto: avere fede. E per concludere vi dico già da adesso che quanto andiamo dicendo, ci tornerà utilissimo quando parleremo di Craxi; e gli scandali di questi giorni ci daranno anch'es- si una mano per capire la sua grandezza. Eppoi, per piacere, non dimentichiamoci che in Italia ci sono sempre stati e ci sono fior di galantuomini, milioni e milioni di persone ammodo i quali come gli alberi crescono in silenzio. È questo benedetto 30% o giù di lì che rompe le ossa."

Carlo: "secondo me in Italia fa di bisogno un altro Rinascimento, ma sulle proprie radici; il suolo italico è sempre stato un suolo fertile e se si tagliano un bel po' di radici greche, vedremo nascere nuovamente i Galilei, i Leonardo i Michelangelo e compagnia bella. E finalmente si potrà avere ragione del 30% di gramigna. Questa è la mia idea, e ci metto la mano sul fuoco che è così."

Il dottor Guglielmo: "io personalmente le do tutta la ragione di questo mondo. Diceva san Bernardo di Chiaravalle: solo l'albero che cresce sulle proprie radici può restituire alla terra buoni frutti."

Tatiana: "bravo Carlo, anch'io sono d'accordo con te."

CAPITOLO XI

Saturi di politica e di politichese, quel venerdì pomeriggio, Tatiana e Carlo attendevano, ammesso che ciò fosse possibile, con ancora maggiore gioia la venuta della dottoressa Cecilia. Almeno per quella volta non si sarebbe parlato di politica italiana, ma solo di argomenmenti... di quelli che passano di lì per caso. E, chissà, forse avrebbero continuato anche con la lettura del libro di famiglia.

Con gli stessi pensieri e desideri viaggiava nella loro direzione la dottoressa Cecilia. Aveva avuto una settimana piuttosto faticosa, e adesso aveva un sentito bisogno di un po' di relax. Il suo amato Guglielmo G.W. le aveva detto per telefono di avere per lei una piccola sorpresa, e conoscendo il suo buon gusto, giustamente era curiosa.

Due biglietti, da tempo prenotati, per un concerto di Ann-Sophie Mutter, della quale tutt'e due erano entusiasti. Non aveva detto niente a nessuno, il dottore, e sinceramente non avrebbe potuto scegler momento migliore. Il suo grande amore aveva la sincera necessità di uno spaccato.

Cominciarono la serata con una cena nel loro ristorantino di fiducia. Quindi una breve passeggiata a zonzo per assaggiare il fresco di quella avara primavera che recalcitrava a sistemarsi nell'arco dell'anno. Arrivata l'ora, si dissero, mano nella mano, verso il teatro della Filarmonica.

La musica della grande violinista, come al solito, fu

estasiante. Usciti, sereni e pieni di amore per l'universo intero, non poterono fare a meno di fare un'altra breve passeggiata, anche se la temperatura era di parecchio diminuita. Rosei e riposanti sogni, coronarono quella notte.

"Zio Carlo, la prima parte della serata, come promesso, tocca a lei onorarla. Tutti e tre siamo ansiosi di vederla togliersi un altro sassolino dalla scarpa. Ma se non sbaglio, non dovrebbe esserci tra noi anche il suo amico Ernst?"

"Egregio dottore, le promesse sono debiti, e io non ne serbo alcuno. Per quanto riguarda Ernst, ho fatto tanto per convincerlo a venire e poi all'ultimo momento ha rinunciato, non se l'è sentita. Sta attraversando un periodo più critico del solito, le sue depressioni si sono maggiormente incattivite. Bisogna che lo vada a trovare più spesso. Quest'anno poi, la primavera è come se non ci fosse, e cercare di schiodarlo dall'inverno è molto più difficile."

Il dottor Guglielmo G.W: "peccato. Quante volte avrebbe voluto venire e poi non ce l'ha fatta. Benedette depressioni!"

Carlo, finito di bere il suo Cognac, cominciò subito, aveva premura di togliersi un sassolino particolarmente fastidioso. Gli vennero in mente anche i sogni che ultimamente si alternavano a quelli degli indiani, ma li accantonò subito. Prima voleva vedere dove andavano a finire.

"Prepariamoci, e facciamo un bel viaggio in quel di Calabria. Come già sapete, le mie due sorelle si sposarono con due fratelli di quella regione, e precisamente di un paese distante circa trentacinque chilometri dal paese originario di mia madre, sul versante ionico. Faccio qualche ripetizione lo so, ma non importa. Mia madre, poi, vedova, dopo il matrimonio delle mie due sorelle e dopo la mia definitiva sistemazione in Germania, era tornata alla sua casa paterna. Per cui, non sempre, ma qualche volta, per questo o per quel motivo, durante le vacanze, se scendevamo in Italia, ci toccava fare tappa per qualche settimana nella ridente Calabria

Sempre onorando il vero, vi faccio subito partecipi di un fatto per niente trascurabile: le, massimo, due settimane che trascorrevamo io, la mia Karin e mio figlio Christian nel paese di mia madre, un piccolo centro abitato dell'alto cosentino, che non superava e non supera a tutt'oggi i duemila abitanti, ci costavano, a dir poco, il doppio di due settimane di vacanze trascorse in qualsiasi altra parte d'Italia; e questo che non dovevamo pagare né vitto, si fa per dire, né alloggio. Senza parlare del nostro abbigliamento che doveva essere alla moda e nuovo di zecca, altrimenti: la massima vergogna.

I regali, i benedetti regali! Imperativo categorico: mai presentarsi, e per nessun motivo, a mani vuote. Bisognava portare i regali; e ad ognuno; e che regali si pretendevano. Un esempio per tutti. Dovendo un anno scendere fino a giù, chiesi a mia madre se aveva bisogno di qualcosa in particolare.

"Non ti preoccupare, pensate agli altri, non pensate a me; a me non manca niente." Diceva sempre così. E come sempre non era vero: il regalo lo pretendeva, eccome!

"Ma una qualcosina te la devo pur portare."

"Se proprio ci tieni, portami un ombrello, che in Germania ci sono gli ombrelli buoni." Immaginatevi i punti interrogativi che mi spuntarono in testa.

Spesi circa settanta marchi – siamo a metà degli anni ottanta – e, prendendo tutte le precauzioni, lo misi nel bel mezzo della valigia, la quale, dovendo noi scendere in Calabria, era bella grande, e non la sola. Sotto biancheria, sopra biancheria, e biancheria ai lati.

Mia madre, quando ci vedeva arrivare, la prima cosa che ci chiedeva era se avevamo portato cose buone. Come stavamo in salute e se avevamo fatto buon viaggio ce li chiedeva dopo.

Esauriti i convenevoli, passava al vaglio il contenuto delle valigie. Era meglio accontentarla, ci levavamo il pensiero e l'assillo di tante domande.

"E questo a chi glielo avete portato? e questo? e questo?" E puntualmente, e immancabilmente, le si dipingeva sul suo volto quel mezzo sorriso di delusione che sembrava dire: *"potevate anche sforzarvi un po' di più."*

Poi: *"un regalino, anche se piccolo piccolo, a comare Cecchina e a don Vincenzo glielo potevate pure portare. Non fate mai le cose a dovere."* E questo era il benvenuto.

Le diedi l'ombrello. Lei lo prese, e subito cominciò ad esaminarlo.

"Mamma, che c'è, non ti piace?"

"No, mi piace, è molto bello."

E lo girava e lo rigirava.

"Forse il colore?"

"No, il colore è molto bello."

"E cos'è che non va?"

"La firma, dov'è la firma? non riesco a trovare la firma."

Voleva l'ombrello firmato. Lei, che di firma a stento riusciva a mettere la sua."

Tatiana: "meglio non commentare."

Va da sé che per scendere in Calabria bisognava avere il portafogli bello pieno, anche perché i ristoranti – almeno una volta bisognava invitare i familiari – e la quasi totalità dei punti vendita accettavano solo denaro contante.

Successe che quell'anno, scendendo nella vicina cittadina, vidi sulla porta di vetro della filiale del banco di Napoli il logo dell'Eurocard. In buona fede, come lo sono sempre stato, non credetti opportuno andare a chiedere se si poteva avere del contante con quella carta di credito. Se hanno appiccicato il logo sulla vetrata vuol dire che è possibile, altrimenti perché l'avrebbero fatto?; innocentemente pensai.

Cinque anni dopo, toccandoci nuovamente la visita in Calabria, non ci preoccupammo di imboscare addosso molto denaro, forti della convinzione di poter usare la carta di credito. Avevamo fatto i conti senza l'oste.

Qualche giorno dopo il nostro arrivo, andai, tranquillo e sereno a quella filiale del banco di Napoli. Prima di entrare vidi che il logo dell'Eurocard c'era. Arrivato allo sportello e presentando la carta di credito, chiesi se potevo avere del contante.

"Purtroppo per il momento non è possibile, non abbiamo la modulistica;" mi rispose in modo sbrigativo e quasi distrattamente l'impiegato.

"E che significa?"

"Significa che non abbiamo la modulistica. Non è mica colpa mia."

"E quale sarebbe la soluzione?"

"Sarebbe che per qualche giorno deve avere pazienza, e se proprio ha urgente bisogno di denaro, faccia un salto fino a Cosenza."
"Crede che la settimana prossima l'avrete questa modulistica?"
"Magari."
E così dicendo, sparì nella stanza accanto.
Fare un salto fino a Cosenza significava saltare, uno dopo l'altro, tra andata e ritorno, centosessanta chilometri, e sotto un sole torrido. Non avendo altra possibilità, dovetti andare a Cosenza. E né potei prendere quanto volevo: quattrocento mila lire era il massimo. Mi dissi: speriamo che per una settimana bastino.
Sette – otto giorni dopo la stessa storia: *"non abbiamo la modulistica."*
"Ma la settimana scorsa m'aveva assicurato che in un paio di giorni avreste risolto il problema."
"Ho detto forse, o forse ho detto magari."
"Quindi?"
"Quindi arrivi un momentino di nuovo fino a Cosenza, in fondo in fondo quattro passi sono." E allungò il braccio, e con la mano stava lì quasi ad indicarmi la direzione.
Telefonai a casa per informarli, e feci i quattro passi, e il resto pure, e riandai un momentino fino a Cosenza. Tornai a casa che ero avvilito e con il morale a terra: obbligato a fare trecento venti chilometri per l'incompetenza e l'incoscienza di persone sicuramente raccomandate; il denaro di circa venti litri di benzina in meno, e due giorni di vacanze ulteriormente rovinati. Più avviliti e scorati ancora trovai Karin e Christian. Mia madre invece, era offesa: *"potevate portarvi un po' più di soldi; non sapete fare altro che coprirmi di vergogna; con che*

faccia devo uscire nel vicinato; e la gente, cosa penserà la gente?"
Il dottor Guglielmo G.W.: "se non conoscessimo la limpidezza della fonte, potremmo tranquillamente dire che è una storia fantastica. A dir poco inimmaginabile."
Carlo: "con le spine nel cuore, invece, purtroppo, verissima.

E adesso dottore, le cedo la parola. Ci racconti un altro passo de *La nostra storia*." E si alzò per andare a prendere il libro; Tatiana però, fu più lesta.
La dottoressa Cecilia, che al sentire i racconti di Carlo si era contratta quasi a difendersi dalle radiazioni di quel mondo così diverso dal suo, tornò a risplendere come l'alba di un mattino radioso
Il dottor Guglielmo G.W., aprendo il libro alla pagina segnata, cominciò.
"Nonno Guglielmo e nonna Rosa, con in mano la lettera di approvazione dei tre signori del palco, guidati dal loro tutore e mentore, si erano avviati verso la loro destinazione. Adesso stavano attraversando un tunnel lungo e dritto, qualche curva, ma molto di rado. Esso era intensamente illuminato, di una luce color giallo paglierino, che a tratti si caricava fino a diventare giallo intenso, per poi schiarirsi nuovamente. Stavano seguendo la corsia privilegiata: in questo modo ora potevano passare oltre i campi di lavoro soprastanti, quindi raggiungere la loro posizione, quella dell'aiuto volontario. Lì avrebbero dovuto lavorare un tempo ben determinato; per poi passare, gradatamente, piano piano, quando meritevoli, a luoghi più altolocati.

Arrivati ad un certo punto, videro che il tunnel dopo un po' finiva, per poi riprendere un centinaio di metri più avanti. Tra i due tronconi sembrava, a prima vista, che ci fosse il vuoto. Senza un'ombra di panico si rivolsero alla loro guida, questi fece loro un cenno di assenso, e nonna Rosa e nonno Guglielmo, stringendosi la mano, continuarono imperterriti. Arrivati sul ciglio, videro un ponte fatto di corde, affossato al centro: era l'unico mezzo per poter proseguire. Un altro sguardo al loro gentile compagno e, ad un suo invito, tranquilli e sereni, avanzarono. Quella persona sprizzava fiducia e letizia ad ogni suo sguardo. Dondolando un poco, scesero e poi salirono, e così arrivarono dall'altra parte. Per la verità non proprio dove avrebbero dovuto, ma qualche metro più in basso. Aiutandosi l'un l'altro, con un po' di travaglio, riuscirono ad arrampicarsi fino a sopra."

Tatiana: "come parla bene, e con quanto sentimento, e con quanta semplicità, quando racconta, il mio caro dottore, a me sembra di rivivere la scena."

La dottoressa Cecilia: "io ne sono affascinata, mi sento tornare bambina."

Carlo: "è proprio così."

Il dottor Guglielmo G.W si sentì adulato, quindi si scrollò richiamando la loro attenzione.

"Giunti nel secondo troncone furono abbracciati da una luce azzurrina, che in profondità diventava blu intenso. In questa seconda parte del tunnel c'era qualche curva in più, e ad ogni curva il colore della luce cambiava. Dopo il primo gomito trovarono un bellissimo colore verde smeraldo che sfumava lentamente in un verde chiaro quasi trasparente; quindi un colore arancione che ad ogni passo si mescolava sempre più ad un viola

ametista il quale, a poco a poco, schiariva e diventava luminosissimo
Dopo l'ultima curva, il gioioso ambiente cambiò totalmente. Si ricominciava con il colore giallo paglierino, che alla distanza diventava più denso sì, ma anche più sporco, e si arrivava ad un tetro colore grigio fumo che mozzava il fiato a qualsiasi aspettativa: si aveva l'impressione di essere finiti in gabbia. Nonno Guglielmo e nonna Rosa, per niente preoccupati, si rivolsero al loro tutore per sapere la soluzione da prendere, perché, ne erano sicuri, la soluzione c'era. Egli si limitò ad alzare il mento in avanti, e i cari nonni si addentrarono nella penombra.
Il tunnel era finito. Erano fermi a meno di un metro dal suo ciglio. Una tenue luce dipingeva i contorni della nuova realtà: davanti a loro il mare; sopra di loro un cielo carico di nuvole cupe che all'orizzonte venivano fermate da una luce arancione a sua volta fermata da una striscia giallo vivo; sotto di loro uno strapiombo di almeno cinquanta metri, lambito dal mare. Una scala di pietra, di un brutto colore scuro, ripida assai, senza protezioni laterali, larga meno di un metro, lunga fino a sotto le acque, permetteva la discesa. In fondo ad essa una triremi era lì ad aspettarli. I nonni si accorsero, meravigliati, che era diventato sera. Mai, da quando avevano intrapreso il loro viaggio, il giorno era volto al termine. Accolsero questa novità con animo lieto.
Nonno Guglielmo, di sua iniziativa, e per una ragione più che ovvia, decise di scendere all'incontrario. Strinse fortemente le mani della nonna, e mosse il primo passo. Guardava lei, e muoveva un passo; guardava l'amabile guida, e muoveva un altro passo; e faceva attenzione a

che lei mantenesse, il più possibile, la postura verticale. E così, lentamente, scendeva, senza mai distogliere lo sguardo da quei due volti. Loro contraccambiavano infondendogli coraggio e simpatia. A metà scala fece una pausa, quindi con altrettanta perizia continuò. Quando sentì l'acqua ai piedi si fermò; con destrezza si girò. Aiutato da braccia esperte salì sulla barca,' e subito si premurò per essere lui ad aiutare la nonna. La abbracciò, la sollevò e, ruotando di circa 90 gradi, la pose al sicuro. Con un abile salto, poi, quel gentile signore li raggiunse.

Erano stanchi i nonni. Non avevano ancora perso del tutto la nozione del tempo, non potevano dire con esattezza da quando erano in cammino, ma erano sicuri che era da tanto. Per fortuna quella nobile anima assorbiva ogni loro pensiero; li accompagnò nella stanza buona della piccola nave dove c'era un grande letto, dopodiché: *"stanotte staremo qui fermi, riposatevi e non preoccupatevi di nulla. Domani mattina, quando vi sarete svegliati, ripartiremo."* I nonni non videro perché dovevano preoccuparsi di qualcosa; e si abbandonarono al meritato sonno dei giusti.

Il mattino seguente il sole splendeva, il cielo era di quel bel azzurro nitido che tante volte aveva rallegrato la loro vita terrena.

La nonna: *"che bello, il sole! Credevo che non l'avremmo più rivisto."*

Il nonno, con la voce incrinata dalla commozione: *"sempre avere fede, sempre avere fede."*

Spinta da venti amici, la barca scivolava sicura e veloce

su per l'acqua cheta. I nonni, riposati e ritemprati, erano in coperta e respiravano a pieni polmoni il profumo di quell'ambiente sereno e tranquillo. Aggirato il promontorio, di fronte a loro un lembo di terra. Lo raggiunsero, e si incanalarono in un fiume che scorreva in fondo ad una valle; i suoi fianchi, per metà inclinati e poi perpendicolari, talmente alti che l'occhio faticava a seguirli, erano pieni zeppi di una foltissima vegetazione verde scuro, ogni tanto qualche chiazza giallognola. Il silenzio era assordante. A questo punto, nonno Claudio, come diligentemente ci tiene ad annotare, con non poco disappunto, si svegliò. Perché? Era stata la visione di quella scala lunghissima, scura, stretta e ripida?; la conseguente discesa nel semibuio di un crepuscolo tenebroso?; il giorno che per la prima volta scemò?; o, per contrasto, il bellissimo e spendente sole che lui credeva bandito da quei luoghi?; o quel silenzio soprannaturale?; o la maestosità di quella valle?; o tutte queste cose messe assieme? Lì per lì non seppe darsi una risposta; e quel timore ancora una volta, l'assalì: come una spada di Damocle, il timore che quei sogni potessero di colpo finire: i suoi amatissimi bisnonni, amatissimi e ormai volti a leggenda anche dai racconti del nonno Claudio e di suo padre. E questo pensiero lo infastidì parecchio, anche perché, per la verità, col tempo era diventato anche un po' curioso. Con tutto il cuore sperò di sbagliarsi. Si diceva: *"non li ho abbandonati impantanati in mezzo ad un canneto, perché devo abbandonarli ora nel bel mezzo di un fiume? No, no, questo non deve succedere."* In fondo in fondo, lui non voleva altro che vedere i suoi cari definitivamente sistemati, e a dovere. Poi, lode al Signore.

Il giorno ormai s'annunciava, e lui credette bene di alzarsi, e riprendere a considerare un problema di matematica che da qualche giorno lo teneva occupato. Si fece un caffè bello carico, pane e ricotta fresca, e si sedette al tavolo del suo studio. Dopo un po' vi si affacciò nonna Feliciana, lo vide intento e ricurvo e, senza darsi pensiero, e senza disturbarlo, tornò nella sua camera da letto."

Gli occhi della dottoressa Cecilia erano diventati strabici, seguiva i movimenti delle labbra del suo amato Guglielmo G.W. con un'espressione trasognata. Tatiana vedeva e pensava: "ah! l'amore, l'amore; che bello è l'amore."

187

CAPITOLO XII

Caro Ernst, ieri siamo rimasti tutti un po' male per il fatto che non hai voluto onorarci della tua presenza."
"Onorarvi della mia presenza; su, via, non esagerare."
"Non esagero neanche un poco, è sempre gratificante ricevere la visita di un amico, e tu sai quanto noi ti stimiamo."
"Di questo ne sono certo, ma, credimi, ero troppo giù."
"E gli amici, allora, che ci stanno a fare?"
"Sì, d'accordo, ma essendo malori passeggeri, non ho ritenuto opportuno disturbare altre persone con i miei problemi."
"Va bene. Ma dimmi, oggi, come stanno i tuoi travagli?"
"Dopo la tempesta viene sempre il sereno. Oddio, non è che il sereno sia proprio sereno, ma un po' si è rasserenato."
"Poetico, e come dal nulla un pensiero illumina la mia mente, ti conosco fin troppo bene; non è che, in mezzo a tanti travagli, così per caso, hai buttato giù qualche verso?"
"Anche il tuo linguaggio è forbito."
"Non tergiversare. È vero o non è vero?"
"Si, qualche verso l'ho scritto, e anche qualcosina in più."
"Magari una piccola poesia?"
"Una piccolina, ma adesso non te la dico, prima voglio rendermi conto di ciò che ho annotato."
"Evviva, finalmente dopo tanto tempo ci sei riuscito. Allora, adesso renditi conto ben bene, e poi, quando ti

sarai maggiormente rasserenato, ci restituisci la visita che non hai voluto farci ieri, e ce la fai conoscere a tutti quanti noi."

Per Ernst, parlare con Carlo era un toccasana; lui parlava in modo sì tranquillo e spontaneo e, nel senso buono del termine, infantile: "*ce la fai conoscere a tutti quanti noi.*" Carlo, anche in questo caso, aveva pronunciato la frase come se quel noi riguardasse persone consanguinee o unite da vincoli. Pensava alla fortuna che Carlo aveva avuto, rimasto vedovo di quella santa donna di sua moglie, di incontrare persone come il dottor Guglielmo G.W. e Tatiana, quindi la dottoressa Cecilia Kemp. E di nuovo gli si affacciò alla mente il pensiero della sua vita: "*beati gli uomini di fede, anche se il buon Dio ti mette una croce sulle spalle, poi ti dà la forza e gli aiuti necessari per poterla sopportare.*" Ernst era fermamente convinto che il buon Dio era stato costretto a chiamare a sé la buona Karin perché in cielo c'era bisogno di un angelo, ed era sicuro che era stata proprio lei ad intercedere presso il Santissimo perché il suo amato sposo entrasse a far parte di tale cerchia di amici. Di uguali convinzioni era Carlo, e tutte le notti non si addormentava mai senza prima aver discorso un po' con lei, e senza che prima le avesse fatto il resoconto di quello che era stata la sua giornata.

Quella sera stessa, la prima cosa che Carlo fece, fu di strombettare quanto aveva appreso da Ernst. E tutti erano curiosi. Sapevano però, che i tempi di Ernst erano lunghi. Lui, da parte sua, non volle aspettare così tanto; andò a visitarli per scusarsi della sua scortesia, ma non

fece cenno a nessuna novità. I suoi interlocutori, cono-
scendolo, non ne fecero menzione. Erano consapevoli
che un poco dovevano aspettare.

Qualche tempo dopo, sarà che, forse, le nuvole erano
andate a fare provvista d'acqua; e il vento e il freddo,
esausti, facevano una pausa; il primo a riprendere fiato,
e il secondo ad aspettare rinforzi (e si era quasi a fine
primavera); fatto sta che quella era proprio una bella
giornata. E Carlo e Ernst decisero di inaugurare la loro
prima passeggiata dell'anno, e come sempre, nel loro
parco preferito. Carlo diceva che era grande quanto il
suo paesello. In realtà lo era molto di più.
Per Ernst era come sgranchirsi la mente, dopo essere
stato così tanto tempo circondato dalle sue quattro mura. Unici svaghi: uscire di volta in volta per andare a fare
la spesa, la messa la domenica, le visite di Carlo che,
per la verità, non gliele lesinava, e qualche altra piccola
cosa da parte dei suoi familiari. La sua fede, i suoi gatti,
il suo computer e la sua televisione, riempivano il resto
delle sue giornate. Certo, la sua situazione non era delle
più auspicabili, ma lui se la prendeva con filosofia. Da
qualche parte aveva letto il pensiero di un saggio: "se si
deve vivere da soli è difficilissimo, se si è capaci di
vivere da soli è bellissimo." Non è che questo vestito gli
calzasse a pennello, gli andava un po' largo, ma lui riusciva a portarlo con disinvoltura. Arrivata la primavera,
poi, un po' di ginnastica alle sue gambe gliela faceva
fare sempre ben volentieri; d'altronde doveva pur
rifornirsi di fiducia verso il mondo esterno, e la compagnia di Carlo era quanto di meglio si potesse desiderare.

Carlo: "Ernst, prima di prendere l'autobus per andare al parco, ti dispiace se passiamo da quel negozio di televisori e computer sulla Bachstraße? Sai, il mio piccolo pallino. Mi piace vedere con quanta velocità passa oggi il tempo. Ogni anno, e, non di rado, anche prima, nuovi modelli e prezzi abbassati. Ti ricordi quando eravamo giovani noi? Per comprare un televisore prima bisognava fare tutto un piano di risparmi. Lo si comprava, e subito lo si presentava a parenti e amici, i quali, fingendo grande meraviglia, si congratulavano e facevano gli auguri. E c'era sempre qualcuno che si azzardava a fare pronostici: *"io dico che questo durerà almeno vent'anni!"* E il petto si gonfiava fino quasi a scoppiare. Che bello, che soddisfazioni! Oggi non fai a tempo a comprarne uno, che sei mesi dopo ti sei già pentito di averlo fatto, perché, per lo stesso prezzo, è uscito un nuovo modello, più bello e di minori consumi."

"E magari sederci per un caffè sulla terrazza di quel bar accanto al locale italiano, come abbiamo fatto l'anno scorso?"

"Girando alla larga naturalmente."

"Volentieri, però io consiglio di andare prima al parco perché del sole qui da noi non ci si può fidare; quando meno te l'aspetti arrivano le nuvole e lui vi ci si ficca dentro. Approfittiamone ora che c'è, al ritorno ci andiamo."

"Hai ragione, facciamo così."

In verità, Carlo controllava, sì, il prezzo e la rinnovata qualità dei televisori e degli altri elettrodomestici, ma quelli che lo affascinavano erano i computer. Egli aveva in proposito una teoria tutta sua: egli paragonava il computer ad un uomo di fede. Una persona che possiede il dono della fede è come un computer. E così come il computer riceve di continuo aggiornamenti, così la fede riceve di continuo dal buon Dio nuove energie, che gli permettono di aprire orizzonti sempre più lontani. E aveva tanta, ma tanta, simpatia per questi nuovi ritrovati della scienza. E quantunque li sapesse gestire poco, stava attentissimo a che il suo computer fosse sempre adatto alla ricezione giornaliera dei nuovi dati. Quindi periodicamente comprava un nuovo modello. E né lesinava loro, appena poteva, una visitina. E anche di questo Ernst era al corrente, e condivideva in pieno quel suo pensiero.

Scesi dall'autobus, alla vista del parco, Ernst e Carlo si fermarono estasiati ad ammirare la rifiorita natura, e scambiarono un pensiero d'amore con tanta grazia di Dio. E così, iniziarono la loro passeggiata.

Carlo: "quanti anni sono passati da quando hai scritto la tua ultima, ovvero la tua penultima, poesia?"
Ernst: "un'eternità. Sì, ogni tanto ho scritto qualche verso, animato da questa o da quella cosa, ma poi ho finito col buttarlo in fondo ad un cassetto. A scrivere una intera poesia proprio non ci riuscivo più. Però, adesso che, bene o male, ce l'ho fatta, devo vedere se la voglia mi aiuta a riesumare quel cassetto."
Carlo: "riesumare il cassetto, e sii un po' più allegro. Rivedere quegli scritti suona meglio. Come si vede che sei ancora incrostato di chiuso."
Ernst: "sì, sono un po' lugubre lo so, ma vedrai che con

l'arrivo del caldo sole la mia mestizia tornerà a sciogliersi."

Carlo: "certo, certo."

Ernst: "dove siete arrivati con il racconto de *La nostra storia.*"

Carlo: "siamo arrivati a quando la triremi s'incanala nel fiume che scorre in fondo all'immensa valle, quindi il dottor Claudio che si sveglia all'improvviso."

Ernst : "ah, sì, sì, mi ricordo, sono ancora in mezzo al fiume, devono ancora arrivare alla Comandatura."

Carlo: "esatto."

C'è da dire che Carlo, andandolo a trovare, gli aveva fatto il riassunto del primo racconto che il dottor Guglielmo G.W. aveva fatto a lui e a Tatiana, e adesso lo teneva aggiornato mano mano che si procedeva con il secondo, qualora ci fossero nuove argomentazioni.

"E il discorso su Craxi?"

"Caro Ernst, ti abbiamo promesso di farlo in tua compagnia, quindi fai un qualche compromesso con le tue depressioni e faccelo sapere. Dipende da te."

"Oh, grazie, molto gentili, sai che ci tengo molto. Ora, però, siccome voi ormai mi conoscete, e sapete di questa mia benedetta abitudine di rimandare sempre ogni cosa, facciamo così, quando lo credete, tu mi fai una telefonata e io vengo. D'accordo?"

"E questo è l'unico modo."

"Hai visto come mi conosci bene?

"Appunto."

Ernst: "Carlo, tu ci capisci qualcosa con quello che, in politica, sta succedendo in Italia?"

Carlo: "cose da matti, cose dell'altro mondo. Nella legislatura precedente c'era parte della maggioranza, e

qualche ministro pure, che scendevano in piazza e scioperavano contro il governo di cui facevano parte, quindi contro loro stessi; e questo, in Europa, solo in Italia poteva succedere. In questa legislatura uno dei cofondatori del partito di maggioranza, il piccolino, si mette a litigare con l'altro cofondatore, il molto, ma molto più grande di lui: roba da non crederci. Non si è ancora spento l'eco delle sue ultime parole: "*abbiamo finito di essere figli di un dio minore,*" e già si mette a lottare contro il dio maggiore. Di questo passo, lui e i poverini che lo seguono finiranno con l'essere non già di nuovo figli di un dio minore, ma figli di nessuno. E il dottor Guglielmo G.W. è lì che pensa e ripensa. A questo punto gli è sorto un dubbio, e cioè: forse è probabile che quel signorino al premier Berlusconi non piacesse neanche un poco, visto e considerato le molte spine contenute nel suo cervello, ma vedendo che nel suo partito c'era qualche buon politico, che voleva avere al suo fianco, ha fatto l'alleanza, l'ha innalzato a quell'altissima carica, alla quale col cavolo che da solo ci sarebbe riuscito, e, dato che l'ingrato non è simulacro di molta intelligenza, adesso aspetta che vada a spiaccicarsi al suolo assieme agli scarti di quello che era stato il suo partito."
Erst: "e dello schieramento di sinistra cosa ne pensa il dottore?"
Carlo: lui pensa che l'Italia è priva di una sinistra. In quello o quegli schieramenti i mammasantissima provengono per lo più dal partito comunista, che né poteva né voleva andare al governo. Nel primo dopoguerra, gli allora capoccioni di quel partito, per la verità con tutt'altre intenzioni, calcarono un po' troppo la mano e, senza

volerlo, né pensarlo, quasi vincevano, assieme ai socialisti, le elezioni; e l'Italia corse il rischio di cadere sotto una dittatura militare, perché, se avessero vinto, ci sarebbe stato di sicuro un colpo stato. Poi, grazie anche a padre Lombardi, detto il microfono Dio, si capovolse quel risultato, che molti consideravano scontato, e si scongiurò il pericolo; e quei signori tirarono un profondo sospiro di sollievo, e giurarono di non essere mai più così incisivi. Quindi, ristabilitosi dallo shock, si adagiarono nelle loro belle e comode poltrone. Per farsi le ossa, si impegnarono nella politica regionale e a organizzare scioperi di ogni tipo, e appena potevano, ahimè, anche scioperi nazionali; quindi cominciarono a pensare quasi esclusivamente ai loro interessi lasciando il faticoso alle nuove leve. Il bene dell'Italia?, al solo pensiero ridevano di gusto. Si misero comodi e cominciarono a bearsi al pensiero che ai fessi tocca lavorare, mica a tutti. Loro lo avevano già fatto, e, ad onore del vero, qualcuno anche benino, quando erano sottocapi, ma una volta saliti di grado, si calarono ben bene nel ventre della vacca e addio patria. E le loro capacità si abbrustolirono. I loro discendenti, memori della immane catastrofe scampata per miracolo, rifiutarono, senza se e senza ma, qualsiasi novità, e pedantescamente si misero a seguire le orme dei loro padri. Quando è finita la pacchia, e sono stati costretti a venire allo scoperto, hanno fatto la figura dei burini. Dopo mille travagli, però, come hanno fatto e come hanno detto, sono riusciti a tornare nuovamente nel loro bel mondo dorato. E qualcuno si è fatta pure la barchetta di lusso, dalla prua della quale va ripetendo la nenia: *"gli italiani non riescono ad arrivare alla fine del mese."* Coloro che gli si sono appiccicati dopo il

195

naufragio della grande nave, vennero inquadrati nei ruoli dell'azione di disturbo. Gli altri partitini sono come gli avvoltoi, pronti a cibarsi dei resti, e sempre attenti a chi offre di più. Quindi si dovrebbe parlare, più giustamente, di partiti di opportunisti, anziché di partiti politici. Basta sentirli parlare, quale insulsa demagogia orna i discorsi dei loro, cosiddetti, lieder; né si vergognano di ripetere sempre la stessa solfa: "*i veri problemi de paese che sono tanti, per risolverli, noi abbiamo proposto... ma non siamo stati ascoltati.* Che faccia tosta! A me quello che più sta antipatico è quella faccia di bronzo, quello che ha il segretario segregato; poverino, ogni volta che lo vedo mi viene in mente l'uomo dalla maschera di ferro. Tornando al suo padrone e capo, l'esimio signore se ne sta costantemente accucciato dietro l'egida della parte ancor marcia della chiesa: gente che non riesce a scorgere la fede neanche col binocolo; gente che non ride mai; gente che non fa altro che fare rimproveri. E dietro questo scudo cerca di fare, insieme ai suoi quattro mangiapane a tradimento, l'ago della bilancia della politica italiana. Purtroppo nella chiesa ci sono santi e ci sono diavoli, però chi è un poco intelligente sa distin- guere e sa come difendersi. Io vorrei gridare ai miei connazionali: cari italiani, in un paese ci saranno sempre problemi da risolvere, figuriamoci poi in Italia, divisa in due tronconi, uno dei quali incancrenito dalle mafie. Lasciateli crepare questi avvoltoi, questi roditori, i quali, per fare la bella vita, i problemi invece di risolverli li causano, fede ne sia il fatto che rimangono separati e non si uniscono ai partiti maggiori, così possono giocare allo scarica barile. Per loro i problemi del paese sono una miniera d'oro, figuratevi se hanno la pur minima intenzione di cooperare alla loro soluzione.

Ora come sempre facciamo quando tiriamo in ballo gli animali, dobbiamo chiedere scusa alle care bestiole per averle associate a tali esseri umani; anche perché, per esempio, gli avvoltoi sono utili perché fanno opera di pulizia, quei politici, invece, come già detto, fanno solo casini. Per la verità non grandi casini, casini piccoli: intorbidiscono le acque quanto basta, ma sempre pronti ad alzare il volume qualora occorresse. Basta guardarli in faccia quando appaiono in televisione, la parola casini ce l'anno scritto in fronte. Purtroppo a favore di questi signori gioca anche il fatto che buona parte degli italiani, una volta raggiunta la sistemazione del posto fisso, o comunque della stabilità economica, poi si mette remare contro, e cerca di rendere, quanto più può, ingarbugliata la situazione politica, quindi l'andazzo nazionale. Quelli che ancora devono raggiungere la loro posizione, devono buttare l'anima, così come l'hanno buttata loro. E votano al "chi se ne frega."

Ernst: "ma così pure all'agnello verrà voglia di diventare lupo."

Carlo: "ti prego, parla un po' più piano, qualcuno potrebbe sentirti."

Ernst: "ora, dimmi un po', tu di Berlusconi, cosa ne pensi?

Carlo: te lo dico in due parole, il nostro premier qualcosa lo deve pur valere se tutti ne parlano, sia in Italia e che all'estero. Ma quello che più mi intriga è che sono proprio i suoi oppositori, per lo più ufficialmente atei, coloro che pregano il buon Dio perché lo mantenga sempre in auge, così possono continuare a fare i saputelli e i soldi vendendo livori e chiacchiere. Purtroppo dice il dottor Guglielmo G.W., Berlusconi ha la grande sfortuna di non avere uno del suo calibro nello schieramento avversario. Se lo avesse l'uno sarebbe di monito all'altro, ci sarebbe rispetto reciproco e tutti e due sarebbero più costruttivi e leali verso il paese e verso loro stessi. Una pila perché funzioni deve avere due poli ugualmente efficienti, continua dicendo il nostro esimio dottore, l'Italia oggi ne ha uno solo, ovvero l'altro è molto discutibile, per cui si trova in una situazione di stallo, in un pantano. La via d'uscita, è che i teneri virgulti e i sottocapi oggi alla opposizione crescano bene e riescano a fare un grande partito intelligente e competitivo, in grado di alternarsi alla guida del paese. L'opposizione, in un paese civile, ci deve essere, è essenziale; ma dev'essere positiva, costruttiva e collaborativa, non la porcheria di oggi.

Ernst: "e ammesso che ci riescano nel frattempo sarà lo schieramento a loro opposto che sarà discutibile, Berlusconi mica può campare in eterno.

Carlo: "di questo puoi stare sicuro, prima che la natura riesca a fare il suo corso, ci avrà pensato qualcun altro a levarlo di torno. Craxi docet. Però il dottor Guglielmo G.W. è del parere che bisogna avere fede."

Ernst: "speriamo che non si torni punto e daccapo. Però adesso basta, io un po' menomato psichico lo sono già, e non voglio peggiorare la mia situazione con la politica italiana. Serberò le mie poche energie per quando verrò da voi per il discorso su Craxi.

Carlo: "si, cambiamo discorso. Comunque tu non ti buttare sempre giù come tuo solito. D'altro canto, meno male che c'è il bel paese che ci offre tali e tanti argomenti di discussione, se dovessimo parlare di politica tedesca ci annoieremmo a morte. Qui la gente vota, aspetta gli anni dovuti, dopodiché giudica, quindi vota nuovamente secondo coscienza; di solito lo stesso partito, almeno per due volte di fila, perché sa che il tempo di una legislatura non è sufficiente per fare qualcosa di significativo, ma soprattutto perché è conscia che cambiare il partito di governo significa un trauma per il paese. Così la Germania va avanti; ed è, e rimane, una delle prime, se non la prima, delle nazioni europee in quanto ad ordine e benessere. Alla faccia dei milioni di pulcinella italiani che sanno tutto e meglio di tutti, e se lo fanno mettere in quel posto dai burini e dalle burine anche." Pensa te, in circa sessantacinque anni di democrazia, in Italia si sono alternati altrettanti governi."

Pausa di silenzio, i due, un po' guardando il pietrisco del sentiero, un po' il bel tiepido sole, un po' volgendo lo sguardo a destra e a sinistra e beandosi l'anima con il fresco verde e i gioiosi fiori, frugavano nella loro mente, in cerca di un nuovo argomento.

Ernst: "cambiamo il discorso, ma non la lunghezza d'onda, ossia quella che vuole che chi capisce questo mondo è bravo. A proposito di *quel posto,* circa un mese fa hanno appiccicato, proprio di fronte alla mia finestra, un cartellone pubblicitario, minimo 2x2m, con la figura di una donna ripresa di spalle, e con il suo sedere in primo piano, il quale, coperto da un succinto costumino, ha le natiche quasi del tutto scoperte. E da un mese è ancora lì, e non lo tolgono. Ora dico io, un sedere, anche se di donna, per quanto armonioso, è pur sempre un sedere, ovvero la parte da dove il corpo elimina il sovrappiù, che, come succede a tutti, è composto da gas e da solidi maleodoranti assai. Sempre un culo è. E io mi devo calare più volte al giorno questo spettacolo. Né ti devo ricordare cosa diciamo noi tedeschi quando vogliamo mandare qualcuno a quel paese, o comunque quando vogliamo offenderlo. E quanto sono di moda i cartelloni pubblicitari con la donna ripresa di sedere. Mi sai dire perché?"

Carlo: "caro Ernst, come ognuno sa, e anche tu dovresti saperlo, negli uomini – e se il buon Dio vuole questa volta, per fortuna, non solo negli italiani –, la sodomia e la omosessualità sono belli che stanno lì latenti. Tanto più ci si compiace nel vedere il sedere di una donna, tanto più è grande il desiderio di volerla sodomizzare, quindi di uguale misura è il desiderio di voler essere sodomizzati; come dire: immagine riflessa, o delle sensazioni intercambiabili, o delle reciprocità d'intenti; per lo più subconsce o inconsce. Non coincidendo con la logica della natura, ciò viene catalogato come capriccio del genere umano, ovvero una sfida alla natura, da qui la locuzione: contro natura; e può essere tranquillamente praticato da ambo i sessi visto che quella parte del corpo le è comune. A questo punto, il dottor Guglielmo G.W., quando ci erudiva su questo argomento, a me e a Tatiana, nominò il filosofo Spinoza e disse una frase in latino che vuole dire che la natura e Dio sono la stessa cosa. Se le cose stessero così, diceva, allora vuol dire che...., e qui mi fermo perché non mi raccapezzo più. Ma c'è un nesso tra quella frase e l'argomento che stiamo trattando."

Ernst: "ti aiuto io. Se Dio e la natura coincidono, dire contro natura o dire contro Dio, è la stessa cosa."
Carlo: "sì, sì, esatto. Ha detto proprio così. E continuava dicendo che forse sarà per questo motivo che l'omosessualità esiste da sempre: buona parte degli esseri umani non potendosi liberare del buon Dio, lo sfida in tutti i modi. Questo per l'omosessualità latente, per quella dichiarata il discorso è diverso. Poi si rivolse con più impegno verso il mondo greco, e fece un lungo discorso che adesso non sto qui a ripetertelo. Ma torniamo al nostro discorso, la pubblicità di oggi lavora quasi esclusivamente con l'inconscio. Se dopo un mese quel cartellone sta ancora lì, vuol dire che è molto fascinoso, a tutto beneficio del prodotto che reclamizza. E le donne, le contente che sono: si mette in panoramico risalto una delle loro armi più potenti. Figurati che alcuni, nel senso che qualche maschietto pure, del mondo dello spettacolo e non, si fanno addirittura assicurare quella parte del corpo: centinaia di migliaia di euro a prosciutto; ivi compreso, naturalmente, l'ultimo tratto di intestino."
Ernst: "e magari con un pezzettino del suo contenuto pure. Bella roba!"
Carlo: "ergo, considera poi, che la sua permanenza, ogni giorno che passa, costa un sacco di soldi, e vedrai che se fai due più due avrai un bel quattro come risultato."
Ernst: "oh Madonnina santa, come sono ingenuo io. E tutto questo succede pure in Germania?"
Carlo: "il principio è universale, i greci l'hanno omologato non inventato. Naturalmente simili spettacoli ad alcuni fanno molto effetto, ad altri meno, ad altri quasi niente,

come sicuramente è il tuo caso, visto che essi addirittura ti irritano."

Ernst: "dico io, il corpo di una donna, con le sue curve armoniose, spesso e volentieri raggiunge una tale bellezza che tanto ci vuole per elevarsi a poesia, perché non estasiarsi dinnanzi a tanta bontà, perché andare subito in cerca di dove ficcare il dito? Io sono sicuro che i nostri posteri, quando questa grecità, o cosa per essa, e le ingiustizie sociali pure, saranno superati, inorridiranno al pensiero di averci avuto come antesignani."

Carlo: "su questo puoi giurarci. Però capiranno anche che tra i loro avi ci devono essere stati per forza anche dei galantuomini, altrimenti il mondo non ce l'avrebbe fatta ad andare avanti e........"

Ernst: "scusa se ti interrompo, senza preavviso, un dubbio sta bussando, anzi me la sta quasi scassando la porta: non è che si è rimasti ancorati alla cultura greca per poter continuare con il trastullo delle terga, quindi far tacere qualche rimorso?"

A Carlo scappò un sorrisetto.

"Perché sorridi?," gli chiese Ernst.

Carlo: "sorrido perché hai tutta la ragione di questo mondo, sempre secondo me, s'intende, e anche secondo il dottor Guglielmo G.W., eppoi perché mi hai fatto ricordare alcuni detti popolari che si allacciano benissimo a quanto andiamo dicendo e rispondono d'acchito alla tua domanda, e per quanto un po' scabrosi, te li voglio dire. Naturalmente il linguaggio che userò non sarà quello della terminologia ufficiale, ma a te, persona intelligente, non costerà sforzo alcuno individuare le parole esatte.

Dalle parti dove sono cresciuto io, ex Magna Grecia,

quando uno non si accontenta mai, si è solito dirgli: vuoi, questo, vuoi quello, vuoi quell'altro, e quasi quasi vorresti pure un po' di qualcosina in quel posticino.
Ernst : "possibile?"
Carlo: "non possibile, vero! E a chi abusa nel prendersi troppa confidenza: chi ti ha sodomizzato mai? E a chi si vanta di un merito non suo: non è ca...volo tuo. A chi si impiccia troppo negli affari degli altri: fatti i ca...voli tuoi. E dulcis in fundo il re degli improperi, signore incontrastato di qualsiasi altro improperio: vaffanculo; un po' ambiguo, per la verità, ma si attacca da ambo i lati che è una bellezza. La brace sotto la cenere arde ancora, caro mio, eccome!
Ernst: " la piaga che rifiuta di rimarginarsi."
Carlo: "esatto."
Ernst: "beh, se questi detti appartengono al gergo comune, qualche verità la devono pur racchiudere."
Carlo: "tant'è vero che continuano a prenderselo in quel posto, tranquilli e contenti, dai mafiosi, dagli affaristi e dai politicanti.
Ernst: "Basta così, non andiamo oltre, per piacere."
Carlo: "si, è meglio fermarsi perché andando avanti finiamo nella cacca. Ti ho voluto solamente far notare quale fertilissimo terreno trovò in Grecia, quindi in Magna Grecia, quel morbo."
Ernst: "e la possibilità che ebbe di riprodursi felice e contento, e maggiormente di inculcarsi ancora"
Carlo: "d'altronde hai visto come si è comprensivi quando si parla della bisessualità e della omosessualità del mondo greco?"
Ernst: "no comment."
Carlo: "questi bei pensierini li serviremo in un vassoio

d'argento la settimana prossima quando il professor
Weber e il dottor Fischer verranno a fare visita al dottor
Guglielmo G.W. Noi faremo finta di niente e quando
meno se l'aspettano: zac, ed entriamo noi in campo. Tu
non mancherai vero?"
Ernst: " a questo punto, certo che no."
Carlo: "e se no vengo io e ti prendo con la forza. Pensa
che il primo intervento sarà il mio. Sono già prenotato."
Ernst: "bene, bene; e adesso, dimmi, che facciamo, torniamo?"
Carlo: "no, godiamoci ancora un po' questo primo, sì
amabile, sole."
Ernst: "e non hai niente nel curriculum? Qualcosa che
accompagni il nostro andare?"
Carlo: "il mio curriculum è come la credenza dei poveri,
si trova sempre un tozzo di pane."
Ernst: "bene, prendine uno a caso e racconta, poi
andremo dai tuoi computer."
Carlo: "prenderò un tre in uno. Sono tre brevi storie che
sono in un qualche modo legate fra loro. Apri la tua
fantasia. La prima te la servirò in tono stereo.

"Ti dico che sta lavorando!"
"Non può essere."
"È vero, ti dico che è vero."
Due, che assaporavano in santa pace il fumo delle loro
sigarette, incuriositi, si avvicinarono: *"ma perché, che
sta succedendo?"*
*"C'è quello là, quello....., aiutatemi a dire che non so
come si chiama, il forestiero insomma, che sta lavorando come un matto."*

"Come un matto; ma vai a raccontare queste fesserie
da un'altra parte."
"Credetemi, ci sono i testimoni."
"E va bene, andiamo a vedere. Mai che si possa stare
un minuto in santa pace. Michè, Antò, venite pure voi."
Arrivati sul luogo del misfatto, e sorpreso in fragranti il
fedifrago, i tre rimasero di stucco: il poverino si stava
veramente dando da fare.
"Guagliò, ma che stai combinando?"
"Sto raccogliendo questi rami secchi."
"Nel senso che stai lavorando?"
"E certo che sto lavorando."
"Amico caro, noi ti abbiamo accolto come un fratello, e
nonostante che sei forestiero ti facciamo sentire come a
casa tua, e tu ci accoltelli alle spalle?"
"Perché che ho fatto di male?"
"E hai pure il coraggio di dire: che ho fatto di male?"
"Sì, che ho fatto di male?"
"Hai fatto di male che stai lavorando, ecco cosa hai
fatto di male."
"Ma...., perché...?"
"Perché, caro il mio intelligentone, se tutti quanti noi ci
mettiamo a lavorare, in due settimane abbiamo bell'e
finito, e poi che facciamo?, andiamo in piazza a vedere
le belle signorinette? Io sono sposato e le belle signorinette non li posso guardare. Capisci?"
"Sì, ma io, però..."
"Niente ma, e niente però. Noi, con questo pezzo di
pane ci dobbiamo passare tutta l'estate, e magari qualche settimana in più. È chiaro?, hai capito?, fa luce?
Cosa devono dire i nostri colleghi dall'altra parte della
collina, che siamo dei crumiri? Eppoi, tu Michè, potevi

pure istruirlo un poco, il poverino ha cominciato oggi, ed è pure forestiero."

"Sì va be', ma mica viene dall'oltre Po pavese, il suo paesello dista, si e no, una cinquantina di chilometri da qui."

"Po o no Po, due paroline gliele potevi dire. Capisco che sono cose che si capiscono da sole, ma non tutti abbiamo l'intelligenza necessaria."

"Hai ragione."

"È chiaro che ho ragione. Facciamo attenzione, altrimenti si rischia di far saltare in aria tutta la comunità montana. Si finirà col prendere una dozzina di africani, e due – tre settimane di lavoro al massimo, e addio mia bella addio."

"Va bene, non ti preoccupare, ci penso io." Poi rivolgendosi al *colpevole, "tu vieni con me, e speriamo che hai imparato la lezione. Hai appena cominciato e già ci hai rovinato la giornata."*

Vieni con me. Quando si deve imbrigliare qualcuno si dice sempre così: vieni con me; dove?, poi si vede.

Camminavano ancora quando sentirono due che litigavano in modo feroce

"Imbecille per poco mi schiacciavi come un verme."

"E tu cretino, ti vai a sdraiare in mezzo all'erba alta mezzo metro."

"Perché adesso è proibito sdraiarsi in mezzo all'erba?"

"Eri sdraiato e dormivi pure."

"Perché a te dormire fa schifo? E così dicendo con una mano cercava di afferrarlo per la gola, e con l'altra minacciava di schiaffeggiarlo. L'altro a sua volta cercava di fare esattamente lo stesso.

Giunsero Michele e il forestiero, e subito si affrettarono

a dividerli.

Michele: *"si può sapere che è successo?"*

Il primo: *"questo pezzo di imbecille per poco mi schiacciava con il trattore mentre mi riposavo un poco."*

Il secondo: *"riposava un poco russando, tra l'erba, ai bordi del campo."*

Il primo: *"lì c'era l'ombra e non era umido. Eppoi, dove dovevi andare col trattore, a fare il solito giro a scapicchio?*

Il secondo: *"egregio signore, per tua informazione, il trattore deve fare un po' di chilometri ogni giorno. C'è l'hanno consegnato con un certo numero di chilometri, e noi lo dobbiamo riconsegnare con un altro numero di chilometri. E così facendo ci mettiamo pure al coperto casomai viene un controllo. Fa luce? O dobbiamo dire che ci piace dormire in mezzo all'erba?"*

Il primo si accorse che stava dalla parte del torto e cercò in qualche modo di scusarsi.

Michele volse gli occhi al cielo e ringraziò qualcuno, poi disse al primo: tu vieni con me; questa volta verso una meta ben precisa: dal capo. Dormendo in mezzo all'erba sarebbe potuto succedere quello che per poco non era successo, e poi?: un casino grande quanto una montagna e addio comunità montana per quell'anno e chissà per quanti anni ancora. C'erano tutti i presupposti per lapidarlo quel tipo; non si poteva, d'accordo, ma una lavata di testa non gliela levava nessuno. Di più non era possibile: si era tutti complici.

Ancora non s'era spenta l'eco del grande subbuglio suscitato dalla misteriosa morte di un certo Gigione Grillopece, che già si ricadeva in un altro simile. È proprio il caso di dire che i guai hanno preferenze per luoghi e persone.

Gigione Grillopece era un omone grande e grosso; asino tra gli asini: aveva ripetuto tre anni la prima elementare e non andò oltre la terza. Diventò un guaio già da ragazzo e una calamità pure: si avvicinava di sottecchi alle spalle dei suoi coetanei e di quelli che erano alla sua portata, e dava cazzotti in testa con le nocche delle dita: roba da trauma cranico. Da grande, tutto superbo, si specializzò nel senno del poi. Aveva la risata asinina e la teneva in continuo allenamento. Quando non era occupato in campagna, era solito andare a trovare una vecchietta soprannominata la Pipa. Il marito di costei, dipartendosi, aveva lasciato due pipe e un barattolo pieno di tabacco; lei invece di conservare le pipe e regalare il tabacco, pensò bene di fumarlo, e si prese il vizio. Questa brava donna, quando non fumava, si intrufolava nelle case altrui, immischiandosi così negli affari della gente. Quando riceveva la visita di Gigione la contenta che era, perché lui le teneva compagnia per ore, e lei lo ricompensava di tutto punto raccontandogli tutte le novità apprese: l'indiscreto sommerso del paese, cucito e ricucito. Lui lo pigliava, e andava a bandirlo in piazza. Era diventato un pericolo pubblico. Tutti ne parlavano male, ma tutti lo temevano, avevano paura di essere sue vittime, quindi pronti a piegarglisi davanti a mo' di incastro. Sapevano che il semianalfabeta era specializzato nel prendere di mira i diversi, perché più soli; che aveva delle capacità insolite; che era capace di costruire anche sul nulla. Gli ronzavano attorno come le mosche sulle feci. Quando, poi, qualcuno capitava sotto, rimaneva marchiato a fuoco: le ronzanti teste gloriose, sempre vigili, assorbivano tutto e, ipso facto, si facevano scrupolo di cementarlo, per poi tramandarlo nel tempo.

Tu non ci crederai ma anche dopo decenni quegli imbecilli si divertivano ad apostrofare i malcapitati, vuoi vittime di Gigione, vuoi vittime di qualche altra testa gloriosa, con il collaudatissimo "*ma ti ricordi quando?... Se te lo sei dimenticato, te lo ricordo io.*" Quante volte mi è capitato di assistere a un "*ma ti ricordi quando...?* tra persone ormai nonni e il fatto che si voleva evocare risaliva al tempo di quando erano ancora ragazzi.

Alcune volte, poi, succedeva che cominciavano a volare schiaffi, calci e pugni; quello che lì per lì aveva tutta l'aria di essere uno scherzo, in quel contesto non ci metteva niente a tramutarsi in onta, e come tale da lavare subito"

Ernst: "santi numi del paradiso!"

Carlo: "era ancora giovane, il povero Gigione, quando fu trovato morto, in circostanze mai chiarite, in una strada di campagna, in un solco di quelli lasciati dalle ruote dei trattori. Il caso fu chiuso in tutta fretta. Non so gli altri, ma io non sono mai è riuscito a sapere i particolari del misfatto

Morto lui, le altre teste felici, che erano stati costrette a rodersi il fegato nell'ombra, salirono automaticamente alla ribalta. Nel frattempo le lauree e i diplomi erano aumentati in modo impressionante; l'imbecillità, però, non era diminuita di una sola virgola. Quindi la terza storia. E qui potrai notare come, anche se cambiano i fattori, il prodotto non cambia.

Una volta individuata quell'inesauribile fonte di notizie, dopo la dipartita dell'omaccione, cominciarono a fre-

209

quentare la casa di Pipa anche una combriccola di studenti universitari. Il loro motto era: dobbiamo sapere. Forti di ciò che apprendevano, si divertivano poi a prendere in contropiede il prossimo e a tenerlo continuamente sotto scacco. La domenica il gruppo si compattava nella sua interezza. Andavano lungo il viale del passeggio, sceglievano di tenersi a debita distanza dai balordi giovincelli che seguivano le signorinette bestemmiando in continuazione per mettere in mostra la loro guapperia, e si mischiavano al vocio. Composti, come chi appartiene ad un rango superiore, a bassa voce, facendo finta di non voler essere sentiti, facevano strisciare una qualche allusione, avvelenando così l'anima a chi facendo finta di non sentire sentiva. Man mano aumentavano la dose, e continuavano fino alla reazione di quest'ultimo. Diverbio, e la cosa traboccava. Quei signorini, poi, cadevano sempre dalla parte della ragione, perché quell'allusione poteva benissimo essere oggetto di altri temi; e anche perché avevano la pronta difesa del pubblico presente, il quale, grato, così ripagava. Ahimè, quegli studenti e qualcuno dei balordi giovincelli si laurearono pure, e chi non si laureò, si diplomò: debosciati con un pezzo di carta appeso al muro.

E non posso chiudere questo triduo senza una piccola appendice. Quando visitavamo nostra madre, io e Karin, ogni tanto, la sera, uscivamo e andavamo nella cittadina vicina dove cominciava a sorgere qualche birreria, e così, in questa atmosfera vagamente tedesca, trascorrevamo qualche oretta. Più di una volta abbiamo visto entrare una anomala combriccola di miei paesani. Dico anomala perché era composta da persone di estrazione molto diversa. Un signorino, quarant'anni, o giù di lì,

210

laureato ed insegnante, aveva raccolto attorno a sé un gruppo di giovanetti, massimo ventenni, non studenti e disoccupati, e insieme a loro andava a visitare tutte le birrerie di quella cittadina. Entravano, uno di loro ordinava una limonata e nel frattempo che la beveva gli altri si guardavano attorno e memorizzavano chi c'era e chi non c'era. Il giorno seguente ognuno dei clienti abituali era sulla bocca di tutti con la patente di bevitore incallito. Tutto questo succedeva dalle mie parti qualche decennio fa. Il cielo voglia che oggi qualcosa sia cambiato, ma ci metto la mano sul fuoco che no, quel tipo di morbosità è peggio dell'erba gramigna.

Ernst: "ah Socrate, Socrate, di quante volte hai moltiplicato i mali del mondo. Se l'albero si vede dai suoi frutti, questi sono i suoi frutti."

Carlo: " o, per dirla con il dottor Guglielmo G.W., questi sono almeno gli effetti secondari. Che, detto fra noi, sono una bella mazzata!

CAPITOLO XIII

Carlo giocava, sì, ma era continuamente distratto da ciò che esalava alle sue spalle. Cercava di non farci caso, e si sforzava di continuare nel suo intento. Naturalmente ci riusciva malissimo, quelle parole gli si insinuavano nella mente come serpi.

Nitide, le voci si alternavano tra loro. Ognuno si sentiva in dovere di dire la sua. Ed erano tanti.

"Hai capito?, con una manovra da quattro soldi ha aggiustato tutta la faccenda."
"Ma questo è culo però; e io se c'è qualcosa che non sopporto è la fortuna sfacciata."

"Che, non si sapeva? Carta canta, caro mio. Se vogliamo, però, la medesima non sarebbe mai dovuta venire, se non altro per punizione per lo sbaglio fatto poco fa. E invece, eccoti qua: una carta di fuoco. Purtroppo questa è la realtà. Dico bene, caro compare?"
Il nominato abbozzò un vago sorriso, e dal suo viso evaporò un sottile gesto di approvazione.

"Quella era carta letta."
"E meno male che ci sei tu, altrimenti noi come dove-

vamo fare per andare avanti. Carta letta...., ma fammi il piacere, che ne capisci tu di carte."
"Come ti permetti."
"Amico caro, vedi dove devi andare, che questo non è posto per te."

"Ma perché deve perdere per forza?"
"Ma tu, scusa, da che parte stai?"
"Io sto dalla parte del gioco."
"Ah, sì?, ma tu guarda; adesso abbiamo pure un intenditore fra noi."

Allora, *siccome, praticamente,* tu vuoi significare che la cosa non è così?"
"Ma è chiaro, scusa. Se non gli veniva quella carta, il gioco andava a farsi fottere, te lo dice un fesso."
Una voce, da un tavolo appena distante, ripulì un poco l'aria: "non si è mica obbligati a declinare le proprie generalità, basta la parola."
"Chi si è permesso, chi è quel figlio di puttana che fa il poeta? Esci fuori vigliacco."
Tutti quanti si fecero i fatti propri. A più d'uno, però, un piccolo sorriso gli scappò."

I due signori Bentivoglio: "certo che quando si apre il condotto..."

"Ma perché, quella manovra era ammessa?"

"Purtroppo sì."

"Non capisco; ai tempi miei, se minimo minimo ti azzardavi a fare una mossa del genere, ti facevano volare dalla finestra."

"Va be', ma non ti devi preoccupare, pensa alla salute, è cosa da niente."

Il primo, lì per lì, non si preoccupò; dopo un po', però, grattandosi la parte della testa subito sopra l'orecchio destro, si girò e guardò in faccia il suo interlocutore: si era sentito prudere quel posticino.

L'altro fece finta di esaminare il soffitto e le pareti della stanza.

Carlo, nel suo intimo: "ma perché, non posso giocare come voglio?"

(No, signor Carlo, quello che tu pensi non esiste).

"Guagliò, tu mi devi fare il favore di non aprire bocca e di non muoverti come un tarantolato che ti stai prendendo tutto il posto."

"E perché, se è permesso chiederlo?"

"Perché ogni volta che fiati o ti muovi a quello gli viene una carta buona. Stiamo qui a perdere tempo, o cosa credi?"

Nel frattempo, dietro alla prima, si era andata formando una seconda fila di gente che gustava.

"Ma è proprio il caso di appezzarci il tempo, caro compare? Io a questo gioco non tanto ci vado appresso, quando meno te l'aspetti arriva una carta e aggiusta tutta la faccenda, e tu rimani come un fesso. Vi ricordate la settimana scorsa?, eravamo tutti sicuri del fatto nostro, tutti pronti ad esultare quando, proprio all'ultimo, arrivò la carta vigliacca, e quello fece pure la risatina del salsicciotto. E come se ciò non bastasse c'è sempre qualche cafone che suggerisce e qualche imbecille che fa il tifo contrario."

"Ma non c'è quasi nessuno, è ancora troppo presto."

"Anche questo è vero. Va be', ma giusto per farvi contento." E portando i due avambracci all'altezza del bacino, e muovendo questo nel modo dovuto (modo standard), fece il gesto di chi vuole alzarsi un po' i calzoni.

"Meno male che devi dire che..."

"Che, che cosa?"

"Lo so io che cosa."

"Contento tu."

Carlo non ne poteva più, voleva smettere, alzarsi ed andarsene; ma aveva paura di farlo. Troppi erano quelli che gli stavano dietro. Si sentiva come attaccato alla sedia. Ogni tanto faceva qualche timido tentativo, ma non riusciva a scollarsi dal legno che lo sorreggeva. Eppoi, quel mazzo di carte, cosa aveva che non finiva mai? Fu preso dal panico. Gli errori cominciarono a susseguirsi e le critiche diventarono sempre più pesanti.

"È inutile che fai la mano morta, ché ormai abbiamo capito chi sei."

"Io vorrei solo sapere dove vorresti arrivare con questa mossa?, solo questo vorrei sapere."

E l'imberbe discepolo andava divulgando uno sbaglio appena commesso, appesantendolo quanto più poteva, e quasi si slogava il polso del braccio destro tanto che faceva andare la mano su e giù.

E l'ultimo arrivato: "non è cosa tùua."

Carlo sentiva il fiato di quelle persone sulla testa e con esso il timore che qualcuno, prima o poi, gli mollasse pure uno scappellotto.
Ci riuscì. Si alzò, e cercò di guadagnare l'uscita.

"Ma dove scappi" gli gridarono dietro, "è questo il modo di interrompere il gioco? Dicevi che volevi cambiare il mondo, e adesso vai via come un vigliacco"
"Mi sono ricordato che devo fare una cosa importante. Vado e torno subito."
"E, sì, che noi non abbiamo niente da fare e stiamo qui ad aspettare i tuoi comodi. Vai, vai, vedi dove devi andare, vai. E un'altra volta impara l'educazione, e ringrazia che ti stavamo pure insegnando a giocare. Ma

tu guarda un poco che tipi che vanno in giro"

Uno dei signori Bentivoglio: "roba dell'altro mondo, roba dell'altro mondo," andava ripetendo, che sembrava sconsolato.

Carlo si allontanava, ed ad ogni passo si rendeva conto che la sua andatura era più lesta del solito. Pensava: "io non volevo cambiare nessun mondo, volevo solo fare un solitario in santa pace."

Ebbe un turbamento......... e si svegliò: un altro dei suoi sogni.

Come sempre si tastò per vedere se era sudato: un poco, ma cosa da niente. Stizzito pensò: "ma anche nei sogni si presentano queste persone, e che caspita!" Poi ricomponendosi: "è inutile che mi scompigli, devo avere pazienza, questi intrugli interni ormai si sono cronicizzati; mi faranno compagnia fino alla fine dei miei giorni."

Sforzandosi di raccontare con quanta più fedeltà possibile questo suo sogno, Carlo omise, naturalmente, la quasi totalità delle parolacce e il resto pure: oltre alle *belle* parole, avrebbe dovuto intercalare, ogni quattro o cinque endecasillabi, l'appellativo della Santa Vergine, e molto più ancora: neanche sotto tortura! E visto che si trovava sintonizzato su quella lunghezza d'onda, chiese il permesso di poter raccontare anche questo breve episodio, invece, realmente accaduto.

"C'era un battibecco, e uno dei tanti che assistevano alla scena, senza rendersi conto disse: *"con quel pezzo di compare che si ritrova, non sa farsi valere per niente. Magari lo avessi io un compare come il suo."* Un lampo lo fulminò. Oddio, cosa gli era uscito di bocca? Cosa aveva detto? Aveva, in qualche modo, disprezzato il proprio compare, e questo in una pubblica piazza. Roba da non crederci. Il compare è sacro! Cercò di porvi rimedio; elemosinò un po' di umana comprensione, ma fu sferzato dagli sguardi degli astanti. La notizia ruppe gli argini e straripò; e quella sera tutti quanti in paese erano al corrente dell'accaduto.

Nei giorni successivi si vedeva un via – vai di donne, tutte parenti del disgraziato, che entravano e uscivano dalla casa di quel compare. Appellandosi a tutte le cose che fino ad allora le avevano tenute unite, a tutti i gradi di parentela possibili, quindi agli avi comuni, quantunque lontani, cercavano di mungere un po' di pietà dalle loro comari. Queste, a loro volta, come da copione, avrebbero dato l'impressione di non voler cedere.

Quindi si passò alla seconda parte del piano.

E i bambini poverelli, con il naso incrostato di muco, sconsolati, videro allontanarsi furtiva, coperta da una bianca tovaglia ornata di merletti, la cesta piena di frumento pregiato: due salamini, un chilo di zucchero, dodici uova, un chilo di caffè e una bottiglia di Brandy, rigorosamente sempre e solo di una determinata marca.

E come tanti piccoli oracoli presagirono giorni ancora più grami."

Tatiana: " e come andò a finire?"

Carlo: "né lo so, né mi interessa saperlo. Dopo qualche giorno me ne salii in Germania, e lasciai tutto alle mie spalle. Secondo i miei calcoli però, quelle relazioni non si sono più rinsaldate del tutto; molto difficilmente la famiglia del disgraziato riebbe la stima di prima."

Tatiana avrebbe anche voluto chiedergli dov'era successo quest'ultimo fatto, se nel suo paesello natio o in quello dove era nata sua madre, ma non ebbe il coraggio di intervenire ancora: era suggestionata dalla presenza degli ospiti. Si consolò pensando che comunque erano paesi circondati dagli stessi vulcani. E, insieme alla dottoressa Cecilia, andò in cucina a vedere le sue preparazioni.

Carlo: "egregio professore, egregi dottori, la prima parte di questo mio intervento è pur sempre il racconto di un sogno, con tutto ciò che esso concerne, ma posso assicurarvi che qualcosa di molto simile succede veramente nella realtà."

Il dottor Guglielmo G.W.: "e teniamo presente che stiamo parlando di cristiani, tali da almeno duemila anni."

Il professor Weber: "signor Jovine, io sono sicuro che questo suo sogno, per molti versi, può benissimo essere considerato uno spaccato di vita reale, almeno per quanto riguarda quel contesto sociale. Ho già avuto modo di sentire altre volte qualcosa di molto simile. Mi consideri dalla sua parte. Allacciandomi, ora, a quanto dice lei, dottor Sari, io non parlerei di cristiani, bensì di battezzati, persone alle quali è stato somministrato il battesimo, più che altro per convenzione, data l'usanza, ovvero per esigenza di gruppo, quando erano ancora in fasce, quindi impossibilitati a ribellarsi. Ma appena hanno potuto, hanno disonorato quel sacramento cominciando a bestemmiare in modo irripetibile, e a considerare l'insegnamento cristiano come qualcosa di ridicolo; qualcosa di cui vergognarsi, o almeno di non vantarsi; continuando con questo obbrobrio fino alla fine dei loro giorni, quasi a rivendicare l'appartenenza ad un'altra razza. Ma nel corso della serata avremo modo di ampliare l'argomento."

Il dottor Guglielmo G.W.: "ad urbe condita, andiamo avanti.

Amore platonico: l'arte usata dal titolare di questo nome per sodomizzare il prossimo con l'aiuto del membro di Socrate.

Socrate

Il dottor Guglielmo G.W.: "quanto Socrate ci sia stato in Socrate non è dato di saperlo con certezza. Sicuro è che nell'Atene della seconda metà del quinto secolo a.c., c'era un signore, dialettico formidabile, uno che schifava il lavoro come la rogna, che la mattina presto partiva da casa sua e andava in piazza a fare il bello e il cattivo tempo. Pare che non si sia preso neanche la briga di imparare a leggere e a scrivere, o faceva malissimo sia l'uno che l'altro. Perché strafare?, ciò di cui aveva bisogno lo aveva avuto in sovrappiù da madre

natura.
Giovincello comincia ad affacciarsi in piazza. Ha appena raggiunto l'età per poter stare in mezzo ai grandi. Viene accolto, come d'uso, con sorrisi a mezz'asta. Lo guardano e lo riguardano senza profferir motto, e qualcuno comincia già a pregustarne le carni. Non è bello il ragazzotto, ma piace: ha carisma. Poco si sa di lui: non gode fama di santo ed è uno nato con la lingua lunga. E lui avverte i loro pensieri e la loro lascivia. Ironia della vita, proprio a lui andavano a fare queste attenzioni, a lui che era nato per sodomizzare le masse, e da morto, per interposta persona, buona parte del mondo a venire. E le fondamenta di Atene cominciarono a scricchiolare. Ed esse erano solide assai.

Ancora imberbe aveva capito che ogni cosa, per quanto positiva, ha sempre un qualcosina di negativo; che ogni bellezza ha un po' di bruttezza; che ogni persona per quanto buona è anche un po' cattiva; che ogni maschio, sia pure in minima parte, è anche un po' femmina; e viceversa. In parole povere si rese conto che non esiste la perfezione – che detto fra noi: meno male –, e che in tutto si può trovare un punto debole. E su questo bel principio decise di fare leva per scardinare tutto ciò che gli capitava davanti.

I suoi concittadini, in quanto a intelletto, quindi a filosofia, erano tutti un po', come dire, epicurei. Cercavano di sviluppare quel minimo necessario per poter stare in società. E amabilmente discutevano, e tranquillamente passavano le loro giornate. Alcuni erano veterani di Maratona, i più lo erano di Salamina e Platea. Adesso gustavano il meritato riposo. Chi lavorava per loro c'era. Dalla filosofia passavano poi a parlare di giovani maschi e di giovani femmine, riservando loro lo stesso interesse e lo stesso affetto. Sì, ognuno cercava di apparire un pochino più alto dell'altro, ma questo è fisiologico. E Atene aveva raggiunto il massimo del suo splendore e della sua potenza. E Socrate cominciò a far capolino. Egli guardava, sentiva, e soprattutto pensava: se si abbandona la voglia di allungarsi e si adotta la voglia di allargarsi, si può rivoltare il mondo. D'altronde solo con la lotta in orizzontale si può interferire con lo spazio dell'altro. E si mise all'opera. I poveri Ateniesi non dovettero faticare molto per capire che Socrate era di diverse misure più grande di loro. Quando qualche malcapitato capitava sotto, il più delle volte senza volerlo, stavano tutti in religioso silenzio per non perdersi neanche una parola di quel che veniva detto. Da tempo erano arrivati alla convinzione che la figura dello spettatore era la più alta di tutte; ergo, nessuno mai che scendesse neanche di un pochino per intromettersi (mafia atto primo). Quindi mettersi a ridere sguaiatamente non appena il poveraccio finiva KO. Quest'ultimo, poi, per potersi rifare e riguadagnare almeno qualcosina di quel prestigio perduto così miseramente, non avendo nessuna chance contro quel gigante, era costretto a trovarne uno alla sua portata, il quale si ritorceva contro un altro, il quale poi ricambiava con gli interessi. Fu così che si inventò il diversivo di cercare di mettere il dito nell'ano dell'altro e fare finta di scansare il dito avversario."

Carlo: "praticamente con Socrate si doveva stare attenti a quello che si diceva"

Il dottor Guglielmo: "bravo, zio Carlo, non solo, non si

doveva parlare proprio, perché quel signore aveva una abilità incredibile nel torcere e ritorcere qualsiasi frase, qualsiasi parola, e, senza possibilità di appello, faceva cadere nel ridicolo chiunque l'avesse detta."
Carlo: "proprio un bel esempio di convivenza civile."
Nel frattempo dalla cucina arrivavano Tatiana e la dottoressa Cecilia. L'una aveva in mano un vassoio con dei croccantini appena sfornati e l'altra una bottiglia di moscatello dolce di Sicilia. Misero il tutto al centro del tavolo e presero posto. Carlo si alzò e andò a prendere i bicchieri.
"Abbiamo perso qualche passaggio importante?" Chiese la dottoressa.
"Non direi," li rassicurò il dottor Guglielmo G.W., poi continuando: "si dava il fatto che il cratere dal quale eruttava l'io tendente all'infinito di Socrate era molto più grande di qualsiasi altro presente al momento in Atene; Non riusciva ad aprir bocca senza pontificare. La cosa finì coll'andare di traverso ai benpensanti ateniesi, i quali, nonostante la regnante froscianza, cercavano di apparire sempre con la schiena dritta. La cosa continuava, e segnali di una fine non si avvertivano. E chi finisce col cadere sempre sopra, dopo un po' diventa insopportabile. Si sarebbe potuto ricorrere all'ostracismo per liberarsi di lui, ma scartarono l'idea. Quale madornale errore, aveva quasi settant'anni e l'ostracismo durava dieci anni, e non ci sarebbe stato nessun martire. Invece vollero assolutamente toglierlo di mezzo fisicamente, e subito. Nessuno era disposto ad aspettare che Atropo si decidesse ad usare le forbici. E così, a foglia morta, fecero cadere l'invito. Ma chi avrebbe fatto il primo passo? Armati di pazienza attesero che qualche

223

sconsiderato si facesse avanti. E chi è sconsiderato se non un giovane rampante? Meleto, figlio di Meleto, credendo di fare un affare, si offrì (caro il mio giovincello, se era un affare, aspettavano te). Quindi, la grande macchina, quella di *el pueblo unido jamàs serà vencido*, si mise in moto, e si passò ai dati di fatto. E si eliminò cotanto signore.

E ancor oggi ci si va chiedendo come mai Socrate fu messo a morte: peccato era così penetrante.

Questo, pur sempre, delitto sicuramente non avrebbe macchiato di molto l'onore degli ateniesi, si poteva benissimo farla passare come azione politica o esigenza di stato. L'esecrabile delitto fu invece quello perpetrato ai danni del povero Meleto. Signore e signori, la condanna a morte di Socrate fu pronunciata da un collegio di centinaia giudici, con larghissima maggioranza di chi votò per essa. La seconda condanna, invece, è stata del tutto arbitraria: Meleto, figlio di Meleto, altro non fece che ricoprire, in tutto quel procedere, il ruolo del pubblico ministero, e chissà quanto incoraggiato e spinto un po' da tutti. I civilissimi ateniesi prima se ne servirono, e dopo la sentenza dei giudici lo eliminarono come il classico oggetto usa e getta. Alla faccia della libertà di pensiero. E ancora non contenti, con l'autorità di chi si sente sempre nel giusto, lo condannarono pure al vituperio perenne."

Carlo, fra sé: "al Meleto di oggi, che, a differenza del primo, se lo sarebbe veramente meritato, invece di torcergli il collo, lo hanno coperto di cariche e onori, mettendolo quindi in condizioni di poter fare i suoi porci comodi col denaro pubblico; e neanche lui sa quanti soldi ha. Non c'è niente da fare, più passano gli anni, più aumenta la froscianza."

Il professor Weber: "io rimango semplicemente affascinato, dottor Sari, quando la sento parlare di un cratere dal quale eruttava l'io tendente all'infinito di Socrate. Una metafora veramente squisita e raffinata."

Il dottor Fischer: "che centra in pieno la realtà dei fatti."

Il dottor Guglielmo G.W.: "e lui lo lasciava eruttare. Non si rendeva conto, o forse sì, che stava facendo terra bruciata. Atene, la metropoli, si era ridotta, per l'azione socratica, ad una città dove ognuno diffidava dell'altro. Si guardavano tutti in cagnesco. Cominciarono, quindi, col rigettare le loro frustrazioni sulla gente di passaggio; questa, però, imparava subito il giochetto, e lo importava nel suo luogo di provenienza. In breve tempo tutto il mondo greco, quello che faceva capo ad Atene, si ridusse ad un mondo dove non si faceva altro che prendersi per i fondelli: addio patria. E cosa doveva infervorare gli ateniesi nella battaglia navale di Egospontami contro il nemico spartano, se erano già nemici tra di loro, quale amor patrio d'Egitto? L'esito della battaglia fu disastroso, molto più di qualsiasi triste presagio. Le forze in campo erano più o meno equivalenti; quella ateniese, per la verità, anche un poco superiore. Delle 150 triremi spartane nessuna fu affondata; delle 180 triremi ateniesi ben 168 o colarono a picco o furono catturate. Dei 12000 opliti spartani, solo 250 mancarono all'appello; dei 14000 opliti ateniesi, 9000 morti e 4000 prigionieri. Dei 26000 vogatori spartani, solo 600 non fecero ritorno; dei

29000 vogatori ateniesi, 22000 morti e 4000 prigionieri. Peggio di così non poteva andare. Piccola incisione: Alcibiade, che avrebbe potuto, almeno in parte, ridimensionare tanta tragedia, fu tenuto costantemente in disparte. E così dopo la disfatta delle Arenuse, per la quale furono mandati a morte tutti i più validi ammiragli, addossando a loro la colpa e non ai soldati, come sarebbe stato più giusto fare, si ebbe la conferma di Egospontami. Triste epilogo di quel glorioso esercito che aveva vinto battaglie e guerre impossibili solo a pensarci.

Naturalmente per quanto riguarda le cifre, per poterle elencare mi sono prima dovutamente documentato. Non ho inventato niente.

Il dottor Fischer:" "e né mai nessuno avrebbe messo in dubbio la tua parola."

"Amarus in fundo: quando Socrate nacque, Atene si trovava nel suo zenit; quando morì, nel suo nadir. Pace all'anima sua. E adesso, caro Gustav, a te il piacere di continuare."

Il dottor Fischer: "il piacere è di stare in mezzo a voi, al quale si aggiunge poi quello di poter prendere la parola. Era stato detto che avrei parlato dei socratici minori. Ora, caro Guglielmo, se voglio allacciare il mio discorso al tuo, se voglio rimanere in tema, devo per forza di cose essere striminzito. Mi rimane, in verità, poco da dire. Gli esimi signori, a differenza del loro maestro, erano tutti delle brave persone, e tra loro c'era pure quel fior fiore di galantuomo di nome Aristippo. Sissignore, non erano neanche un poco semenza di Socrate. Stavano appresso a lui solamente per imparare ciò che era nocivo, ciò a cui fare attenzione, ciò che non si doveva fare, ciò che degradava l'uomo. E siccome il signor Socrate, come già si ricordava, aveva fatto terra bruciata, quattro di loro si accollarono pure l'onere di ovviare a tanta sciagura fondando altrettante scuole di pensiero. L'argomento che invece più spazio alla parola offre è quello riservato all'amico professor Weber. Io, avendo fatto la mia parte, ora accomodo i miei sentimenti; un croccantino, un sorso di questo delizioso nettare, e mi appronto a sentirlo."

Il professor Weber: "a proposito di Aristippo, mi ricordo di aver letto che andava in visibilio quando sentiva parlare Socrate. Il poverino non credeva ai suoi orecchi; aveva trovato l'uomo della sua vita. E già, perché uno che riesce a dimostrare, senza possibilità di appello, quanto è sciocco chi ti sta davanti, bisognava proprio starlo a sentire. Faceva tesoro di ogni parola che riusciva ad ascoltare dal suo maestro. Da lui imparò l'arte di districarsi che sommata alla vivida intelligenza fornitagli da madre natura fece sì che diventasse il galantuomo di nostra conoscenza. Aristippo è l'uomo moderno per eccellenza; signore ad literam; l'uomo senza tempo. Chissà, forse di questo dobbiamo essere un poco riconoscenti a Socrate. Nel caso, però, solo un poco, Aristippo era l'eccezione, non la norma.

E andiamo dagli inserti spinosi: Platone. A me questo signore è sempre stato antipatico, sarà anche perché ho letto il libro di Orwell, 1984, prima di iniziare con le lezioni di filosofia. Quando poi mi toccò leggere La Repubblica, caddi in quel giro vizioso che mi fece sempre sovrapporre la figura del grande fratello di Orwell alla figura del filosofo guida di Platone, cioè lui stesso medesimo. In seguito capii che l'originalità di Orwell risiedeva nel fatto che era stato il primo ad aver

scritto un libro sull'uso improprio che si poteva fare del
meraviglioso ritrovato della scienza e della tecnica
chiamato televisore; con il quale si poteva vedere a
distanza, sì, ma poteva anche essere usato per spiare.
Naturalmente, leggendo Platone, a Orwell non gli sarà
poi costata molta fatica arrivare anche all'idea del suo
secondo fortunato libro: La fattoria degli animali. Tornando al televisore, al filosofo guida avrebbe fatto comodo
averlo, ma non gli era indispensabile, avendo a sua
disposizione quel ritrovato naturale di sempre che è la
spia umana. Maligno personaggio, figlio di madre sempre incinta, che alligna tra gli umani da che mondo è
mondo. Bastavano una decina di lor signori per tenere a
bada e ben allineati, pena la degradazione, tutti gli
abitanti della sua città. E il filosofo guida sarebbe stato
inflessibile con i ribelli.

D'altronde, come può essere simpatico uno che ha il
coraggio di incatenare dei bambini in fondo ad una
caverna e in modo tale che questi poverini non riescano
nemmeno a girare la testa? Il benché minimo movimento gli era proibito: *"le cose lasciatele stare così come le
ho messe io, e non cercate scappatoie; così non vi
vengono strane idee per la testa."* Mi sembra di sentire
Pitagora: *"per l'aria che respiro, per l'acqua che bevo,
non sopporterò nessuna obiezione su ciò che sto per
dire."*
Tatiana: "e che gente era questa?"
Ernst: "Chiedo scusa professore, posso aggiungere una
piccola postilla al caso?"
Il profesor Weber: "prego"
Ernst: "il signor Platone oltre alle grandi spalle, doveva
avere grande anche qualcos'altro se nessuno mai si è

ribellato e fatto notare che quei fanciulli, senza né cibo né altro, sarebbero morti in breve tempo, e questo prima di diventare pazzi, altro che diventare adulti con discernimento. Solo a dei o semidei si poteva pretendere tanto; nel qual caso le loro sensazioni e impressioni sarebbero potute anche non essere uguali ovvero equivalenti a quelle degli esseri umani."

Il professor Weber non arrivò ad apprezzare quel "qualcos'altro", ma non si scompose, il suo buon senso gli suggerì che Ernst vedeva giusto. E, "lei mi trova perfettamente d'accordo, signor Schneider; le dirò di più, io non sono mai riuscito a capire a fondo il mito della caverna, un qualcosa di allergico mi impedisce di arrivare al nocciolo; ergo, per mia tranquillità, ho deciso di rinunciare sia al contenuto che al contorno di esso. Da quello che sono riuscito a capire, però, credo che si sarebbe potuto fare il tutto senza la crudeltà di incatenare dei poverelli in un antro semibuio, quantunque fossero stati di ascendenza divina."

Carlo, "e cosa si credeva questo Platone, Zeus in persona? E il resto dell'umanità che faceva, dormiva, visto che ha potuto fare quello che voleva e come voleva, senza che questa fiatasse minimamente? Chiedo scusa se mi sono permesso, ma mi è uscito spontaneo."

Il professor Weber: "non c'è bisogno di scusarsi, si sta parlando; senza contare che i getti spontanei sono quasi sempre piene di significato.

Altra perla di questo superuomo è il Simposio, dai baciapile considerato un capolavoro della letteratura mondiale. Chissà per quali contorcimenti intestinali si è arrivati a tale giudizio. Se si tratta dell'eleganza della lingua, può anche darsi, conoscendo pochissimo il greco non sono in grado di giudicare, ma il contenuto è quanto meno ridicolo.

Si sta cenando a casa di qualcuno, alcuni dei convitati sono pezzi da novanta – sono stati scelti con cura –. Platone, concedendo la parola ad uno per volta, gli fa dire quello che vuole lui.

Aristofane si mette a dire che in origine l'umanità era costituita da esseri a due a due attaccati per la schiena; alcuni erano maschio – maschio, altri femmina – femmina, e infine gli ermafroditi dell'epoca, ossia i maschio da una parte e femmina dall'altra. Nessuno sa se questi individui avessero un vita sessuale e di che tipo, o se conducevano una vita a due a due solitaria. Quello che si sa è che questi signori erano arrabbiati da mane a sera e imprecavano continuamente contro Giove e la sua discendenza. Il padre degli dei, scocciato da tanto vocio, desideroso della sua tranquillità, e anche per non perdersi i loro sacrifici, accortosi del suo sbaglio, alla fine decise di separarli; quindi mandò a dire loro che facessero quello che volevano, l'importante che lo lasciassero in pace. Le feste che seguirono, fatte di orge a base di sesso, vino e misture che non vi dico, tanto che nell'Olimpo si preoccuparono in molti, e qualcuno sollevò pure qualche perplessità circa l'operazione appena compiuta. Tranquillizzatevi disse il Lieder Maximo, adesso sono diventati umani a tutti gli effetti e fra poco cadranno sfiniti.

E così l'omosessualità venne legittimata quindi omologata: i due maschi che prima erano uniti, una volta separati era logico che bruciassero di nostalgia l'uno per l'altro; così le due femmine. Sì, per la verità anche coloro che erano stati maschio – femmina finirono con l'andare in cerca l'uno della altra. Ergo l'umanità finì per essere composta per due terzi di omosessuali e solo di un terzo di eterosessuali. Ora, diceva Pausania, non vogliamo mica paragonare l'amore tra due maschi, forti, belli, scultorei e intelligenti a quello tra un uomo e una donna che, come tutti sappiamo, è ed è sempre stata inferiore all'uomo? Dell'amore tra due donne non vale neanche la pena parlarne. Nessuno credette bene di correggerlo, sia pure di una sola virgola. Ne consegue che dopo aver letto queste sconcezze, ogni greco, alme-no apertamente, asseriva che lui era stato attaccato ad un altro uomo, mica andava ad abbassarsi dicendo che era o era stato mezza femmina."

Ernst: "più omologazione di così. Io credo che diventò bisessuale anche chi, fin a quel momento, non ci aveva neanche pensato."

Il professor Weber: "appunto. Da qui ne consegue che noi qui presenti apparteniamo ad una minoranza, ad un terzo del genere umano.

Ora, ditemi quello che volete, ma io penso che questa trovata degli esseri umani attaccati per la schiena è, a dir poco, puerile. Il signor Platone avrebbe potuto giusti-ficare ovvero omologare l'omosessualità o bisessualità in ben altro modo, e, secondo me, ne sarebbe stato capace; ma perché sforzarsi, perché dare tanta confi-denza al resto dell'umanità? Forse, però, non è riuscito ad arrampicarsi più in alto di così. Sicuramente un po' dell'uno, un po' dell'altro.

Prima di Pausania aveva preso la parola Fedro, e anche la sua teoria a me ha sempre fatto tenerezza. Asseriva il buon uomo che l'amore è il più potente degli dei, quando si impadronisce di una persona ogni resistenza è vana, meglio chinarsi docilmente al suo volere. Si lascino stare rimorsi e quant'altro, si sia all'altezza. Legittimazione della pedofilia anche? Perché no? Non è colpa di uno se a quelle intenzioni è stato spinto dal dio. Naturalmente è colui che ama ad essere posseduto, colui che è amato sta lì a fare l'oggetto del desiderio e basta. Mi ricordo di un film italiano, trasmesso dalla televisione tedesca, dove un attore di un certo calibro, poi ridotto a fare film di cassetta, per niente preoccupato che la sua bella gli dava continuamente buca, asseriva che non era importante essere amati, l'importante era amare. Tanto, pensavo io, ci si può sempre consolare con il surrogato."

Nel frattempo Tatiana aveva cominciato a dare qualche segno di impazienza, e questo fece capire al professore che forse era meglio guardare l'orologio. In effetti si era fatta ora di cena. La buona Tatiana si preoccupava, naturalmente, che quello che aveva preparato potesse passare di cottura. D'altra parte anche i familiari del professore e quelli del dottor Fischer dovevano essere in aspettativa. E così si rimandò tutto all'indomani pomeriggio.

Era quello un fine settimana piovoso, e ritrovarsi tra amici sembrava fatto apposta.

CAPITOLO XIV

"L'ansa..., l'ansa..., l'ansa.. , si sentì all'improvviso. L'ansa..., l'ansa..., l'ansa...; Il suono era grave ma benevolo, e scandito ad intervalli regolari: tre volte, pausa; tre volte, pausa; e sembrava provenire da una grotta. E l'aria modulata da quell'onda era una carezza per tutto ciò che sfiorava. L'ansa..., l'ansa..., l'ansa..., echeggiavano i due fianchi della vallata.

I nonni si erano appisolati, le loro teste si reggevano l'una con l'altra, e ondeggiavano così come voleva il lieve movimento della nave.

L'ansa..., l'ansa..., l'ansa...; e i marinai già si apprestavano ad ammainare le vele; si sarebbe andati avanti a forza di remi. L'ansa..., l'ansa..., l'ansa...; e la voce affievoliva man mano che ci si avvicinava al molo, situato appena dopo il centro della curva. Una volta che ci fu l'attracco non si sentì più. A ben guardare però, in giro non si vedeva nessuna grotta, chissà da quale bocca era uscito quel monito. Quindi la gentile guida si avvicinò ai nonni e, lievemente scuotendoli, li riportò al presente.

Forse il torpore del sonno aveva indebolito loro la capacità visiva, perché ai due sembrò che il chiarore del giorno era diminuito; eppure il sole era sempre là, alto in cielo, e nessuna nube era d'intoppo. Ora, era pur sempre trascorso del tempo da quando erano partiti, perché il sole non si era mosso? E perché adesso luceva di meno? Perché?, perché?, quanti perché si sarebbe chiesto il profano; loro invece, non ci fecero caso; ormai avevano capito che quella realtà non era obbligata a seguire i canoni ai quali erano abituati. Con l'aiuto di quelle braccia esperte scesero, e, come d'abitudine, si misero a seguire il loro amico il quale già saliva su per una scala ricavata sul pendio del terreno. Superato il declino, davanti a loro, quasi ad impedirne il passo, un enorme e frondoso ulivo, con rami che si dipartivano dal tronco già ad un metro dal suolo. Furono costretti ad una sorta di forca caudina per poter andare oltre. Dall'altra parte era sera inoltrata, ma ancora si riusciva ad allungare lo sguardo. Il terreno dopo una ventina di metri subiva un bel rialzo, continuava piano per circa un ettaro e finiva ai piedi di due colline; la prima nascondeva per buona parte la seconda. Più lo sguardo avanzava, meno luce trovava. Ai piedi dei due colossi, nel passo che le divideva, un bosco; alla loro sommità un bagliore sprizzava luce.

Tenendosi tutti e tre per mano si diressero verso il valico. Fecero appena in tempo ad aggirare il rialzo che già non si vedeva più. Contava i passi il nonno per capire all'incirca il terreno percorso, ma presto smise; perché darsi pensiero?, si era così ben protetti, e tutto procedeva in modo sì tranquillo.

Erano giunti a metà della curva del valico: era più buio della mezzanotte. E come a quell'ora il giorno appena concepito comincia a crescere ed ad illuminarsi, così in quel preciso momento iniziò il cammino verso la luce.

I primi raggi tardarono non poco ad arrivare, e lo fecero, avaro modo, gabbando qui e là i così tanti alberi, come sottili fili di seta gialla. Troppo pochi per far vedere come i visi dei nonni si aprivano al sorriso.

Né sentirono il bisogno di allungare il passo; d'altronde che significa velocità se il tempo è una grandezza effimera? Cercavano comunque di andare avanti. Ma erano loro a procedere, o era la luce che andava loro incontro, spingendo indietro il bosco? I nonni sinceramente non riuscivano a capirlo. D'un tratto sentirono le loro teste girare. Vacillarono. Notarono a terra il tronco di un albero. Chiesero di potersi sedere. Chiusero gli occhi e si raccolsero in preghiera. Avevano bisogno di sentire la Madonna un po' più vicina.

Ritemprati nello spirito e nel corpo, tenendosi sempre per mano, di nuovo dietro al loro sorridente amico. Ora era tutto illuminato, il bosco era rimasto indietro di molti passi e il sole spendeva sovrano sotto un manto infinito d'azzurro. Davanti a loro una distesa di campi gialli, come i campi d'estate dove è stato di recente mietuto il grano. Di rado qualche pezzettino di prato verde chiaro con fiorellini per lo più rossi e bianchi. Poi di nuovo il giallo. E di giallo in giallo – il terreno subiva ogni tanto qualche piccolo rialzo – arrivarono su una verde distesa, in fondo alla quale scorsero la Comandatura.

Volto severo, ma sereno, e di modi, come si conviene, cortesi. Giubba bianca con otto bottoni color oro, disposti su due file verticali; pantaloni in tela di Genova azzurro scuro e un copricapo da nostromo. Capelli brizzolati, non molto lunghi e ben curati. Una fascia gialla, annodata a destra, gli cingeva la vita; i suoi due lembi ricadevano fino all'altezza del ginocchio. Essa ne significava il grado. Zoccoli di legno chiaro come quelli che si usano nel paese d'Olanda. Così si presentò loro il Comandante Rovino.

Che nome però. Comunque la mente dei nonni in quel momento era troppo occupata per poter considerare il coagulo di quelle sei lettere; e prima che lo potessero fare, appresero che, semplicemente, quello era il nome con il quale il Comandante aveva trascorso la sua esperienza terrena. Tutto qui. Per il resto una bravissima persona.

Il nonno gli porse la lettera avuta dai tre signori del palco. Il Comandante la prese e il suo occhio corse subito all'angolo in alto a sinistra della stessa. *"Oh,"* esclamò, *"bollino blu."* Difatti un piccolo cerchio di quel colore si trovava in quel punto. I nonni sentendo quella voce quasi metallica rimasero intimoriti, e i loro occhi andarono subito in cerca di quelli del loro amico, il quale prontamente corrispose; l'espressione del suo volto sembrava dire: calma, calma, niente paura, un po' di pazienza.

"Dunque, dunque, signora Rosa Cardini e signor Guglielmo Sari, coniugi."

Il nonno: *"da tutta una vita."*

"Vedo, vedo. Siete stati destinati all'aiuto volontario," continuò il Comandante, *"sapete in cosa consiste?"*

"Un poco," rispose il nonno.

Il Comandante guardò con aria interrogativa il loro tutore e mentore. Egli si scusò dicendo che gli era stato detto di non essere esauriente sull'argomento, un breve accenno e basta.

"Poco male, poco male; è tutto molto semplice, esso consiste nel fatto che durante la vostra permanenza qui potete scegliervi l'occupazione che più vi aggrada. Vediamo cosa avete fatto nella vita"

La nonna: *"io casalinga e mamma di nove figli, di cui*

otto femmine."

Il comandante: *"vedo, vedo. Benissimo. Lei invece calzolaio e poi anche allevatore nonché produttore, con una piccola parentesi come aiuto fornaio, quindi padre di nove figli, di cui otto femmine. Quest'ultimo particolare non è per niente da trascurare, visto il periodo storico in cui siete vissuti."*

Il nonno: *"esattamente."*

Il comandante: *"come già detto, potete scegliervi il lavoro che più vi aggrada, solamente che, per quanto riguarda lei, signor Sari, il mestiere del calzolaio, così come lo intende lei, qui non è possibile esercitarlo: manca la materia prima. Nel caso invece scegliesse di occuparsi di animali, ci sarebbero appunto un gruppo di cavalli per i quali si cerca un custode. Sono animali nobili e hanno bisogno proprio di una persona con le sue referenze."*

"Felicissimo, felicissimo", rispose di getto il nonno,

"Benissimo, Da questo momento lei è il titolare del recinto 5-Est. In loco troverà anche la manodopera necessaria. Non credo ci sia bisogno di nessuna raccomandazione."

Il nonno: *"di nessunissima, state tranquilli. E grazie, grazie di cuore."*

Il Comandante, rivolgendosi alla nonna: *"per lei, se vuole, ci sarebbe il posto di direttrice della lavanderia del bianco terso, sempre nella zona Est."*

La nonna: *"di direttrice?, e come si fa la direttrice? Io non ho nessuna esperienza in merito."*

Il Comandante: *"niente di più facile, lei deve controllare che il bucato sia bianco più di ogni aspettativa, se non è di suo gradimento mandarlo indietro. Questo è tutto.*

Cosa ne dice? Posso contare su di lei?"
La nonna quasi si vergognava di dire di sì, ma lo disse, e lo fece di cuore.

Il Comandante: *"quindi, accordo raggiunto. Ancora qualche tempo in compagnia del vostro amico, e quando vi sentite pronti, senza patemi d'animo, potete cominciare."* Poi, tra sé: *"è impressionante come qui si risolve sempre tutto in un attimo."*

E qui, cara Cecilia, finisce anche questo sogno; ancora qualche altro e poi nonno Claudio finirà di sognare i suoi nonni."

La dottoressa Cecilia: "beh, nonno Claudio è stato coerente, voleva sistemare i suoi amati bisnonni e l'ha fatto in modo splendido."

Tatiana: "e io vi dico che nella realtà è successo più o meno così."

Carlo: "sicuro."

La dottoressa Cecilia: "arrivati a questo punto, però, devo dire che Galileo si fa veramente desiderare; c'è avvisaglia di incontrarlo da qualche parte?"

"Nel prossimo sogno, amata mia."

La dottoressa Cecilia: "bene adesso avremmo dovuto comunque interrompere la lettura del diario perché tra poco arriveranno gli amici per continuare con il discorso iniziato ieri; nel frattempo io mi preparerò a quello che per me è diventato un evento. Galileo dignus."

Tatiana: "però, mi raccomando, non la tirate molto per le lunghe con il discorso, ieri abbiamo finito col cenare molto tardi."

Il dottor Guglielmo G.W.: "non si preoccupi, zia Tatiana, nel caso rimanderemo ancora una volta, stasera ceneremo all'ora dei cristiani. Zio Carlo, nel caso, ci pensi lei a farcelo notare."

Carlo: "non si preoccupi, dottore, monterò guardia."

Il dottor Guglielmo G.W.: "caro Ernst, come lei sicuramente si sarà immaginato, noi sappiamo che lei, dopo lunghissimo tempo, è riuscito a scrivere un'altra poesia; è chiaro che tutti quanti noi vorremmo tanto conoscerla, non crede che sia giunto il momento di leggercela, magari in presenza anche dei nostri ospiti? Ormai è passato un bel po' di tempo da quando lo confidò a zio Carlo."

Ernst: "Egregi dottori, cara Tatiana, caro Carlo, vi pregherei di aspettare ancora qualche giorno, e questo per un motivo ben preciso, e non per fare il prezioso, assolutamente."

Il dottor Guglielmo G.W.: "se è per questo aspetteremo, un po' impazienti, ma aspetteremo. Lei avrà sicuramente un valido motivo."

Ernst: " sì, in verità, il motivo è valido."

Il dottor Guglielmo G.W.: "bene. Zia Tatiana, i nostri amici saranno qui tra poco, cosa ha preparato per questo Kaffe-Kuchen* pomeridiano?"

Tatiana: "ho fatto una torta di fragole del nostro giardino da consumare con la panna e il caffè appunto, e questo prima che iniziate la vostra discussione; poi, per la pausa di mezzo, visto che i nostri ospiti li hanno oltremodo graditi, ho di nuovo pronti i croccantini, da mettere in forno tra poco, che accompagneranno il moscatello di Sicilia."

Il dottor Guglielmo G.W.: "questo è quello che si dice essere in buone mani. Grazie zia Tatiana."

Il professor Weber: "ieri si era arrivati, se ricordo bene, a Platone, ovvero a ciò che lui fa dire a Socrate. Egli stesso parla malvolentieri in prima persona; aveva trovato la persona fatto su misura per lui. Con il vostro permesso continuerei prima con la parte che il suo maestro recita ne La Repubblica, e poi con quella che recita nel Simposio. Socrate si mette a raccontare come nasce una città, ovvero come dovrebbe sorgere la società ideale. E giù di lì ad elencare arti e mestieri: poi c'è bisogno del sarto il quale abbisogna di stoffe, quindi di tessitori; questi hanno bisogno di filatori i quali hanno bisogno dei pastori che forniscono la lana; di soldati per mantenere l'ordine in città e difendere i confini; costoro hanno bisogno di armi, quindi di chi forgia i metalli....

Carlo sbottò: "mi scusi professore, ma c'era bisogno di Platone e Socrate messi assieme per apprendere queste cose che sorgono spontanee nel cervello di ognuno; eppoi perché il pastore non si filava da solo la lana invece di darla ai filatori.?"

Il professor Weber: "all'inizio Platone aveva fatto dire al suo alter ego che ognuno doveva fare il suo mestiere senza invadere il campo d'azione dell'altro; per cui il pastore era tenuto a dare la lana ai filatori."

Carlo: "e se un nemico cercasse di invadere questa città, e i soldati avessero bisogno un po' dell'aiuto di tutti, che succedeva, che il pastore continuava a mungere e il panettiere ad infornare? In questo modo, dico io, i molto probabili conquistatori avrebbero avuto pronto latte e pane fresco per rifocillarsi della fatica appena compiuta."

Il professor Weber: "così scrive lo spalluto. D'altronde bisogna tener presente che Socrate aveva già compiuto gran parte della sua opera distruttrice. Atene, come società, moralmente, era un groviglio di ruderi: era tutta sfasciata. Senza contare la disfatta ad opera degli spartani; ovvero anche materialmente. Doveva essere ricostruita ex ovis."

Carlo: "e questa ricostruzione la fa fare proprio a Socrate, artefice principale di tanta tragedia?"

Il professor Weber: "molti hanno bisogno di una spalla, di un appoggio, per poter sbrogliare la matassa che hanno dentro di sé. In questo Socrate è stato molto utile a Platone."

Tatiana guardava con sempre maggiore ammirazione Carlo. Diceva fra sé: "ma tu guarda un po' il coraggio che gli è saltato fuori."

Il professor Weber: "bisognava ricominciare daccapo, e per fare ciò lui sente il bisogno di partire dal basso; a suo dire per educare le nuove leve; per gli altri non vedeva più speranza alcuna. Per quanto riguarda, poi, la severità usata, questo perché coloro che dovevano fare la ricostruzione non seguissero per nessun motivo l'esempio dei loro padri, tutti finiti in ammollo. Era sua convinzione che qualche frustata avrebbe fatto bene. Fermo restando il fatto che lui, però, cattivo lo era per davvero: consigliava di comprare schiavi di diversa nazionalità perché parlando lingue diverse non potessero comunicare fra di loro, e di frustarli anche per futili motivi, affinché non dimenticassero mai la loro condizione di schiavi. Dovevano essere trattati peggio degli animali: c'era pericolo che usassero il cervello, cosa di cui egli voleva avere l'esclusiva. Ergo si ricordi per come sistemò i bambini nell'antro semibuio di quella caverna"

Ernst: "praticamente li si doveva robotizzare?"

Il professor Weber: " lei ha colto il centro in pieno. Non solo gli schiavi, ma tutti. Esempio: il soldato che era stato valoroso in battaglia dopo aveva diritto di fare l'amore con chi voleva, maschio o femmina che fosse, e nessuno doveva rifiutarsi. Per quanto riguarda la prole, gli uomini migliori dovevano accoppiarsi con le donne migliori. I neonati, poi, dovevano essere tolti alle madri appena dopo il parto, e allevati tutti insieme da balie opportunamente selezionate. Nessuno doveva poter riconoscere in futuro i propri figli; e cose del genere. La città ideale doveva essere piccola e lontana dal mare. Vicino a esso la gente pensa solo al baratto, al guadagno, con la mente vagante di lido in lido; sempre pronta ad apprendere, a scambiare merci, opinioni ed esperienze. Nell'hinterland si doveva per forza di cose coltivare la terra i cui prodotti si dovevano consumare più o meno subito, pena il deterioramento; e chi non lavorava la terra doveva esercitare un mestiere: doveva lavorare, altro che passeggiare da mane a sera. A fine giornata bisognava essere stanchi e senza voglia di inseguire chimere. In questo modo si era miti e docili ad ubbidire ai comandamenti imposti. Vi immaginate quindi quale shock subii io quando giovincello, dopo aver letto il libro di Orwell, fui costretto ad imparare che il signor Platone era un caposaldo della nostra cultura, un patriarca della filosofia? E più andavo avanti con le lezioni, più sbalordivo."

Il dottor Guglielmo G.W.: "Ahimè, ancor oggi c'è chi chiama l'autore de La Repubblica: divino Platone."

Carlo, fra sé: "se è possibile prima confezionare e poi osannare una tale vergogna, vuol dire che il mondo è strapieno di sederi anomali. Se non fosse che il professore gode della piena fiducia del dottor Guglielmo G.W., potrei tranquillamente pensare che l'esimio ospite oggi è venuto con la voglia di raccontare barzellette."

Il professor Weber: "quindi la parte che Socrate recita nel Simposio. Il vegliardo, lo stesso che sa di non sapere, comincia dicendo che l'amore non è un dio ma un demone, e che a svelarglielo era stata una donna di una certa località che adesso non ricordo. Al che qualcuno obbietta, e lui, con la consueta faccia tosta ribatte che così le aveva detto la gentile signora. Ancora una volta abbiamo occasione di notare come Platone impone quello che gli passa per l'anticamera del cervello senza credere degno il prossimo di alcuna spiegazione. Quindi passa ai particolari.

Si sta festeggiando sul monte Olimpo, cosa poco importa, per quegli abitanti qualsiasi motivo era buono per banchettare: sicuramente c'era chi pagava. La dea della povertà, Penia, si presenta con abiti non appropriati e non venne fatta entrare. La meschina, appunto perché povera, non poteva permettersi abiti cuciti su misura pretesi in tali occasioni. Che c'era andata a fare?, dico io, nel migliore dei casi si sarebbe coperta di ridicolo. Però, al signor Platone faceva comodo che ci andasse, per cui la prese per i capelli e ce la portò. La poveretta rimase fuori con la speranza che qualcuno le buttasse qualche osso da spolpare. Poro, il dio della furbizia e dell'intrallazzo, ubriaco fradicio, uscì a prendere una boccata d'aria e dopo qualche passo cadde svenuto ai piedi della poveretta. Lei, che per il puzzo che emanava non riusciva ad avvicinare nessun uomo, colse al volo l'occasione e si accoppiò con lui. Da questa unione nacque uno che il signor Platone decise che fosse l'Amore, in altra occasione definito, ahimè, il più potente degli dei. Risultò quindi costui essere figlio della povertà, della furbizia e dell'intrallazzo. Ovvero colui che ama è un figlio di buona donna a tutti gli effetti, che lascia pure un po' a desiderare per quanto riguarda l'igiene personale. Notate come il signorino continua a sfornare storielle così come le passano per la mente, anche se cretine, senza un minimo di rispetto per chicchessia. Bastava la firma: Platone, e gli intelligentoni di tutte le epoche lì pronti a gongolare.

Ernst: "ci vuole un bel coraggio parlare di dea incapace di farsi sia pure un vestito. Dove esercitava questa signora?, che poteri aveva se stava in così malo modo inguaiata?, chi si rivolgeva a lei, e per quale motivo? Cosa aveva per dimora, un letamaio?"

Il professor Weber: "me ne scuso per Platone."

E passiamo ad un'altra sua perla, l'ultima che ho in petto di raccontare oggi: la dimostrazione dell'esistenza della anima, espressa in tre punti.

Primo punto. Nel mondo esistono realtà visibili e realtà invisibili. Le prime sono corruttibili, quindi mortali; le seconde incorruttibili, di conseguenza immortali. L'anima non si vede, quindi è invisibile, quindi immortale. Chiedo scusa se non riesco ad arrampicarmi così in alto.

Secondo punto. I contrari non possono coesistere. Se un corpo è caldo è perché l'idea del caldo è riuscita a buttar fuori l'idea del freddo. Ciò vale anche per il cammino inverso. Se uno muore è perché l'idea della morte è riuscita a sfrattare l'idea della vita, cioè l'anima.

Terzo punto. Alcune persone sostengono che non è possibile andare in cerca della conoscenza. Se uno non ce l'ha, come farebbe a riconoscerla nel caso la trovasse; se ce l'ha perché dovrebbe cercarla? Platone dice che la conoscenza è dentro l'anima, la quale essendo immortale vive anche dopo la morte del corpo, e quando si trasferisce in uno nuovo lo fa con armi e bagagli. Per poi aggiungere: se l'anima fallisce nel corpo di un uomo, la seconda volta si presenta come donna. E se anche in questa non riesce, poi passa nel corpo di un animale. Pace all'anima sua!"

Carlo: "scusi professore, a proposito del secondo punto, quello del caldo e del freddo, se un corpo è tiepido che è successo, uno sciopero ideologico?"

Il professor Weber: "Signor Jovine, purtroppo questa è la minestra, che ci piaccia o no."

Carlo: "di nuovo scusi, ma da quel che ho capito finora, a me sembra che il signor Socrate e il signor Platone non avessero niente da fare."

Il professor Weber: "Signor Jovine, in quella parte di mondo quasi tutti, filosofi compresi, non avevano niente da fare. Se da una parte la città ideale prospettata da Platone, per fortuna, non fu mai realizzata, dall'altra non è che si stesse meglio. Si passeggiava dalla mattina alla sera. L'abbondanza di tanti filosofi fu reso possibile proprio da ciò. Il popolino si accodava dietro a chiunque avesse un modo originale di parlare, un po' per darsi delle arie e comunque per portare a termine la giornata. Le scuole di filosofia nascevano come funghi; un qualcosa di simile a come nascono i partiti politici in Italia. Per i seguaci nessun problema, c'era sempre un qualche gruppo di nullafacenti dietro l'angolo."

Carlo, mentalmente: "che bel parallelo, il professore è davvero bravo: i tanti imbecilli nostrani che si accodano a chiunque proponga una qualsiasi "nuova" rifritta ideologia politica, e questo gli permette poi di farsi i soldi alla faccia dei fessi che hanno deciso di lavorare."

Nel frattempo il professor Weber continuava così: "da ciò ne consegue che la cultura che da loro è venuta fuori è una cultura essenzialmente scansafatica. E qui permettetemi di aprire una parentesi: il signor Platone nel suo intento di rovinare quanto più possibile l'umanità, le fece dono di questo suo pro memoria: le persone sono divise in tre categorie. La prima è quella delle persone d'oro, essa è costituita dai filosofi e dagli studiosi delle materie classiche. La seconda è quella delle persone d'argento, costituita dai cosiddetti tecnici. Infine la terza, quelle delle persone di bronzo, che poi è quella delle persone che devono lavorare e basta. Onde evitare subbugli aggiunse che gli appartenenti alle tre categorie non avevano per niente il posto fisso, ma potevano e dovevano essere retrocessi o promossi per demeriti o meriti a seconda dei casi. Così alleviò, si fa per dire, le pene della terza categoria. Ergo, pur di non lavorare, tutti a studiare le materie letterarie. Detta cultura andò vagando un po' ovunque, e raggiunse anche Roma. Qui al principio trovò, come dire, un nocciolo duro, perché la Caput Mundi aveva una struttura granitica, e impiegò qualche secolo prima di aprirsi una breccia, ma appena ci riuscì quell'impero cominciò a squagliarsi come neve al sole. Diceva Marco Porzio Catone, l'integerrimo censore romano, in una lettera a suo figlio: *"credimi sulla parola parola, se questo popolo riesce a contaminarci con la sua cultura siamo perduti"*. Chiamava Socrate: una zitella pettegola, e lodava i giudici che lo avevano condannato. Il suo *delenda Carthago* altro non era che il tentativo di distogliere i romani dall'idea di conquistare la

Grecia. E lo ripeteva continuamente. Ma quando vide i consoli Marcello, Fulvio ed Emilio Paolo tornare da laggiù con i carri carichi di statue, libri, dipinti e diavolerie varie, capì che non c'era più niente da fare, e depose le armi. Qualche tempo dopo Orazio sigillò i timori che il grande vecchio aveva avuto a priori con il suo celebre verso: *"Graecia capta ferum victorem cepit"*. E qui è doveroso annotare che già ai tempi di Cesare le legioni romane, quelle più valide, erano costituite in gran parte da Galli del Piemonte e della Lombardia o comunque da non romani i quali, ad uno ad uno, piano piano, andavano tutti verso l'ammollo."

Tatiana: "cosa significa quello che ha detto in latino

Il professor Weber:" la Grecia conquistata conquistò il barbaro vincitore. Quindi, al pari di una piovra, quella cultura si espanse, e avviluppa ancor oggi le nostre coscienze.

Ed ora, cara dottoressa, a lei la parola, e gliela cedo ben volentieri."

La dottoressa Cecilia: "cari amici vi sono grata per aver dato il vostro contribuito a questa pacifica discussione. A questo punto vorrei esporre la mia teoria. Per la verità la cosa è ancora tutto un cantiere. Avremo altre occasioni per approfondire l'argomento. Per il momento dico soltanto: vista la diffusissima bisessualità del mondo greco, tenendo presente che essa chiama in causa, in qualche modo, l'intestino, e facendo questo parte dell'addome, considerato il secondo cervello, si possono fare almeno due considerazioni, e il fianco lo presta per davvero.

Può darsi il caso che i greci avessero una maggiore sensibilità intestinale, quindi un surplus di aiuto per l'attività celebrale.

Oppure, avevano il centro dell'attività intellettuale spostato in questa parte del corpo, ovvero il cervello avrebbe avuto bisogno non di un aiuto ma del beneplacito di quel sito per la formulazione del pensiero.

Fosse vero il primo caso, non c'è più bisogno che qualcuno continui a rompersi la testa per cercare di capire come mai essi siano riusciti a tanto. Fosse vero il secondo, ci si può ugualmente acquietare, per la scoperta di nuovi orizzonti non fa bisogno essere più, basta essere diversi.

E sempre restando nel campo delle ipotesi verosimili, può darsi che questa, diciamo, anomalia sia stata causata da un qualche batterio della flora intestinale un po' ribelle o da qualcuno imboscato. Perché no? La scienza medica contempla tutta una gamma di patologie causate dai diversi batteri. E se il buon Dio vuole il significato di pathos è pur sempre sensibilità. Da qui è lecito pensare che la maggiore o diversa attività intestinale si facesse poi anche in altro modo sentire, per cui la necessità di soddisfare quel "prurito". Non sarà stato quindi un caso che in seguito si sia sentito il bisogno di coniare l'espressione "amore greco", benché l'omosessualità o bisessualità che dir si voglia sia di moltissimo più vecchia. Sempre per lo stesso motivo si può capire perché la cucina di quelle parti, quindi Magna Grecia, andò sviluppandosi sempre più succulenta: la pancia tutta era diventata esigente.

In seguito le persone intelligenti, consci del fatto che non tutti i mali vengono per nuocere, si sono appropriati della seconda di queste due ultime ondate, lasciando che la prima andasse a infrangersi sugli scogli."

Il professor Weber: "io trovo questa sua teoria affascinante e inquietante allo stesso tempo. In essa intravedo una buona chiave di lettura per poter decifrare molti dei comportamenti dell'essere umano. La pregherei di tenermi informato su ulteriori sviluppi.

A questo punto nella testa di Tatiana s'era formato un gran subbuglio. Ma non si arrese. "A me questa cosa del pensiero tra il cervello e l'intestino piace assai. C'è gente che ama studiare, avendone la possibilità, naturalmente, e gente che pensa principalmente alla pancia e a giocare al ficcadito. Tutti e due obbediscono al loro cervello principale. Però vendersi l'anima per un piatto di maccheroni proprio non lo capisco. Né riuscì a tacitare il pensiero che erano stati i greci ad aver istillato i germi delle varie mafie. Il suo dottore prima o poi le avrebbe dato ragione.

La dottoressa Cecilia: "a te, Guglielmo caro, quindi, l'onere e l'onore dell'ultima parola."
Il dottor Guglielmo G.W.: "Atene: strana città. Ebbe la fortuna di dare i natali ai migliori uomini di stato, quindi ai migliori legislatori e ai migliori strateghi del sesto e quinto secolo avanti la nascita di nostro Signore. Questi la resero grande ed unica, facendo morire d'invidia gli abitanti dei suoi stati satelliti, i quali, per compensarsi, sfornarono filosofi, e più tardi anche scienziati, uno dietro l'altro. La metropoli, se la memoria non m'inganna, diede i natali a pochissimi filosofi, tra cui Socrate e Platone; secondo me esattamente a due di troppo. Questi due molto esimi signori s'incaricarono prima di

accelerare e poi di sigillare la sua decadenza.

Dalle rovine è conseguenza logica che si cerchi la rico-struzione. Il macedone Aristotele ci si adoperò e, ahimè, molto fece. Peccato, senza di lui la cosiddetta civiltà greca avrebbe perso molto del suo smalto e non si avrebbero avuto in seguito tanti aiuti e tanti pretesti per giustificare qualsiasi tipo di morbosità. Comunque la frittata ormai era fatta e in fin dei conti dobbiamo essere riconoscenti ad Aristotele non solo per quello che si sforzò di fare e fece, ma soprattutto perché dimostrò come sia molto più utile avere la centrale operativa del pensiero nel cervello. Eppoi pare che non andasse neanche dietro ai ragazzini. E ciò, in quel contesto, è davvero molto.

A lui seguirono i consolatori, vedi Epicuro: *"signori, nel-la vita si può essere felici anche con lo stretto neces-sario: se vuoi arricchire Pitocle, sfrondane i desideri."* Ovvero chi si accontenta, gode. Bella forza, dico io, i tempi delle vacche grasse erano irrimediabilmente finiti. I corollari della sua filosofia però sono apprezzabili. Gli stoici: imparare a sopportare aiuta a dimenticare. Poi vennero gli scettici, e il nome la dice tutta. Poi qualche tentativo di riciclaggio: i neoplatonici. Poi qualche contor-sionista. I signori greci, come al solito, non si fecero mancare niente. Poi, se Dio vuole, andarono tutti a farsi benedire.

Ad Aristotele, però, per piacere, teniamolo in disparte."

CAPITOLO XV

"Dottore, avevo detto a Ernst che la volta scorsa si sarebbe quasi sicuramente parlato di Craxi, invece non

è bastato il tempo."
"E lei, zio Carlo, da persona accorta e saggia al sicura-
mente ha premesso il quasi, quindi poco male. Vada, lo
chiami che ne parliamo adesso."
"Senza la dottoressa?"
"Zio Carlo, più volte ho detto che è meglio lasciar fuori,
se possibile, la cara Cecilia dalle beghe italiane."
"Si, ha ragione. Vado lo prendo e torno."
Carlo andò e tornò con Ernst quasi in tempo record,
perlomeno il dottor Guglielmo G.W. ne rimase sorpreso;
Tatiana anche, la poverina aveva creduto di avere tempo sufficiente per finire le sue cose in cucina. Bisognò
chiamarla.
"Cari amici, parlare di Craxi è come mettere il dito in
una piaga e rigirarlo con forza. Una vera vergogna! Eliminare Craxi è stato un piccolo capolavoro di mafia
politica. Quella classica dovrebbe farle tanto di coppola.
Con morto e tutto: Craxi: consumatosi per autodistruzio-
ne.
Bettino Craxi era un cavallo di razza, un campione; uno
di quelli che nascono, si e no, quattro o cinque ogni
cento anni. Poteva costui avere successo in Italia?
Uno sguardo alla penisola del suo tempo. L'Italia è
divisa in tre tronconi: Sicilia e metà penisola fino a
Roma, centro-nord e nord. Ho lasciato volutamente in
disparte la Sardegna perché la poverina, da sempre,
non fa altro che lottare per sganciarsi dal sud e cercare
di agganciarsi al nord.
Quindi una piccola pillola di storia. Il centro-nord é
rosso se non altro perché almeno tre delle sue regioni
erano state sotto il papa per secoli, costrette quindi ad
allargare le sottane dei preti senza diritto al lamento.

D'altronde la Chiesa mica poteva fare affidamento sulle regioni del sud, scansafatiche per vocazione e pericolose pure: i capomafia sarebbero stati capaci di sollevare la popolazione anche contro nostro Signore se solo avesse tentato di invadere la loro autorità e il loro tornaconto. Era più consigliabile e proficuo spolpare gente che lavorava. Ciò finì, però, con lo scolpire nella loro anima un rancore profondo.

I furbetti di quartiere, stracolmi di cultura greca, subodorarono l'affare; quel rancore si poteva e si doveva sfruttare. Il signor Carlo Marx da tempo aveva cominciato a spargere un certo seme che secondo loro era proprio quello che ci voleva. Quel seme attecchì e fruttificò con irruenza in Russia, sotto le vesti di partito comunista. Adesso non bisognava fare altro che importarlo in Italia. Purtroppo per loro la situazione italiana precipitò. Il socialista Mussolini, dimentico del suo passato, si mise a fare di testa sua e rovinò tutto. Però non disarmarono, adesso dovevano andare in esilio o camuffarsi sotto mentite spoglie, ma prima o poi sarebbero tornati.

Dopo la guerra, ringalluzziti più che mai, tornarono alla ribalta e riaccesero il partito comunista italiano, di osservanza dichiaratamente anticlericale. Qualche maligno afferma finanziandosi con l'oro rubato a Mussolini, quando l'arrestarono a Dongo, il quale a sua volta lo aveva rubato agli italiani, e che adesso stava cercando di portarselo con sé oltre frontiera travestito da tedesco. Detto partito comunista si dichiarò anche ateo, e questo fu come il cacio sui maccheroni. Le suddette regioni aderirono con entusiasmo, e così poterono levarsi quel groppo che da secoli gli stava di traverso sullo stomaco.

Ad esse si unì poi anche la Toscana, vuoi per onorare il suo sangue etrusco e comunque per allacciarsi a gente che aveva voglia di lavorare e nello stesso tempo tenersi alla larga da altra. Privatamente, poi, per quanto riguarda la fede, ognuno si regolava secondo coscienza. Attenzione a non confondere queste adesioni con quelle degli "allegri votanti" ovvero il più volte nominato 30%. Questa è tutt'altra ciccia.

Con gente che fa del lavoro il suo mestiere è facile fare i saputelli. Diventarono così paladini di giustizia, e sollevarono pure una questione morale.

Per quanto riguarda il nord, sentendosi al sicuro da quel po – po di barriera, si faceva tranquillamente i fatti suoi.

Questo, naturalmente, detto grosso modo, è inutile andare a perdersi per i meandri delle piccolezze per poi cercare di trovare la via maestra che è questa. Non fosse stato questo il motivo, non si vede perché a quegli italiani è tanto piaciuto il partito comunista e non il partito socialista, ancora più vecchio, più presentabile, di più facile digeribilità e più vicino alla logica; un partito che non aveva veti da parte dell'America e dal resto dell'Europa; un partito che sarebbe potuto diventare la seconda forza politica, quindi alternarsi col partito cattolico alla guida del paese."

Carlo: "e magari mettere sin dal principio un fiore rosso, perché no un garofano?, al posto della falce e martello, quindi gli italiani che diventavano intelligenti tutti ad una volta; e il vizietto e i casini vari mandati a quel paese. Impossibile solo a pensarci."

Il dottor Guglielmo G.W. "difatti non è successo. Casini e vizietto sono sempre là. Queste cose, se ben vi ricordate, le abbiamo già trattate in un altro contesto, però è d'uopo ripetere qualcosa, visto che questa volta c'è fra noi anche il caro Ernst."

Ernst: "grazie dottore, molto gentile. Quindi lei non vede nessuna probabilità di riabilitazione per il popolo italiano?"

Il dottor Guglielmo G.W: "l'è dura. Comunque riprendiamo il nostro discorso, oggi si vuole portare un fiore sulla tomba di Craxi. Nel frattempo arrivavano i tempi delle vacche grasse e gli italiani, felici e contenti, tutti occupati a festeggiare a tarallucci e vino. Bisognava solamente trovare la raccomandazione per il posto fisso, quanto più possibile vicino casa, in casi sfortunati spostarsi un po' più a nord; dare di tanto in tanto il proprio appoggio agli scioperi regolarmente proclamati; assistere divertiti alle annuali crisi di governo; farsi assolutamente i fatti propri, quindi cercare di danneggiare quel poco che basta il proprio vicino o prossimo che dir si voglia per dare più valore a quello che si aveva. Il governo regolarmente cadeva e, bello rimpastato, regolarmente risorgeva. Era come quando si gioca a carte, finita una partita si mischiano e si torna a darle. Il partito comunista, con circa del 25% degli italiani dalla sua parte, sbraitava un poco, e poi tornava regolarmente a cuccia; gli altri partiti stavano al gioco, e insieme agli altri ingrassavano. Le varie mafie garantivano un certo numero di voti e in cambio gli si permetteva di piazzare suoi uomini anche nelle cosiddette stanze dei bottoni. I boss superavano tranquillamente i limiti della decenza, tanto che era diventato del tutto normale sentirli minacciare a chiunque non con il mitra, ma con la frase d'ordinanza: state attenti a quello che fate, a me basta fare una telefonata a Roma. Erano gli anni dell'abbondanza, ce n'era per

tutti. Quello che avanzava si portava in Svizzera."
Carlo: "dottore posso inserire nel discorso un qualcosa
che mi sta a cuore, cioè togliermi una piccola pietruzza?
Sarò striminzito."
Il dottor Guglielmo G.W.: "per l'amor del cielo, prego,
zio Carlo."
Carlo: "a proposito delle telefonate dei signori che facevano a Roma, e che, secondo me, continuano a farle
ancor oggi. Erano gli anni fine sessanta, o giù di lì,
avevo portato mia madre al cinema. Era un film con
Aldo Fabrizi e Vittorio de Sica, attori che a noi piacevano
molto. Brevemente la trama: Aldo Fabrizi faceva la parte
di un brigadiere dei carabinieri che riesce a dimostrare
l'infondatezza di una colpa attribuita a un guappo, imper-
sonato questo da Salvo Randone, un altro pezzo da
novanta del cinema e teatro italiano. Il guappo manda a
chiamare il brigadiere per ringraziarlo e lo chiama maresciallo. Al che l'altro risponde: *la ringrazio, ma sono
brigadiere.*" E il poco di buono: *"lei è maresciallo, glielo
dico io, a me basta fare una telefonata a Roma."* Signori
miei, anche attori di primissimo piano, per non parlare di
Steno, il regista del film, non si erano fatto cruccio di
reclamizzare, pure se indirettamente, dagli schermi dei
cinema di tutta Italia, tanta nefandezza. Mentre tornavo
in Germania, sul treno mugugnavo: possibile che solo io
le capisco certe cose; mi sentivo come un pesce fuor
d'acqua. Stetti a disagio fino a Basilea. Da lì in poi, piano piano mi rasserenerai, e tornai nuovamente dentro
l'acqua."
Il dottor Guglielmo G.W.: "grazie, zio Carlo, come
sempre il suo apporto è considerevole. Si diceva che il
governo regolarmente cadeva e regolarmente, bello

rimpastato, risorgeva. Questa collaudatissima manfrina, da sempre permette di fare affari d'oro, e non solo in Italia. L'Italia, comunque, in merito, occupa i primi posti. Il centro nord e il nord del paese, consapevoli di potersi fidare solo del loro lavoro continuavano nell'impresa. Se c'era da dare qualche bustarella la davano e si levavano il pensiero. Il centro e il sud, com'è d'uso, quando hanno con che gaudere, non si accorgono o fanno finta di non accorgersi mai di nulla. Il loro motto è: del doman non c'è certezza.

Ora, amici cari, bisogna tenere presente che quando cade un governo o, peggio ancora, quando si va alle elezioni anticipate, quello che si vede è solamente la caduta della facciata: il capo del governo insieme ai suoi ministri che passano la mano. Non si vede, però, quello che sta dietro questa facciata, e cioè lo stuolo di persone che appartengono al presidente del consiglio ed ad ogni ministro, quindi la montagna fra segretari, direttori generali, manager, responsabili di settore, inca-ricati vari, consiglieri, presidenti di enti, persone di fidu-cia, prefetti, questori e chi più ne ha più ne metta: prati-camente la piovra, quella che ha le mani dappertutto. Tutta questa gente non la si può buttare via, bisogna tenerla, quindi risistemarla. Sono quelli che sanno, le colonne portanti, sono gli esperti. Ahimè esperti, però, anche nel tagliare le creste. E oltre a questa diabolica abilità ne hanno un'altra non da meno: fiutare quando un governo sta per cadere. Dopodiché dovendo lasciare quella scrivania per andare ad occupare chissà quale altra, si danno da fare per concludere gli affari in corso. Alla bustarella che un appaltatore gli aveva dato per la raccomandata, ora bisogna che aggiunga un'altra molto

più pesante per l'espresso; o aspettare il nuovo insedia-
to e iniziare tutto daccapo. E siccome hanno le mani
dappertutto, figuratevi la montagna di denaro che questi
signori riescono a farsi ad ogni caduta di governo o fine
anticipata della legislatura. Parte di esso rimane nelle
loro tasche e parte va ai partiti di appartenenza. Signori
miei, in Italia, ancor oggi, non fa a tempo un governo ad
insediarsi che già stanno lì chiederne le dimissioni.
Portabandiera di questi affamati è sempre stato il partito
comunista, buona parte del quale oggi s'insinua sotto
mentite spoglie. E questo solo per farsi propaganda,
preparare la strada alle elezioni anticipate, in modo da
poter così inserire nuovi candidati per il vitalizio, quindi
cercare di accalappiarsi altre poltrone, senza minimamente preoccuparsi del trauma che subirà il paese. E a
quel partito altri si accodano, e ben volentieri. Sono tutti
dei mestieranti. Dall'altro canto gli italiani reagiscono con
l'evadere il più possibile le tasse, fino a rischiare la
galera. Se la loro coscienza li punzecchia, loro le rispondono che i signori di sopra più hanno da rubare e più
rubano. E così, tutti rubando, tranquillamente si andava
avanti."
  A questo punto, Ernst alzò la mano per chiedere la
parola.
  Il dottor Guglielmo G.W.: "prego, caro Ernst."
  Ernst: "vorrei brevemente illustrare una mia visione. Io
immagino il governo come un pullman, alla giuda del
quale c'è il capo del governo e dietro di lui i suoi ministri.
Il tragitto è il programma da seguire. Come qualsiasi
autoveicolo dev'essere anch'esso sottoposto alle leggi
del traffico, leggi che come si sa vengono fatte rispettare
dalla polizia, nei panni della quale io vedrei l'opposi-

zione. Ora, in un paese civile il compito della polizia è quello di controllare che un veicolo rispetti il codice della strada lungo il suo andare. Ci sarà da fare qualche multa, qualche ammonizione pure, ma per il resto la polizia deve essere al suo fianco. Se alla fine della corsa non si è soddisfatti, nelle prossime elezioni si cerchino altre persone. Se, invece, si è contenti, fare il bis; e i più contenti dovrebbero essere proprio i poliziotti che avrebbero a che fare ancora una volta con persone rispettose delle leggi e che nel frattempo avrebbero accumulato anche un po' più di esperienza nella guida. In Italia succede tutto il contrario: la polizia invece di controllare e, in caso di bisogno, di aiutare, fa di tutto perché questo pullman sbandi; spara alle gomme; spara sugli occupanti; e più di un tiratore scelto cerca di colpire il conducente. Gli italiani invece di reagire a tanto scempio assistono divertiti, e pensano a quanto hanno fatto bene ad evadere quella parte di tasse."

Anche Carlo alzò la mano,

Il dottor Guglielmo G.W.: "prego, zio Carlo."

Carlo: "quindi, se ancora una volta ho capito bene il costrutto, la caduta del governo o peggio le elezioni anticipate hanno per lo stato gli stessi effetti di quelli provocati da un terremoto vero e proprio, ovvero una grande festa per gli sciacalli."

Il dottor Guglielmo G.W.: "tutti e due mi trovate completamente d'accordo. Su questo scenario si affacciava il cavallo di razza e idealista Bettino Craxi. Voleva aggiustare l'Italia, darle un minimo di stabilità, e assestare il colpo di grazia al partito comunista e agli altri partiti mangiapane a tradimento."

Carlo: "eppoi ammesso e concesso che lui era onesto,

sicuramente non altrettanto onesti saranno stati tutti gli appartenenti a suo partito. I più si saranno subito accorto di avere in avamposto un idealista, quindi avranno pensato che era meglio mettersi a mietere prima che fosse troppo tardi."

Il dottor Guglielmo G.W.: "lei mi ha letto il pensiero, zio Carlo. Aveva in serbo di riformare anche il suo partito. Tornando a noi, dimenticava che lui era ancora un marmocchio quando i signori di sopra entravano ed uscivano a piacimento nelle e dalle stanze del potere: un po' più di rispetto lo avrebbero meritato. Lui comunque era convinto di riuscirci. Per fare ciò doveva, però, almeno all'inizio, scendere a qualche compromesso, sporcarsi un po' le mani, chiudere ogni tanto un occhio, quindi aspettare che il tempo si mostrasse, come suo solito, galantuomo. Eppoi, non era avido di denaro.

Lo hanno fatto fare per qualche anno, appena constatarono che si era ben insozzato nel pantano Italia, sono passati alle vie di fatto. Cosa aveva creduto, che il partito comunista e compagnia bella gli avrebbero concesso tutto il tempo di cui aveva bisogno? Povero illuso! Eliminarlo è stato un gioco da ragazzi. Hanno preso il primo arrivista di passaggio, era un po' zotico, un tipo da carnevale, ma era quello che ci voleva: non doveva essere in grado di disquisire; bisognava togliere di mezzo un donchisciotte, è vero, ma, come don Chisciotte, orbo di tanto spiro. E dopo averlo inzuppato a dovere con tutto ciò che avevano raccolto su di lui, gli hanno dato carta bianca. Quindi mandarono un gruppo di accoliti all'hotel Rafael a lanciare monetine quando Craxi usciva. Fine di un genio e galantuomo.

Carlo: "egregio dottore, caro Ernst, vi chiedo scusa, ma

è qualcosa che la devo dire. Ogni volta che gioco a scala quaranta mi viene a mente Craxi. Come voi sapete io sono discretamente bravo a questo gioco e succede che ogni tanto, fidandomi di questa mia abilità, abbasso un poco la guardia sicuro di vincere comunque, e zacchete chiude l'avversario. Io credo che qualcosa simile sia successo a Craxi.

Il dottor Guglielmo G.W. " caro zio Carlo, i suoi pensieri continuano ad essere sempre pertinenti. E adesso c'è qualcos'altro che vi preme. Considerate che tra poco il tempo per le nostre conversazioni diminuirà sempre di più a ragione dei preparativi per il matrimonio."

Carlo: "io, veramente, avrei in petto tre cose."

Il dottor Guglielmo G.W.: "sentiamo la prima."

Carlo: "la filosofia, che cos'è questa benedetta filosofia?"

Il dottor Guglielmo G.W.: "la filosofia è lo strumento con il quale l'uomo cerca di arrivare al buon Dio con il solo aiuto della logica o della ragione che dir si voglia. Estrapolando Plotino, l'uomo da sempre cerca di ricondurre il divino che è in lui al divino che è nello universo."

Carlo: "senza le Sacre Scritture non ci arriverà mai."

Il dottor Guglielmo G.W.: "non si dia molto pensiero, zio Carlo, l'anima spulcia dappertutto, e lo fa anche attraverso i corpi dei miscredenti; eppoi non sono infinite le vie del Signore?"

Carlo: "e questo vale pure per la filosofia e i filosofi greci?"

Il dottor Guglielmo G.W. "naturalmente. E già che ci siamo voglio spezzare una piccola lancia a favore di questi ultimi. Mi servirò anch'io di una breve storiella, sentita non so dove, non so quando.

C'era una volta un peccatore che ne aveva commesso uno veramente grosso. In quei paraggi l'unico che poteva dargli l'assoluzione era un santo monaco. E quel peccatore da lui andò. Il santo monaco gli disse che gli avrebbe dato l'assoluzione a patto che lui avesse riempito un fosso, e glielo indicò, con l'acqua presa dal ruscello che scorreva lì vicino, e gli diede una sporta di vimini come recipiente per il trasporto dell'acqua. Il peccatore disse che ciò era impossibile, l'acqua se ne sarebbe subito uscita. Il santo monaco gli rispose di non preoccuparsi, lui sapeva quello che diceva; adesso doveva andar via perché aveva una cosa da sbrigare, al calar del sole sarebbe tornato, e se lui avesse compitamente eseguito l'ordine, avrebbe ricevuto l'assoluzione. E se ne andò. Il peccatore disse fra sé: *"vuoi vedere che adesso succede un miracolo e io riesco a trasportare l'acqua con una sporta di vimini? Comunque sia, io faccio quello che lui mi ha detto, e basta."*

Verso sera il santo monaco tornò, e vide quel peccatore tutto indaffarato a trasportare l'acqua, la quale, naturalmente, rimaneva tutta per strada. *"Avete visto padre santo, ve lo avevo detto che sarebbe stata tutta fatica sprecata, guardate, solo poche gocce sono arrivate fino al fosso."* *"Fatica sprecata dici?,"* rispose il santo monaco, *"guarda la sporta, hai visto com'è diventata pulita?"* E gli diede l'assoluzione."

Ernst: "si, va bene, ma non più di tanto."

Il dottor Guglielmo G.W.: " e non è poco, perché quella pulizia finì col favorire il sorgere e il consolidamento del pensiero critico e scientifico. Alessandro Magno aveva allargato i confini della Grecia ad est ed a sud. Per consultare i matematici egiziani, ad esempio, non c'era più bisogno di raccomandazioni e la bustarella piena di monili d'oro come a suo tempo aveva fatto Pitagora, adesso ci si scambiava liberamente notizie ed esperienze con loro, con i popoli compresi in quel vasto impero e anche con quelli ad occidente, vedi Magna Grecia. E fu in questo periodo, quello che va sotto il nome di Ellenismo, che fiorirono gli scienziati. Così alla rinfusa: Archimede, e su di lui non mi perdo in parole. Aristarco di Samo, che per primo sollevò l'ipotesi che il centro dell'universo fosse il sole; anche se dopo fu costretto ad abiurare le sue teorie, così come Galileo avrebbe poi fatto diciotto secoli più tardi. Ipparco di Nicea perfezionò i quadranti e gli astrolabi; fissò l'anno solare in trecentosessantacinque giorni e sei ore; fu il vero fondatore del sistema tolemaico che sopravvisse fino a Copernico. Euclide il matematico, e anche lui non ha bisogno del mio aiuto. Teofrasto con la sua storia delle piante lo si può considerare il più grande naturalista dell'antichità per la rigorosità del suo metodo. Eratostene di Cirene, un vero diluvio di scienza; figuratevi che riuscì perfino a misurare con grande approssimazione il volume del globo terrestre. Tra il primo e secondo secolo prima di nostro Signore fece capolino, poi, Erone di Alessandria che per poco non inventò la locomotiva a vapore. Gli scienziati inglesi del diciannovesimo secolo, tra cui gli Stephenson, padre e figlio, trovarono in lui la classica miniera d'oro. E molti altri ancora. Quindi preparò il terreno per i filosofi a venire.

Carlo: "quindi se ne desume che anche la filosofia greca sia stata utile all'umanità?"

Il dottor Guglielmo G.W. "Se togliamo Socrate, Platone quindi l'omologazione della pedofilia e della omo/bisessualità certissimamente. Purtroppo il resto del mondo, vedi impero romano, la adottò in toto, senza fare minimamente un po' di cernita: quelle omologazioni facevano troppo comodo. Finanche la Chiesa Cattolica fece lo stesso, ergo, a tutt'oggi, pedofilia e tutto il resto serpeggiano nel suo seno indisturbati. E non si fermò lì, pose addirittura la filosofia greca come basamento del Verbo di nostro Signore, quindi Socrate e Platone nelle vesti di due pilastri di esso."

Ernst: "poverini i chierichetti, sono cresciuti succhiando quel latte e il risultato non poteva essere che quello che è sotto gli occhi di tutti."

Carlo: "a me piace pensare alle scudisciate sulle pudenda che riceveranno i responsabili di tanta nefandezza quando arriveranno al cospetto del buon Dio.

Il dottor Guglielmo G.W. "e adesso la seconda cosa che alberga nel suo petto, zio Carlo.."

Carlo: "in petto, e questa volta dalla parte del cuore, avrei il desiderio di conoscere come sono sorte le diverse mafie in Italia. La storia dei tre cavalieri erranti spagnoli che prima di separarsi si fermarono per un picnic nell'isola di Favignana proprio non riesco a mandarla giù."

Il dottor Guglielmo G.W.: "volentieri, prima, però, zia Tatiana, ci prepari uno stuzzichino, ché nel frattempo si sono fatte quasi le cinque del pomeriggio e un certo languorino si fa sentire."

Tatiana: "voi andate avanti col vostro discorso che al resto ci ho già pensato io."

Il dottor Guglielmo G.W.: "grazie, zia Tatiana. Cominciamo col dire che mafia non è una parola italiana, ma araba. Essa è una di quelle parole terribili che non hanno una corrispondente nelle altre lingue, almeno in quelle che conosco io, per tradurla bisogna usare una o più frasi. La parola originaria è maffi, e significa pressapoco: non esiste, ovvero come posso saperlo se non esiste?

Il mondo greco s'era sfacciato; ma i suoi vizi rimasero, e più ringalluzziti che mai: la superstizione, e qui si era caduti nel ridicolo; la superbia; l'astio per il lavoro; la froscianza. A proposito di quest'ultima, figuratevi che essa era arrivata a tal punto che se in una famiglia nascevano due bambine una la si buttava via, se non tutt'e due. Nel senso che venivano esposte perché morissero di fame e di freddo."

Carlo: "poi, magari, qualche pedofilo benestante le raccoglieva e le allevava per la propria lascivia."

Il dottor Guglielmo G.W.: "nessuno lo può escludere."

Tatiana: "io ormai non mi meraviglio più di niente, ma che gente era quella."

Carlo: "da aggiungere che ai signori uomini la mancanza di donne non doveva importare più di tanto, potendosi arrangiare tra loro"

Il dottor Guglielmo G.W.: "ricordiamoci però, che tra quella gente c'era pure quella sopra nominata."

Ernst: "Madonna santa, da che guazzabuglio deriva la parte laica della nostra cultura."

Il dottor Guglielmo G.W.: "parte laica che ci è stata tramandata dai preti, bella accartocciata e conservata. Però, non divaghiamo e restiamo in tema, lasciamo stare quello che andò coagulandosi al di là dello Ionio, e consideriamo quello che successe al di qua: nella Grecia Magna, ovvero magna tu che magno anch'io alla faccia di chi lavora.

Già ai tempi di Pericle, cioè nel periodo del suo massimo splendore, il mondo greco non era riuscito a fondersi in un unico stato, e come poteva se ognuna delle parti che avrebbe dovuto formarlo si credeva migliore delle altre? Figuriamoci in Magna Grecia. Ergo, quelle terre finirono con l'essere conquistate da chiunque, anche da chi non ne aveva voglia. Dopo la caduta dell'impero romano d'occidente, e dopo i cosiddetti barbari, cominciarono ad arrivare: arabi; tedeschi, e fu quando si visse meglio; francesi, e parenti; spagnoli, e affiliati; e altri ancora. Perfino i russi ci fecero una capatina. Ho letto da qualche parte che quella gente andava a dormire sotto una dominazione e si svegliava sotto un'altra. Finì col succedere che chi voleva un po' di giustizia, o doveva farsela da sé, o andare da qualcuno che godesse di un certo rispetto o carisma. I signori occupanti, preposti a tale compito, erano sempre occupati. Una famiglia il cui capo poteva contare su diversi figli maschi adulti diventava di fatto una piccola fucina di giustizia fai da te. Importante era che il loro operato non venisse denunciato alle cosiddette forze dell'ordine, perché sicuramente si doveva oltrepassare una certa misura. Quando, poi, quelle forze erano costrette ad intervenire, si trovavano di fronte al muro eretto dalla parola maffi, e qui mi ripeto: come posso sapere se la cosa non esiste, ovvero esistita? Mandare in galera la gente in massa non si poteva, essa era pur sempre quella che provvedeva al loro sostentamento; essere presente ad ogni angolo di strada non era possibile: la cosa aveva tutti i presupposti per poter funzionare e, ahimè, finì col funzionare. Ci si dimenticò che si aveva a che fare con greci: riottosi al lavoro, ma abili in tutto il resto."

Carlo: "bella forza, anch'io sono capace di rapinare una banca se poi nessuno ha visto niente. Neanche fossi l'uomo invisibile."

Il dottor Guglielmo G.W.: "zio Carlo, lei come al solito centra il bersaglio. Al principio la cosa sembrò avere veste candida; in fin dei conti lo si faceva per difesa e mai per offesa. Ma, ripeto, l'anima spulcia dappertutto, dai meandri delle infinite possibilità al passato al futuro. Non ci volle molto perché si intravedesse la possibilità di profitto. Si cominciò col fare delle collette per rifondere i danni. Queste man mano aumentarono perché bisognava provvedere alle vedove che avevano avuto il marito ammazzato. Poi perché i signori che dovevano fare giustizia non avevano più il tempo di portare a termine il proprio lavoro, neanche morissero dalla voglia; da non dimenticare, per piacere, e per nessun motivo, il fattore rischio. E via dicendo. Via via questi esborsi divennero così onerosi che la povera gente non ce la faceva più a contribuire. Allora si pensò che chi più aveva più doveva, praticamente i commercianti, gli esercenti di negozi e i benestanti in genere, e si fissò per costoro una quota, proporzionale a ciò che potevano essere i loro guadagni; in cambio gli si garantiva la protezione."

Carlo: "la quale quota, sicurissimamente, dopo qualche tempo, dando la colpa agli imprevisti, la si faceva lievitare. Benedetti imprevisti, quante volte, guardando alla televisione i programmi italiani, a qualcuno che reclama perché quella cosa non si è portata ancora a compimento, i responsabili candidamente rispondono: purtroppo sono sorti degli imprevisti, non possiamo farci niente. Come se questi imprevisti fossero caduti dal cielo. E la cosa si affossa. Nel frattempo i soldi stanziati sono spariti. Mai che si fosse intrapreso qualcosa contro coloro che avevano fatto i previsti o previsioni che dir si voglia. Qualche scudisciata ben assestata dove dico io, e poi vediamo se le le previsioni quadravano o no."

Il dottor Guglielmo G.W.: "cari amici, ricordatevi sempre, quando un politico, o comunque responsabile della cosa pubblica, se ne esce con le parole "purtroppo" e "imprevisti", quella persona o è un'incapace o sta prendendo il prossimo per i fondelli, quindi sta rubando; ipso facto toglierli la fiducia. Riprendendo il nostro discorso resta da dire che si passò, praticamente, dalla padella alla brace; e, dramma nel dramma, ci si dovette pure accontentare. Quella gente l'usanza di far lavorare altra gente, ossia gli schiavi, ce l'aveva nel DNA; visto che non si poteva più con quelli, bisognava trovare il modo che qualcun altro prendesse il loro posto adesso. La cosa fu molto facilitata dal fattore: che bello prenderlo in quel posto. Anch'esso conservato con cura nel bel mezzo del corredo biologico.

Essendo, da buoni greci, privi di visione globale, finirono col riunirsi in piccoli gruppi o clan. Ciò, questa volta, però, si rivelò provvidenziale: si poteva giocare allo scaricabarile. Mentre parlo la mia mente non si sta spostando dalla Sicilia, sarà perché questa manfrina condensò lì per primo; ma i greci della Calabria e della Campania, che mai si sono sentiti dammeno dei greci siciliani, non tardarono a fare anche loro qualcosa di simile; non esattamente uguale però, altrimenti non ci sarebbe stato gusto, ognuna di loro voleva il proprio stemma. Alla Mafia si aggiunse così la 'Ndrangheta e la Camorra, alle faccia dei tre cavalieri spagnoli. E come contorno a questi piatti forti: la Stidda, la Sacra corona unita, i Basilischi; quindi la concussione: fiore all'occhiello di tanta stimata gente....."

Carlo: "e chi più ne ha, più ne metta. "

Il dottor Guglielmo G.W.: "amen."

Ernst: "ergo, anche nella Magna Grecia, come già era successo nella patria d'origine, il piacere di giocare al ficca dito fu così forte che si dimenticarono prima di costituire uno stato e poi di conquistare l'indipendenza dallo straniero oppressore."

Il dottor Guglielmo G.W.: "per quanto riguarda l'indipendenza, quello che lei dice non e del tutto esatto; impropriamente un certa indipendenza riuscirono a conquistarla. I clan col tempo divennero così potenti che i dominanti di turno si videro costretti a scendere a patti con loro se volevano il quieto vivere. Dell'indipendenza vera e propria conquistarono, come dire, il rovescio. È il resto della penisola che non riuscirà più a conquistare l'indipendenza da loro."

Ernst: "e non si può fare niente per aggiustare questa situazione?"

Il dottor Guglielmo G.W.: "il guaio è che i malviventi che ogni tanto vanno a finire in galera sono solo la punta dell'iceberg. Quella che lei chiama situazione col tempo si è incancrenita, è andata in metastasi, e ha invaso le coscienze di buona parte di quelle popolazioni. Non è mafia forse quello che è successo al povero Tonino, dopo che il cameriere calabrese lo ha visto a terra ubriaco? Non è mafia quello che è successo a lei, zio Carlo, all'istituto italiano di cultura, quella sera d'ottobre? E, tanto per ripetere, non è mafioso chi bestemmia?: sputare addosso a nostro Signore mentre passa, carico della croce, tra sberleffi e frustate. E ancora, quando il mafioso va dall'onorevole a barattare favori, promettendogli in cambio migliaia di voti, chi è più mafioso, il cosiddetto mafioso, l'onorevole o le migliaia di persone che eseguono la volontà del mafioso? Nonostante tutto il rimedio per debellarla ci sarebbe. Il principio volere è potere rimane pur sempre valido."

Carlo: "allora non si vuole?"

Il dottor Guglielmo G.W. "non si vuole."

Ernst: "d'altronde, chi ha più voglia di fare il donchisciotte oggigiorno? Craxi: docet."

Carlo. "come sarebbe stata diversa la realtà italiana, soprattutto e non sola, se i greci fossero rimasti a casa loro senza venire a rompere le scatole in sud Italia. Avrebbero potuto mescolare e rimescolare le loro idee e la loro filosofia come meglio gli piaceva; quindi fare tutto il sesso che volevano e come volevano. Noi ci saremmo informati sulla loro cultura, come ci siamo informati sulla cultura degli altri popoli, preso quanto di buono e lasciato il resto. Oggi l'Italia sarebbe tutt'altra nazione più omogenea, non divisa tra nord e sud e senza Mafie.

Il dottor Guglielmo G.W. ripetendosi: "amen. E siamo arrivati alla terza, e credo ultima, cosa che ancora le aleggia in petto."

Carlo: "anzitutto chiedo scusa a voi e al mondo intero, ma io ho due pietruzze questa volta non nella scarpa, ma nei reni, che mi rovinano l'anima, e questo è il momento opportuno per togliermele. Quindi dico.

Primo: ma vi sembra giusto tramandare in prima pagina, a tutt'oggi, il fatto successo tra Achille e Troilo nel tempio di Apollo? Il semidio che si mette a fare avance amorosi al comune mortale e al deciso rifiuto di questi lo insegue, lo raggiunge e lo sodomizza stringendolo a sé con tanta forza da fracassargli la cassa toracica? E con quanta eccitazione lo raccontano i professori di italiano alle medie, e non vi dico con quanta lascivia gli alunni si mettono a raccogliere notizie per dipingere lo scudo di Achille e farne un poster per appiccicarlo nelle loro camerette. Così succedeva quando facevo le medie io e succede ancor oggi, me lo garantiscono le mie sorelle. Signori miei, quel fatto è stato raccontato più di tre mila anni fa e ancor oggi lo sbattono in prima pagina? Sono queste le nozioni di cui si ha bisogno per costruire la società civile?

Secondo: è giusto che ancor oggi, due mila anni dopo la venuta di nostro Signore, si celebrino i giochi in onore di Giove Olimpo? Tanto ha traforato le anime il fallo greco? Che senso ha dire oro olimpico? Io, da qualsiasi parte la guardi, di quest'idea non riesco ad afferrarne neanche un pezzettino. E la bandiera con cinque cerchi di diverso colore, sottolineo di diverso colore, non è un inno alla diversità, quindi al razzismo? È davvero triste vedere, alla apertura dei giochi, gli atleti, come tanti topolini ipnotizzati, dietro alle flatulenze dello stendardo greco. Immaginatevi che qualche extraterrestre ci stia spiando dallo spazio con intenzioni di allacciare rapporti culturali con noi, al vedere queste cretinate ci lascerebbe subito stare e si direbbe: magari fra qualche secolo, adesso stanno troppo inguaiati. E quell'intellighenzia storta del barone che li reinventò; nel testamento lasciò detto di voler essere assolutamente sepolto in Grecia. Più vampirizzato di così! Sì, lo so che attorno a questi giochi ruotano montagne di denaro, non sto dicendo di abolirli, sto dicendo di cambiare quella facciata insulsa e anacronistica, per non dire altro. Non sarebbe meglio vedere i giovani atleti andare dietro ad una bandiera bianca con al centro l'effige del pianeta terra, e tutti a gareggiare per i giochi planetari, in onore del pianeta che ci è stato dato in eredità, che di più belli non ci stanno nell'universo intero? Ditemi che ho torto, per piacere."

Il dottor Guglielmo G.W.: "secondo me, neanche un poco."

Ernst: "per non parlare del "matto" Schliemann che da bambino invece di sentire le favole per l'infanzia sentiva da suo padre le favole raccontate da Omero nell'Iliade, e che già a otto anni annunziò alla famiglia di voler scoprire Troia. Giovanotto aveva cambiato idea tanto che si imbarcò su di una nave diretta in America. Dopo appena qualche giorno di navigazione la nave colò a picco. Riuscì a salvarsi. Quindi considerò il fatto come segno del destino. Divorziò dalla prima moglie russa perché non lo voleva seguire nelle sue ricerche. Ne cercò, tramite annunci sul giornale, una seconda, la quale, pretese, doveva essere greca. La sposò secondo un rito omerico e la portò ad Atene. La accasò in una villa chiamata Bellerofonte. Lei gli diede due figli e lui li chiamò Andromaca e Agamennone. Aveva poco più di trent'anni quando, dopo aver sudato sette camice per ottenere il permesso dal governo turco, cominciò gli scavi in un fianco della collina di Hissarlik. Di lì a poco Il "matto tedesco" poté riprendersi tutte le rivincite che voleva su chi lo aveva considerato matto per davvero. Però Schielmann a differenza di de Coubertin era un matto costruttivo, matto perché attraverso il foro, sicuramente bello grande, tra il suo io tendente al finito e il suo

io tendente all'infinito c'era una corrente tremenda, e per quanto avesse voluto non sarebbe stato capace di calmare tanta bufera. Mentre de Coubertin era un matto...
Tatiana interrompendo: "un matto finocchio."
Il dottor Guglielmo G.W. per la terza volta: "amen." Poi rivolgendosi ad Ernst: "naturalmente lei stasera ci darà il piacere di cenare con noi."
Ernst: "se proprio insistete."
Il dottor Guglielmo G.W. "insistiamo."

Successe che quella notte, il buon Carlo fece un sogno, per lui bello e ristoratore. Sognò una Guantanamo siberiana dove venivano mandati ad espiare mafiosi di tutte le specie e nazionalità. Senza avvocati, né telefonini, né caffè. A capo di questa struttura un tipo in tutto e per tutto somigliante a Platone, questa volta in uniforme militare. I reclusi, con una palla di piombo al piede, erano costretti a spalare neve dalla mattina alla sera, in mancanza di neve: zappare, naturalmente all'aria aperta, e si dovevano pure sbrigare altrimenti il freddo li fregava. La sera veniva fatto l'appello; possibilità di evadere non ce n'erano, però bisognava farlo perché di tanto in tanto si vedeva, a guisa di anima, qualcuno, completamente redento, libero della palla al piede, salire verso il cielo. E costui bisognava poi toglierlo dal cartello. "Ah, caspiterina, allora è vero che volendo si può," si disse rigirandosi nel letto.
Come si sarà già capito, Carlo aveva un'attività onirica superiore al normale, e questo meno male, perché lui era uno che accumulava facilmente tensioni, e se dopo aveva la fortuna di fare tali sogni, finiva con lo sgonfiarsi.

E il mattino seguente si svegliava bello leggero.

CAPITOLO XVI

"Caro, quindi tu sei convinto che volendo si potrebbe sconfiggere la malavita organizzata?

嗯

"Sono convinto. Se si vuole si può, se non si vuole non si può. Ergo, se si vuole si trova un mezzo, se non si vuole si trova una scusa."

La dottoressa Cecilia: "aiutaci a capire."

Il dottor Guglielmo G.W.: "cercherò di farlo partendo dalla coda. Prendiamo ad esempio gli Stati Uniti d'America. All'inizio del secolo scorso sono già una grande nazione. Hanno alle spalle lo sterminio quasi completo degli indiani d'America e adesso stanno trattando peggio degli schiavi, negli stati del sud, i negri che a loro tempo hanno sradicato dalle terre d'Africa. Dell'opinione che le altre nazioni possono avere di loro non li tange nemmeno da lontano. D'altronde, in fatto di crudeltà, all'infuori dei suoi confini, nessuno è secondo a nessuno.

Sono in piena rivoluzione industriale. Il loro territorio pullula di persone di altissimo livello: scienziati, letterati, politici e soprattutto di persone abilissime in ambito economico-finanziario. Praticamente tutto quello che serve per diventare la nazione che poi è diventata. Essendo uno stato vastissimo e giovane si vide costretto ad aprire le sue porte: aveva un dannato bisogno di braccia e di cervelli, quindi sottrarre forze alle altre nazioni. Entrarono genti di ogni sorta e nazionalità, e purtroppo anche malviventi, e tra questi mafiosi. Ma quegli stati erano uno stato sovrano, volendo potevano rispedire al mittente qualsiasi persona considerata non grata, senza bisogno di testimoni, di processi e quant'altro, bastava la legittima suspicione. Perché non l'hanno fatto? Dirò di più, alla mafia del loro territorio facilitarono pure lo sviluppo, inventando il proibizionismo."

Carlo: "Sacco e Vanzetti, docet."

Tatiana: " che cos'era questo proibizionismo?"

Il dottor Guglielmo G.W. "con esso si voleva, tra l'altro, proibire che uno si potesse bere un bicchiere di vino a tavola durante i pasti. E questa bella frittata la girarono e rigirarono per la bellezza di quattordici anni, facendo diventare contrabbandieri anche persone fino a quel momento onestissime; dando così il tempo alla malavita di organizzarsi, guadagnare montagne di soldi quindi mettere nel loro libro paga poliziotti, giudici e politici di ogni partito e rango."

Tatiana: "roba da matti!"

Il dottor Guglielmo G.W.: "appunto. I signori americani, gente nata con il fiuto per gli affari, capirono che la mafia avrebbe fruttato una montagna di soldi, sia per il contributo che avrebbe dato all'industria cinematografica, i cui prodotti raggiungevano già le Americhe, l'Europa e buona parte del resto del pianeta, e questo bastava ed avanzava per coprire i danni centinaia di volte; sia come piè' veloce per far fluire affari che le vie legali avrebbero fatto anzitempo inaridire, tra i quali la prostituzione, definita da Beltram Russel un male necessario (loro erano ancora troppo bigotti per uscire completamente allo scoperto), vendite di armi a chiunque avesse soldi per comprarle e altre cose che dovevano per forza passare sottobanco. Così evitava qualsiasi bega diplomatica e la colpa era dei delinquenti. Come si può vedere la mafia non è detto che non convenga pure. In Italia essa serve soprattutto per buttare polvere negli occhi degli onesti che, chissà perché, si ostinano a non scomparire, permettendo così ai politici, di malversare a piacimento. E Berlusconi ad insistere che certe serie televisive fanno male fin dentro l'anima, e non fanno altro che accrescere la paura per la mafia, e relegare le

giovani generazioni in un clima di terrore. Caro cavalie-
re, vorrei tanto potergli dire, la mafia è una risorsa, tanto
è vero che le si sta permettendo di espandersi allegramente dalla Magna Grecia alla Magna Italia. E a te
prima o poi ti faranno tacere. Sei un osso duro, ma chi la
dura la vince, le risorse ci sono."
Tatiana: "che ne direste di finirla con questi discorsi?"
La dottoressa Cecilia: "caro, che ne diresti di continuare
con la lettura del diario di famiglia?"
Il dottor Guglielmo: "i tuoi desideri sono ordini per me,
cara."
Carlo, d'istinto, batté le mani.

"La campana sacra cominciò ad ondeggiare, dapprima
silenziosa; sì, qualche timido tintinnio; poi rintocchi sempre più altisonanti. Urla di trombe si unirono ad essi e
l'aria diventò tremula. Ogni dove s'era magnetizzato.
Stava succedendo qualcosa, qualcosa di importante, di
molto importante, perché alle trombe s'era unita la
campana sacra; e questo succedeva solo in casi ecce-
zionali. Nessun motivo di preoccupazione però, seppur
lieve: il sigillo divino garantiva il quieto svolgere del
tempo. Ma curiosi era lecito esserlo, e tutti quanti ne
approfittarono per affacciarsi dai loro stabilimenti. Quello
del nonno e la lavanderia della nonna erano lontani a
meno di un tiro di voce.
"Rosa," chiamò il nonno.
"Sì, Guglielmo," rispose lei.
"Si sa niente da voi circa l'avvenimento?"
*"No, ma dev'essere qualcosa di eccezionale. La mia
operaia più anziana ha detto che l'ultima volta che la*

*campana sacra suonò è stato più di un secolo fa; inoltre
il Comandante Rovino ha mandato a ritirare la giubba
bianca con le spalline dorate, quella delle grandi occasioni, la fascia azzurra, quella da mettere di traverso,
una fascia gialla pulita e pantaloni bianchi. Di più non so
dirti."*

"*Va bene,*" disse il nonno, "*in caso di novità ci chiamiamo.*"

"*D'accordo.*"

Un mormorio enorme si levò, come da un immenso
vespaio; e nessuno sapeva niente. E si videro operai
che infioravano la strada che portava alla Comandatura.

Una banda, in alta uniforme, perfettamente inquadrata,
con passo marziale, seguiva il capobanda al rullio dei
tamburi. E andò a sistemarsi nel posto ad essa riservato. Accanto alla Comandatura faceva meraviglia di sé
un bellissimo cavallo bianco, non del recinto del nonno.
Uscì il Comandante, vestito di tutto punto, si accostò al
cavallo e lo prese per le briglie.

Il sole era alto nel cielo, l'aria riverberava i suoi raggi,
ma, a differenza degli altri giorni quando a quell'ora c'era
la pausa a causa dell'afa, la temperatura era mite. E
tutti, ansiosi, aspettavano.

Lungo il viale alberato, la carrozza trainata da sei paia
di cavalli avanzava al dolce trotto, tranquilla. Le betulle
salutavano il suo passaggio ondulando le loro cime. Le
cicale frinivano con raddoppiata insistenza e stormi di
uccelli, dai più svariati colori, si libravano nell'aria per
gareggiare in vere e proprie acrobazie aeree. I rintocchi
della campana sacra, per nulla turbati dagli squilli delle
trombe, si spandevano nitidi; i cavalli mantenevano
costante il loro passo, si direbbe al ritmo di quei suoni e

allo schioccare continuo dello staffile. Per niente sudati, sembravano appena usciti dal recinto.

Si sparse la notizia che una persona: categoria estremamente importante stava per arrivare, assieme ad un nobile a cavallo. Tutti si disposero ai due lati della strada.

I rintocchi della campana sacra, gli squilli delle trombe e l'enorme vocio arrivarono nitidi anche dentro la carrozza, e il nobilissimo finalmente si destò: aveva dormito durante tutto il viaggio. Aprì gli occhi e vide una realtà completamente diversa da quella che aveva appena lasciato. Qui c'era luce, tanta luce; luce rinfrescante, luce viva; e tanta, tanta gioia di esistere. Il nobile Goethe, rispettoso, assisteva silenzioso.

Dal finestrino si videro cadere, come fiocchi di neve, bianchi petali di rose, e la carrozza ormai viaggiava su di una spessa coltre di fiori di ginestre. Applausi da ambedue i lati della strada accoglievano i viandanti. Al nobile Goethe era facile intuire e capire tutto, non così al buon Jacques, il quale, tutto rattrappito, aveva timore anche di affacciarsi al finestrino. Ma quella folla festosa e dal viso sì radioso non tardò a rasserenarlo. Naturalmente pensò che tutto stesse accadendo per accogliere con i dovuti onori il suo compagno di viaggio, del quale non conosceva neanche il nome. E si mise ad applaudire anche lui. Goethe, sorridente, prese le sue mani nelle sue e gli fece capire che il festeggiato era lui; e lo ringraziava per l'onore ricevuto di aver potuto viaggiare in sua compagnia.

"Per me?, perché?", rispose il santo.

Nel frattempo la carrozza aveva superato la curva ed era arrivata davanti alla Comandatura. I cavalli docili, ubbidirono all'alt del cocchiere, e si fermarono. Il comandante Rovino aprì la porta, chinò con riverenza il capo e, fermo in questa posizione, porse la mano al santo. Il poverino, timido, cercò di farsi ancora più piccolo e istintivamente si spingeva all'indietro; ma gli inviti amorosi del comandante e di Goethe lo persuasero, fu così che allungò la gamba e cominciò a scendere. Gli applausi divennero ancora più scroscianti e il bianco cavallo nitrì: aveva visto il suo nuovo padrone. Ventuno colpi di cannone rimbombarono nell'aria e la banda cominciò a suonare. Tamburi e piatti iniziarono, e una musica marziale seguì impetuosa. Il povero Jacques, tutto frastornato, non riusciva a realizzare niente, gli sembrava tutto un sogno, molto bello, forse, ma dal quale, ci avrebbe giurato, presto si sarebbe svegliato. Il comandante lo pregò di seguirlo nella Comandatura.

Poco tempo dopo uscì. Il suo viso era sereno, così il suo sorriso, la timidezza ancora un po' recalcitrante, ma qualcosa di cambiato traspirava dalla sua persona: la consapevolezza. Aveva lasciato il mondo troppo presto, a causa di una malattia che decurtò drasticamente il suo penare; adesso la giovinezza era rifiorita in tutta la sua vivacità. Diede una stretta di mano al comandante, si avvicinò al cavallo, montò in sella, salutò tutti, e si allontanò al galoppo. Ancora attaccato a terra però, poi avrebbe virato verso il cielo.

Al nobile Goethe era bastato pochissimo tempo perché si acclimatasse nella nuova realtà. Non se lo spiegava nemmeno lui, ma si sentiva come uno appena tornato a casa dopo un lungo viaggio. Sentiva il calore di quelle persone come quello degli amici più cari, e insieme ad esso anche il loro rispetto: era un nobile a cavallo, ciò significava che la sua posizione era di un gradino più alta; questo per la cronaca, in realtà ci si sentiva tutti uguali. Il comandante lo pregò di seguirlo nella Comandatura, e fece chiamare anche i nonni.

Poco dopo i quattro uscivano. Il comandante si fermò davanti alla porta, i nonni e il nobile Goethe si diressero verso la lavanderia della nonna. Momenti dopo, Goethe, in casacca e pantaloni bianchi, e il nonno erano diretti verso il recinto dei cavalli.

Quando arrivarono, il nobiluomo, che tanto aveva viaggiato e visto nella sua vita, rimase senza fiato. Cavalli magnifici: bai, neri, pezzati e naturalmente dal manto sorcino criniera e coda bianche. Non voleva sbagliare, ma gli sembravano molto più grandi di come se li ricordava lui. Mancavano i cavalli bianchi, sì, ma quelli che ora vedeva erano delle autentiche meraviglie. Il nonno disse che poteva scegliere quello che più gli piaceva.

"Ma sono tutti magnifici, come si fa a scegliere."

"Lo so," rispose il nonno, *"forse la preferenza per qualche colore?"*

Sì, ma per il colore soltanto, preferisco questo dal manto nero."

"Benissimo, è suo." Diede ordine perché lo si sellasse e glielo consegnò. Il nobile Goethe montò, ringraziò di cuore il nonno, e subito e se ne andò, bramoso com'era di scoprire quel nuovo mondo.

E, sì, era proprio vero, lì si risolveva sempre tutto in un attimo.

Trotterellava guardando a destra e a sinistra, e non riusciva a farsi capace di tanta bontà divina. Appena prima dello orizzonte vide qualcuno; affrettò l'andatura. Era un altro nobile che, seguito da suo cavallo, raccoglieva dei fiori di campo.

"Buon giorno," disse Goethe.

"Divino giorno," rispose l'altro.

"Permette che mi presenti?, sono Wolfang Goethe, appena arrivato in sì soavi lidi."

"E adesso erede del cielo."

"Molto indegnamente, e comunque sempre sia fatta la Sua volontà."

"Io sono Manuel D., piacere di conoscerti. Il mio cognome non lo ricordo, so che iniziava con la D, di più non so; succede a tutti, succederà anche a te. Scendi, fammi un po' di compagnia. Sto aspettando una mia amica, vieni, te la farò conoscere."

"Con molto piacere." E scese da cavallo.

C'era stato così bene sopra che adesso si trovava un po' a disagio. Lui ancora non lo sapeva, ma doveva riabituarsi a tutte le sensazioni delle diverse situazioni. Quindi tenne vicino a sé il nobile animale. Si accorse pure che il suo interlocutore gli aveva dato del tu senza tentennamento alcuno, e questo gli piacque. Quell'aria già lo avvolgeva ed egli la respirava tanto volentieri, ed ad ogni boccata si sentiva più leggero. Quindi si misero a chiacchierare. Nel frattempo arrivava la nobildonna ed appena scesa da cavallo il suo amico le fece omaggio di un bel mazzo di fiori. Lei li accettò ben volentieri e voleva chiedergli chi fosse il suo amico, ma balbettò nel farlo, quel viso le ricordava qualcuno. Goethe si sentì guardato in profondità, e prima che Manuel D lo facesse, si presentò.

Si era nel pieno di ameni discorsi quando videro

arrivare, trotterellando su un asinello, un vecchio dalla lunga barba.

"*Scusate*" disse avvicinandosi ai tre, "*sapete dirmi dov'è la Comandatura Est; io per sbaglio sono andato alla Comandatura Sud e lì mi hanno detto che appartengo alla zona Est. Sono in ritardo di chissà quanto.*"

"*Non c'è bisogno di tanto affanno,*" disse Manuel D, "*qui siamo tutti galantuomini, sicuramente verrà preso nella giusta considerazione il suo motivo. Scenda si calmi un po'.*"

"*Non si preoccupi,* riprese Goethe, *poi la accompagno io.*"

"*Grazie molto gentili, ma un momento soltanto. Permettete che mi presenti, sono Galileo Galilei di quel di Pisa.*"

I tre risposero con un sorriso: l'avevano riconosciuto. Quindi a loro volta si presentarono.

"*Avevo appena lasciato la Commandatura Sud*", riprese Galileo, "*quando mi trovai a passare non molto distante dalla zona notte, incuriosito mi avvicinai ed entrai a vedere. La meraviglia dell'infinito cielo stellato mi rapì, e caddi in estasi. Fu un messo della Comandatura Est, appositamente mandato a cercarmi, che, scuotendomi, fece ripigiar il suolo all'anima mia. Mi sentii afferrare al par di quel ramo troppo in alto che il pastore abbassa col gancio di un lungo vincastro. Mi disse che da tantissimo mi si aspettava. Capite, da tantissimo. Dissi al messo di farmi da guida poiché non conoscevo la strada, lui mi rispose di andare sempre dritto, sicuramente avrei incontrato qualcuno che mi avrebbe aiutato ben volentieri; lui purtroppo doveva andare ad avvisare altri distratti.*"

"*Non si dia pena,*" disse Manuel D., "*il tempo qui è prov-*

*visorio, viene e va. Se è diretto alla zona Est è probabile
che lei sia un nobile a cavallo o, comunque, un prescel-
to; vedrà che tra poco avrà delle buonissime nuove."*

Per il momento Galileo era ancora un "lei", un "forestiero", dopo la registrazione nella Comandatura sarebbe
salito al rango di essere uguale agli altri.

Quelle parole così convincenti sortirono l'effetto voluto
e Galileo si calmò, quindi passò a chiedere informazioni
su tante cose, in cambio parlò del meraviglioso firma-
mento che aveva visto nella zona notte. Poi chiese il
favore di essere accompagnato. Il nobile Goethe pregò i
suoi amici che li aspettassero, avrebbero fatto in un
attimo, e, in groppa ognuno alla sua cavalcatura, si
avviarono.

Il comandante Rovino, nonna Rosa e nonno Guglielmo
aspettavano davanti alla Comandatura. I due arrivarono
e il comandante chiese a Galileo di seguirlo all'interno
della casa. Poco dopo uscirono. Goethe rimase per un
momento perplesso, vide Galileo che era ringiovanito di
almeno della metà dei suoi anni. Era successo pure a
lui, solamente che nessuno glielo aveva detto, e ancora
non aveva avuto l'occasione di specchiarsi. Avevano
tutti l'aspetto di persone adulte e basta, nonni compresi.
Il Comandante rientrò, mentre i nonni, Goethe, Galileo e
l'asinello si diressero verso la lavanderia; ancora qualche momento e uscirono; Galileo, vestito di bianco,
tenendo per le briglie il piccolo ciuco, seguiva gli altri
due verso il recinto dei cavalli. Per la verità Galileo aveva detto che a lui sarebbe andato bene anche l'asinello,
ma il comandante Rovino aveva insistito, l'asinello doveva tornare alla sua stazione. Per il momento lasciarlo in
custodia nel recinto del nonno.

Ora si trovava davanti alla difficilissima scelta. Chiese aiuto. Il nonno ridisse quello che aveva detto a Goethe e cioè che solo la preferenza per qualche colore lo avrebbe potuto aiutare, e mentre diceva ciò accarezzava istintivamente una cavalla dal manto sorcino criniera e coda bianche. Galileo lo prese come un suggerimento e lo scelse. Poi, mentre i due si avviavano verso chi li stava aspettando, il nonno, gonfio di orgoglio, andava a comunicare alla nonna la scelta di Galileo.

Era quello il secondo cavallo che usciva dal suo recinto, il primo era stato quello di Goethe. Due luminari che avevano fatto fare passi da gigante all'umanità adesso si rivolgevano a lui, che soddisfazione!

Quanto adesso segue è un citato, leggo testualmente: *"dopo di loro nonno Guglielmo avrà fornito chissà quanti altri cavalli e cavalle ad altrettanto nobili e nobildonne, ma quei primi due rimasero scolpiti nel suo cuore e in quello della nonna".* Fu così che le iniziali G.W. apparvero accanto ai nomi di tutti i discendenti di nonno Claudio, che noi per comodità abbiamo chiamato secondo. E per tutti quanti noi è stato ed è un onore portarli.

Qui finiscono i sogni di nonno Claudio; sì, di tanto in tanto, ancora qualcosa come dei piccoli flash, ma sempre più raramente. In uno di questi flash credette di aver visto, nella zona Est, il filosofo Epitteto, ma non ne era del tutto sicuro; qualcosa, però, glielo ha pur dovuto far presumere; né riuscì a capire se nobile a cavallo o no. Quello che, invece, vide, e in modo nitido, tanto che poi l'annotò, fu che il brav'uomo se ne stava spensierato, seduto su di un prato ai piedi di un albero, con la schiena e il capo appoggiati al suo tronco, una gamba piegata ad angolo e l'altra a cavallo della prima, le due mani dietro la testa per ammorbidire il contatto, e si godeva l'ombra facendo rigirare tra i denti il verde gambo di un'erba.

Seguirono altri flash, ma alquanto fumosi, che non riuscì a penetrare. Poi basta.

Di lì a poco si sposerà con nonna Letizia Gotta e dal matrimonio nasceranno Guglielmo G.W, il terzo a portare il nome del capostipite e il primo G.W.; Feliciana G.W.; Monica, G.W. e Rodolfo Maria G.W.

Seguì un momento di pausa. Qualcuna si soffiò il naso. Quindi gli occhi di tutti si orientarono verso Ernst.

Ernst: "si, si, d'accordo, starò ai patti; vi leggerò la poesia. Non è un granché, a ispirarmi è stato più l'amore verso i cari nonni capostipiti che altro. Eccovela.

Cosa monterà il beato Martino
se tu, cavallo mio
nel correre libero nell'aria pazzo
con la criniera infuocata al sole
dell'eterna pace
non percorrerai il cammino baciato da Dio
con l'ali dorate?
Così com'anco la palma giunse nelle mani di Lucia
a rimembrar cos'Ella fu un dì in terra
tu salirai in cielo
come le chiavi che si portarono nelle mani di Pietro
a portar in sella il beato santo."

Accorati applausi premiarono tanta bontà d'animo.

INDICE

5586961R00177

Printed in Germany
by Amazon Distribution
GmbH, Leipzig